"十三五"职业教育国家规划教材

管理基础与实践
（第3版）

主　　编　丁传奉　陈时禄
副 主 编　王　强　汪允文　肖金花
　　　　　余　磊　李　倩
主　　审　张　敏
企业顾问　殷世宏　汪世宇

北京理工大学出版社
BEIJING INSTITUTE OF TECHNOLOGY PRESS

内 容 简 介

为贯彻《国家职业教育改革实施方案》的精神，本教材以职业需求为导向、以实践能力培养为重点、最大限度满足岗位/岗位群需求，本书以"锤炼精品、突出重点、强化衔接、产教融合、体现标准、创新形式"为目标，采用项目引领任务为主体结构，以任务为核心、以管理过程为主线，将教材内容分成4个项目14个任务单元。包括管理概论、管理思想的发展、管理环境、组织文化、社会责任、管理道德、决策、计划、组织、领导、沟通、激励、控制、创新与创业等任务。

本教材设计任务简介、走进管理、管理故事、课堂互动、教学视频、问题思考、技能训练、网络冲浪、案例讨论、课堂游戏、实践训练等栏目，采用情境教学的方法编写。同时，充分利用现代信息技术，把二维码技术应用于教材中，通过扫描二维码学习管理学相关知识或通过网络冲浪等进行扩展性学习，以调动学生积极性，构建体验式、仿真性和模拟教学，增强学生学习兴趣。

本教材可作为高等院校财经类专业管理学课程教材，也可作为企事业单位管理人员的培训教材。

版权专有　侵权必究

图书在版编目（CIP）数据

管理基础与实践/丁传奉，陈时禄主编. —3 版—北京：北京理工大学出版社，2019.11（2022.8重印）

ISBN 978-7-5682-7881-2

Ⅰ．①管… Ⅱ．①丁… ②陈… Ⅲ．①管理学－高等学校－教材 Ⅳ．①C93

中国版本图书馆 CIP 数据核字（2019）第 252017 号

出版发行 /	北京理工大学出版社有限责任公司
社　　址 /	北京市海淀区中关村南大街5号
邮　　编 /	100081
电　　话 /	（010）68914775（总编室）
	（010）82562903（教材售后服务热线）
	（010）68948351（其他图书服务热线）
网　　址 /	http：//www.bitpress.com.cn
经　　销 /	全国各地新华书店
印　　刷 /	三河市天利华印刷装订有限公司
开　　本 /	787 毫米×1092 毫米　1/16
印　　张 /	16.5
字　　数 /	390 千字
版　　次 /	2019 年 11 月第 3 版　2022 年 8 月第 4 次印刷
定　　价 /	49.80 元

责任编辑 / 徐春英
文案编辑 / 徐春英
责任校对 / 周瑞红
责任印制 / 施胜娟

图书出现印装质量问题，请拨打售后服务热线，本社负责调换

第 3 版前言

本书第 2 版在 2014 年出版后，得到众多师生的认可。随着我国经济发展进入新常态，加之本教材修订周期较长，造成了本教材仍然存在着一些新的管理思想、技术与方法和企业生产实际管理脱节的现象，与企业需求之间仍有一定的差距。因此，在编写本教材时，以全面贯彻党的教育方针，落实立德树人的根本任务，积极培育和践行社会主义核心价值观，体现中华优秀传统文化、革命文化和社会主义先进文化，弘扬劳动光荣、技能宝贵、创造伟大的时代风尚为宗旨。突出职业教育的类型特点，进一步加强与企业间的沟通，吸收企业家的意见和建议，在教材中及时体现企业管理的一些新动态，管理科学的发展以及国务院《国家职业教育改革实施方案》的要求，以职业需求为导向、以实践能力培养为重点，最大限度满足岗位/岗位群需求为目标。我们在广泛征求用书学校广大师生以及部分企业管理者的意见和建议的基础上，进行了本次修订。

1. 修订指导思想

以习近平新时代中国特色社会主义思想为指导，全面推动习近平新时代中国特色社会主义思想进教材进课堂进头脑。立足新时代新发展新要求，聚焦当前管理存在的关键问题，按照《国家职业教育改革实施方案》的要求，坚持"锤炼精品、突出重点、强化衔接、产教融合、体现标准、创新形式"的原则，以专业教学标准、课程标准突出职业教育的类型特点，充分体现现代职业教育规律和技能型人才成长规律要求，对原教材进行了第 3 次修订。

2. 修订的原则

（1）坚持职教特色，突出质量为先。遵循技术技能人才成长规律，知识传授与技术技能培养并重，强化学生职业素养养成和专业技术积累，将专业精神、职业精神和工匠精神融入教材内容。适应专业建设、课程建设、教学模式与方法改革创新等方面要求，保障教材质量。

（2）坚持产教融合，校企双元开发。强化行业指导、企业参与，本次修订广泛征求企业对管理的要求。注重吸收行业企业管理人员、技术人员参与教材编写。紧跟产业发展趋势和行业人才需求，及时将产业发展的新技术、新工艺、新规范纳入教材内容，反映典型岗位（群）职业能力要求。

3. 修订内容

在本次修订过程中，课程体系设计框架由原来 3 个项目 14 个任务单元修改为 4 个项目 14 个任务单元。全书分为认识管理、管理环境与组织文化、社会责任与管理道德、管理过程等四个项目，重点修改了组织文化、管理道德和社会责任部分内容。

在当前我国经济社会体制转型的背景下，按照《国家职业教育改革实施方案》的要求，及时补充、调整、更新教材中的部分内容，对原书部分单元的引导案例、课堂互动、管理故事、案例讨论、课堂游戏、图片等进行修改、充实和完善。增加教学视频、管理小知识、技能训练、网络冲浪、实践训练等内容。同时，充分利用现代信息技术，把二维码技术应用于教材中，通过扫描二维码学习管理学相关知识或通过网络冲浪等进行扩展性学习，以调动学生积极性，构建体验式、仿真性和模拟教学，增强学生学习兴趣。

4. 体例编排

本书仍采用项目引领任务为主体结构，以任务为核心，以管理过程为主线，贯穿在学习情境中，以理实一体化教学模式对教材体例、编排进行了调整以便更好地适应高职高专院校管理学基础课程教学的需要。

本教材由丁传奉、陈时禄任主编，王强、汪允文、肖金花、余磊、李倩任副主编，张敏担任主审，为使编写的教材更贴近现代企业对管理人才的需求，在编写过程中聘请了鸿泰基金部经理、华商大学、浙商大学执行校长汪士宇博士，合肥齐美电器公司总裁殷世宏高级工程师担任顾问，对教材在企业中的适用性进行把关。

本次修订由丁传奉负责全书的统稿和修改工作。全书增加的技能训练、管理小知识、教学视频等内容由李倩负责收集整理及编写。

在修订过程中，汲取了很多第2版读者的意见和建议，行业企业人员的建议，同时参考了大量同人的研究成果，在此一并表示感谢。

由于水平有限，书中疏漏在所难免，希望读者对本书继续提出批评指正。

目　　录

项目一　认识管理 …………………………………………………………… 001

　任务1　管理概述 ……………………………………………………… 003
　　一、什么是管理 ………………………………………………………… 004
　　二、管理的基本特征 …………………………………………………… 004
　　三、管理的特性 ………………………………………………………… 005
　　四、管理的基本职能 …………………………………………………… 006
　　五、管理者 ……………………………………………………………… 008
　　六、管理的方法 ………………………………………………………… 013
　任务2　管理思想的发展 ……………………………………………… 018
　　一、中国古代的管理思想 ……………………………………………… 019
　　二、西方古代管理思想 ………………………………………………… 020
　　三、古典管理理论 ……………………………………………………… 021
　　四、行为科学理论 ……………………………………………………… 026
　　五、现代管理理论阶段 ………………………………………………… 030
　　六、当代管理理论的进展 ……………………………………………… 032

项目二　管理环境与组织文化 …………………………………………… 039

　任务3　管理环境 ……………………………………………………… 041
　　一、管理环境的含义 …………………………………………………… 043
　　二、管理环境的分类 …………………………………………………… 043
　　三、组织与环境的关系 ………………………………………………… 046
　　四、环境对组织的作用 ………………………………………………… 046
　　五、环境的管理 ………………………………………………………… 047
　任务4　组织文化 ……………………………………………………… 053
　　一、组织文化的内涵 …………………………………………………… 054
　　二、组织文化的特点 …………………………………………………… 055
　　三、组织文化的功能 …………………………………………………… 056
　　四、组织文化的负面作用 ……………………………………………… 058
　　五、组织文化的层次 …………………………………………………… 059
　　六、组织文化的类型 …………………………………………………… 061
　　七、组织文化的建设 …………………………………………………… 061

项目三　社会责任与管理道德 …………………………………………… 069

　任务5　社会责任 ……………………………………………………… 071

一、企业社会责任的含义 ……………………………………………… 073
　　二、企业社会责任的内涵 ……………………………………………… 074
　　三、社会责任与利润最大化的关系 …………………………………… 076
　　四、企业社会责任的具体表现 ………………………………………… 076
　　五、影响组织承担社会责任的因素 …………………………………… 079
　　六、社会责任与企业发展 ……………………………………………… 080
　任务6　管理道德 …………………………………………………………… 085
　　一、管理道德概述 ……………………………………………………… 086
　　二、管理道德的内容 …………………………………………………… 087
　　三、管理道德的特点 …………………………………………………… 088
　　四、影响管理道德的因素 ……………………………………………… 089
　　五、管理道德失衡的表现 ……………………………………………… 090
　　六、管理道德的培育 …………………………………………………… 091

项目四　管理过程 …………………………………………………………… 099

　任务7　决策 ………………………………………………………………… 101
　　一、决策的含义 ………………………………………………………… 102
　　二、决策的原则 ………………………………………………………… 102
　　三、决策的特征 ………………………………………………………… 103
　　四、决策在管理中的地位和作用 ……………………………………… 105
　　五、决策的类型 ………………………………………………………… 105
　　六、决策过程 …………………………………………………………… 107
　　七、影响决策的因素 …………………………………………………… 110
　　八、决策方法 …………………………………………………………… 112
　任务8　计划 ………………………………………………………………… 122
　　一、计划的含义 ………………………………………………………… 123
　　二、计划的内容 ………………………………………………………… 123
　　三、计划的性质 ………………………………………………………… 124
　　四、计划的作用 ………………………………………………………… 125
　　五、计划的类型 ………………………………………………………… 126
　　六、计划的表现形式 …………………………………………………… 127
　　七、计划的编制过程 …………………………………………………… 128
　　八、计划的编制方法 …………………………………………………… 130
　　九、目标和目标管理 …………………………………………………… 133
　任务9　组织 ………………………………………………………………… 141
　　一、组织的含义 ………………………………………………………… 142
　　二、组织的类型 ………………………………………………………… 142
　　三、组织工作的内容 …………………………………………………… 145
　　四、组织管理 …………………………………………………………… 146

五、组织结构的设计 146
　　六、组织结构的类型 149
　　七、组织的变革 155
任务 10　领导 162
　　一、领导的内涵 163
　　二、领导者素质 164
　　三、领导与管理的关系 167
　　四、领导的作用 168
　　五、领导理论 169
　　六、领导艺术 178
任务 11　沟通 186
　　一、沟通的含义 187
　　二、沟通的过程 187
　　三、沟通的特征 188
　　四、沟通的作用 189
　　五、沟通的方式 190
　　六、沟通的渠道 192
　　七、沟通的障碍及克服 197
任务 12　激励 204
　　一、激励的概念 205
　　二、激励在管理中的作用 205
　　三、激励的心理机制 207
　　四、激励的原则 207
　　五、激励的类型 208
　　六、激励理论 209
任务 13　控制 219
　　一、控制的概念 220
　　二、控制的作用 221
　　三、控制的必要性 221
　　四、控制的类型 223
　　五、控制过程 224
　　六、控制的方法 226
任务 14　创新与创业 232
　　一、创新 233
　　二、创业 239

参考文献 253

项目一 认识管理

任务 1
管理概述

> 管理与其说是一种理论，不如说是一种实践。凡是想单纯从理论中找到管理智慧的管理学家，必将无可奈何地走向失败。
> ——彼德·德鲁克
>
> 管理就是把复杂的问题简单化，混乱的事情规范化，组织结构扁平化。
> ——杰克·韦尔奇

 任务简介

管理活动伴随着人类文明史的发展而发展。人群组织的合作、协作或协调催生了管理活动，并使其成为各项活动中最重要的活动之一。并且，人类对于管理的需要是随着社会经济的发展和组织规模的不断壮大而日益明显的。

本任务主要介绍了管理入门的一些基本知识。通过此任务的学习，掌握管理的基本概念和职能，理解管理者所扮演的角色以及作为管理者需要的素质和技能，了解管理的基本方法。

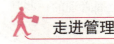 **走进管理**

王新的工作

王新是一家生产小型机械的装配厂经理。每天王新到达工作岗位时都随身带来一份列出他当天要处理的各种事务的清单。清单上的有些项目是它总部的上级电话通知他需要处理的，另一些是他自己在一天多次的现场巡视中发现的或者他手下报告的不正常的情况。

一天，王新与往常一样带着他的清单来到了办公室。他做的第一件事是审查工厂各班次监督人员呈送上来的作业报告。他的工厂每天 24 小时连续工作，各班次的监督人员被要求在当班结束时提交一份报告，说明这班次开展什么工作，发生了什么问题。看完前一天的报告后，王新通常要同他的几位主要下属人员开一个早会，会上他们决定对于报告中所反映的各种问题应采取些什么措施。王新在白天也参加一些会议，会见来厂的各方面访问者。他们中有些是供应商或潜在供应商的销售代表，有些则是工厂的客户。此外，有时也有一些来自地方、省、国家政府机构的人员。总部职能管理人员和王新的直接上司也会来厂考察。当陪伴这些来访者和他自己的属下人员参观的时候，王新常常会发现一些问题，并将它们列入到他那待处理事项的清单中。王新发现自己明显无暇顾及长期计划工作，而这些活动是他改进工厂的长期生产效率所必须做的。他似乎总是在处理某种危机，他不知道哪里出了问题。为什么他就不能以一种使自己不这么紧张的方式工作呢？

管理的职能是什么？什么是管理者？管理者的职责和管理者在组织中所处的地位角色是什么？本任务将为我们揭开谜底。

跟军队学
管理——军魂

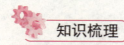

一、什么是管理

在人类的活动中，无时不存在管理，无处不需要管理。因此"管理"在人们的心目中已经是一个非常熟悉的词，但什么是管理呢？从不同的角度出发，可以对其有不同的理解。从字面上来解释，管理即有"管辖"、"处理"、"管人"、"理事"等意思。管理作为一种最为古老、最为基本的技能长期以来为人们所实践和应用，管理渗透到一切领域，小至个人、家庭、企业或学校，大到社会、国家、世界都离不开管理。可以说管理伴随着人类生存、发展的各种活动。20世纪以来的管理运动和管理热潮取得了令人瞩目的成果，其中之一是形成了较为完整的管理理论体系。

能够全面概括"管理"这一概念的定义是："在一定的环境条件下，以人为中心，对组织所拥有的资源（人力、物力和财力等各种资源）进行有效的计划、组织、领导和控制，以实现既定组织目标的过程。"

二、管理的基本特征

为了更全面地理解管理的概念，我们还可以从以下几个方面来进一步把握管理的一些基本特征。

1. 管理既是一种文化现象，又是一种社会现象

管理现象的存在必须具备两个条件：一是必须是两个人以上的集体活动，包括生产的、行政的等活动；二是有一致认可的、自觉执行的目标。

2. 管理的"载体"是组织

管理活动在人类现实的社会生活中广泛存在，管理总是存在于一定的组织之中。正因为我们这个现实世界中普遍存在着组织，管理才有存在的必要。两个或两个以上的人组成的，为一定目标而进行协作活动的集体就形成了组织。"许多人在同一生产过程中，或在不同的但互相联系的生产过程中，有计划地一起协同劳动，这种劳动形式叫做协作。"有效的协作需要有组织，需要在组织中实施管理。管理就是在组织中，由一个或者若干人通过行使各种管理职能，使组织中以人为主体的各种要素得以合理配置，从而达到实现组织目标而进行的活动。

3. 管理的核心是处理各种人际关系

人既是管理中的主体又是管理中的客体，管理的大多数情况是人和人打交道。管理的目的是实现多人共同达成目标，因此，管理的核心是处理好各种人际关系。

4. 管理既是一门科学，又是一种艺术

人们在长期的管理实践活动中，总结出一系列反映管理活动过程中客观规律的管理理论和一般方法，用以指导人们从事管理实践。掌握系统化的科学管理知识有助于对组织中存在的问题提出正确可行的解决办法。因此，管理是一门科学。

管理又是一种艺术，这是强调管理的实践性。管理者在管理活动中，既要用到管理知识，又不能完全依赖于管理知识，必须发挥创造性，根据不同的情况采取不同的方法。因此，管理者在管理中要学会灵活运用知识，使组织活动达到最佳效果。

管理小知识　　什么是管理

1）管理就是做主人翁：把公司的事情当作自己的事情来做。
2）管理就是设定先后顺序：确定什么是重要的，什么是紧急的，学会舍弃。
3）管理就是指出目标和方向：定下目标、由谁负责、完成期限及相应的报酬和激励。
4）管理就是不断地改进：每天进步1%。
5）管理就是算账：算大账，不算小账。

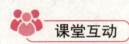

凡是有集体劳动和共同劳动的地方是否就需要管理？管理是科学还是艺术？

三、管理的特性

双汇春都：种瓜种豆

同是中国名牌、同是地处中原的肉类加工企业，双汇集团2004年实现利税5.02亿元，比上年增长69.5%，步入快速发展轨道；春都集团2004年亏损6 982亿元，连续两年出现巨额亏损，企业陷入困境。同是国务院确定的全国520家重点企业，双汇的迅速崛起和春都的严重滑坡引起社会各界的广泛关注。无论从各方面都处于劣势的双汇集团，为什么能在短短几年内成了同行的排头兵，而春都集团却在市场竞争中败下阵来？双汇集团注重决策管理，注重资源使用效率；而春都集团决策却多次失误，造成巨大的资源浪费。

故事启示：我国两个肉类加工企业双汇集团和春都集团在市场竞争中，因管理的战略不同而呈现出不同的效益情况。正如双汇总裁万隆说："管理是企业的生命，双汇赢就赢在管理上。"

通过科学化的管理可以提高效率，这是企业进行管理的必要性。为了更好地管理企业，还需要了解管理活动的特性，管理活动具有目的性、有效性、他人性、多样性和有界性等特征。

1. 管理的目的性

没有目标的行为不能被称为管理行为：没有目标就没有组织，没有目标就没有方向，没有方向就不可能有效率。因此，一个没有明确目标的企业不可能成为一个好企业。

2. 管理的有效性

任何社会在任何时候，资源总是有限的，若资源无限则不需要管理，没有效率压力就不需要管理，管理活动可以提高效率。

3. 管理的他人性

管理需要他人的努力，只会管理自己不叫管理，指挥他人才是管理的一大挑战。

4. 管理的多样性

管理对象包括人、财、物；管理过程包括计划、组织、控制等多样化的活动；在企业和任何组织中，管理部门都是多种多样的，包括生产、财务、销售、人事等各种各样的部门，每个部门的分工和责任都是大不相同的。

5. 管理的有界性

管理是在组织内进行资源的配置，对组织外的资源无调动权；管理是一个等级链，职权有大小，但管理的原则有相同之处。

四、管理的基本职能

管理故事

管理职能

法国矿冶工程师法约尔于 1900 年 6 月 23 日在国际采矿和冶金大会闭幕式上演说："……，现在我必须谈谈管理问题。这是我想引起你们注意的问题，因为在我看来，我们工作中在技术方面行之有效的互相学习同样可以应用在管理方面。一个企业的技术和供销的职能是有明确规定的，而管理职能却不是这样。很少有人熟悉管理的结构和力量，我们意识不到它怎样工作，看不到它在建造还是在铸造，在买还是在卖。然而我们都知道，如果管理不当，事业就处于失败的危险中。

"管理职能有很多责任。它必须预见并做好准备去应付创办和经营公司时财务、购销和技术的状况；它要处理有关职工的组织、选拔和管理方面的工作；它是企业的各个部分同外界沟通联络的手段等。尽管列举的这些是不够完全的，却向我们指出了管理职能重要性的思想，即以管理人员这一项，在大多数情况下就成为企业最主要的职能，因为大家都知道，一家公司即使有完善的机器设备和制造过程，如果由一批效率低下的人员去经营，还是注定要失败的。"……

　　故事启示：经营管理之父法约尔在当时的演讲中如此强调管理职能，就是想引起人们对此问题的关注。时至今日，我们对管理职能等问题又是怎样认识的呢？

　　管理职能，是指管理者为实现管理目标，在实施管理行为中必须承担的责任和必须完成的任务。一般来说，将管理职能划分为计划、组织、领导、控制等四大基本职能，如图1-1所示。

图1-1　管理的四大基本职能

　　在管理工作中，任何一位管理者，为实现既定的目标，实施有效的管理，都要履行管理职能。

　　1. 计划职能

　　任何管理工作都是从计划开始的。计划职能是指管理者为了实现组织目标对工作所进行的筹划活动。这是非常重要的职能，首先，它是管理者指挥的依据；其次，计划是降低风险、掌握主动的手段；最后，计划是减少浪费、提高效率的方法。任何管理者都要执行计划职能，而且要想将工作做好，无论大事小事都不可能缺少事先的筹划。

　　2. 组织职能

　　制订出切实可行的计划，就要组织必要的人力、物力和其他资源去执行既定的计划，也就是进行组织工作。组织职能是指为了有效地实现计划所确定的目标而在组织中进行部门划分、权力分配和工作协调的过程。组织职能主要包括组织结构设计、组织关系的确立、组织人员的配置和组织变革等。

　　3. 领导职能

　　每个组织都是由人力资源和其他资源有机结合而成的，人是组织中唯一具有能动性的因素。管理的领导职能是指管理者利用职权和威信施展影响，带领、指挥、引导和鼓励其下属人员去实现组织目标的过程。领导职能主要包括激励下属的工作积极性，指导和指挥下属活动，选择有效的沟通渠道以及营造良好的组织氛围，去实现组织的目标。

　　4. 控制职能

　　为了确保组织目标的顺利实现，管理者必须自始至终地根据计划目标派生出来的标准对组织各项活动的进展情况进行检查，发现或预见到偏差后及时采取措施予以纠正。工作失去控制就会偏离目标，没有控制就难以保证目标的实现。根据控制的时机、对象和目标的不同，将控制分为事前控制、事中控制和事后控制。

　　管理的基本职能互相联系、互相制约，是一个有机的整体。管理正是通过计划、组织、领导、控制这四个基本过程来展开和实施的。为了做好组织的各项工作，管理者首先要根据组织内外部环境条件，确立组织目标并制定出相应的行动方案。目标明确之后，就要组织力量去完成。为了落实计划，管理者要进行组织工作，由于目标的完成有赖于组织成员的共同努力，为了充分调动组织成员的积极性，在目标确定、计划落实之后，管理者还要加强领导工作。在设立目标、形成计划、建立组织、培训和激励员工之后，各种念头仍有可能出现，为了纠正偏差，确保各项工作的顺利进行，管理者还必须对整个活动进行控制。管理就是这样一个不断循环的过程。

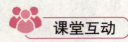 课堂互动

假如你是一名管理者，你认为所有管理职能中，哪一种职能是最核心的？

教学视频
跟军队学管理
——军魂

五、管理者

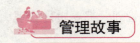 管理故事

怎样做管理

一位销售经理给他手下的销售员了很多指导，他花费了70%的时间和下属一起去看市场、跑订单、做协同拜访等。做"实地教练"时，销售经理从来不在客户面前替销售员做销售，哪怕有时他很着急，眼看着订单可能拿不到了，但是他仍然要等到事后再指出销售员有哪些错误，应怎样做可能会更好。在销售经理的指导下，他手下的销售员进步得非常快，对这位销售经理也非常感激，整个团队的业绩不断提高。

故事启示：一位主管要是能成功地完成教练的职责，培养下属成为行业里的专家，自己也就能从日常的运作里解脱出来，去做更重要的工作。

管理者是组织的心脏，其工作绩效的好坏直接关系着组织的兴衰成败。所以，美国管理大师德鲁克曾这样说："如果一个企业运转不动了，我们当然是要去找一个新的总经理，而不是另雇一批工人。"管理者对组织的生存发展起着至关重要的作用。那么，什么是管理者呢？究竟有什么标准来划分管理者与非管理者呢？管理者的职责与作业人员有什么不同？一个人需要具备什么技能才能成为有效的管理者？

1. 什么是管理者

一般说来，组织中存在两类员工，即操作者和管理者。操作者是指在组织中从事具体业务，且不对他人工作承担监督责任的人；管理者是指在组织中从事管理工作的人，即在组织中担负计划、组织、领导和控制职能的人。

2. 管理者类型

1）根据管理的层次分类（见图1-2）

（1）基层管理者，亦称第一线管理者。他们处于作业人员之上的组织层次中，负责管理作业人员及其工作。在制造工厂中，基层管理者可能被称为领班、工头或者工段长；在运动队中，这项职务是由教练担任的；而学校则由教研室主任来担任。

(2) 中层管理者。他们是直接负责或者协助基层管理人员及其工作的人，通常享有部门或办事处主任、科室主管、项目经理、地区经理、产品事业部经理或分公司经理等头衔。这些人主要负责日常管理工作，在组织中起承上启下的作用。

(3) 高层管理者。他们处于组织的最高层，主要负责组织的战略管理，并在对外交往中以代表组织的"官方"身份出面。这些高层管理者的头衔有如公司董事会主席、首席执行官、总裁或总经理及其他高级资深经理人员以及学校的校长、副校长和其他处在或接近组织最高层位置的管理人员。

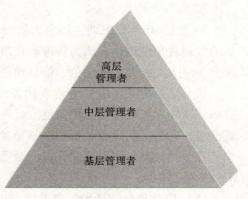

图 1-2　组织的层次

管理者所处的具体组织层次不一样，他们的头衔也各式各样，但他们的工作具有一个共同的特征，即都是同别人一起并通过别人使组织活动得以更有效地完成，因此，管理者在相当程度上也就是领导他人的人。

作为管理者，不论他在组织哪一层次上承担管理职责，其工作的性质和内容应该基本上是一样的，都包括计划、组织、领导和控制几个方面。不同层次管理者工作上的差别，不是职能本身不同，而在于各项管理职能履行的程度和重点不同。高层管理人员花在计划、组织和控制职能上的时间要比基层管理人员的多些，而基层管理人员花在领导职能上的时间要比高层管理人员的多些。即便就同一管理职能来说，不同层次管理者所从事的具体管理工作的内涵也并不完全相同。例如，就计划工作而言，高层管理人员关心的是组织整体的、长期的战略规划，中层管理人员偏重的是中期、内部的管理性计划，基层管理人员则更侧重于短期的业务和作业计划。

2) 根据管理的领域分类

(1) 综合管理者。指的是负责管理整个组织或组织中某个分部的全部的管理者。对于小型组织（如一个小厂）来说，可能只有一个综合管理者，那就是总经理，他要统管该组织中包括生产、营销、人事、财务等在内的全部活动。而对于大型组织（如跨国公司）来说，可能会按产品类别设立几个产品分部，或按地区设计若干地区分部，此时，该公司的综合管理人员就包括公司总经理和每个产品或地区分部的总经理，每个分部经理都要统管该分部包括生产、营销、人事、财务等在内的全部活动，因此也是全面管理者。

(2) 专业管理者。也就是仅仅负责组织中某一类活动或业务的专业管理的管理者。根据这些管理者所管理的专业领域性质的不同，可以具体划分为生产部门管理者、营销部门管理者、人事部门管理者、财务部门管理者以及研究开发部门管理者等。这些部门的管理者，可以泛称为生产经理、营销经理、人事经理、财务经理和研究开发经理等。

对于现代组织来说，随着其规模的不断扩大和环境的日益复杂多变，管理工作的专业分工也变得日益重要。不同专业领域的管理者，他们在履行管理职能中可能会产生具体工作内容侧重点上的差别，如同样是开展计划工作，营销部门做的是产品定价、推销方式、销售渠道等的计划安排，人事部门做的是人员招募、培训、晋升等的计划安排，财务部门做的则是筹资规划和收支预算，它们在各自的目标及其实现途径的规定上都表现出很不一样的特点。

3. 管理者的角色

20世纪60年代末期，加拿大管理学家亨利·明茨伯格通过大量的调查研究，提出了著名的管理者角色理论，认为管理者在组织中扮演着十种不同角色，而这十种角色又可以进一步分为三大类，即人际角色、信息角色和决策角色。

（1）人际角色。是指管理者代表组织所履行的具有礼仪性和象征性的职责。包括挂名首脑、领导者和联络者三种角色。首先对于挂名领导的角色，管理者要在礼仪实务方面代表其组织，同时，管理者还要扮演领导者和联络者的角色。作为领导者，要对该组织成员的工作负责，要处理好同下属的关系，激励员工并且调配好工作。作为联络者，其作用主要涉及对外联络交往。

（2）信息角色。是指管理者代表组织所履行的接收、收集和传播信息的职责。它包括充当监听者、传播者和发言人的角色。作为监督者，管理者要不停地仔细观察周围环境以获得信息，还要会向他的联系人和下属打听情况，并接受别人主动提供的信息。作为传播者，管理者要把下属无法获得的一些特许信息直接传递给下属。如果下属彼此联系不便，管理者可能会替他们传递信息。作为发言者，管理者要把信息传递给单位或组织以外的个人，让相关者（股东、消费者、政府等）了解相关信息并感到满意。

（3）决策角色。是指管理者代表组织履行决策的职责。它包括创业家、故障排除者、资源分配者和谈判者角色。作为创业家，管理者要对作为监督者发现的机会进行投资以利用这种机会。作为故障排除者，管理者要处理组织运行过程中遇到的冲突或问题。作为资源分配者，管理者要决定组织各类资源（财力、设备、时间、信息等）的分配。作为谈判者，管理者要在包括员工、供应商、客户和其他工作小组花费大量时间，进行必要的谈判，以确保小组朝着组织目标迈进。

4. 管理者技能

每位管理者都在自己的组织中从事某一方面的管理工作，都要力争使自己主管的工作达到一定标准和要求。管理是否有效，在很大程度上取决于管理者是否真正具备了作为一个管理者应该具备的管理技能。这些管理技能包括：技术技能、人际技能、概念技能等。

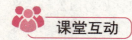
课堂互动

你认为高中低层管理者在能力要求上各有什么侧重点？

1）技术技能

所谓技术技能，就是指从事自己管理范围内的工作所需的技术和方法。如果是生产车间主任，就要熟悉各种机械的性能、使用方法、操作程序，各种材料的用途、加工工序，各种成品或半成品的指标要求等。如果是办公室管理人员，就要熟悉组织中有关的规章、制度及相关法规，熟悉公文收发程序、公文种类及写作要求等。如果是财务科长，就要熟悉相应的财务制度、记账方法、预算和决算的编制方法等。技术技能对基层管理者来说尤为重要，因为他大部分时间都是从事训练下属人员或回答下属人员所提出的问题。具备技术技能，方便更好地指导下属工作，更好地培养下属，由此才能成为受下属尊重的有效管理者。

2）人际技能

人际技能就是与组织中上、下、左、右的人打交道的能力，包括联络、处理和协调组织内外人际关系的能力，激励和诱导组织内工作人员的积极性和创造性的能力，正确地指导和指挥组织成员开展工作的能力。人际技能首先要求管理者了解别人的信念、思考方式、感情、个性以及每个人对自己、对工作、对集体的态度，并且认识到别人的信念、态度、观点与自己的不一样是很正常的，承认和接受不同的观点和信念，这样才能与别人更好地交换意见。其次要求管理者能够敏锐地察觉别人的需要和动机，并判断组织成员的可能行为及其可能后果，以便采取一定措施，使组织成员的个人目标与组织目标最大限度地一致起来，最大限度地调动员工的积极性和创造性。许多研究表明，人际技能是一种重要技能，对各层管理者都具有同等重要的意义。在同等条件下，人际技能可以极为有效地帮助管理者在管理工作中取得更大的成效。

3）概念技能

概念技能是指对事物的洞察、分析、判断、抽象和概括的能力。管理者应看到组织的全貌和整体，了解组织与外部环境是怎样互动的，了解组织内部各部门是怎样相互作用的，能预见组织在社区中所起的社会的、政治的、经济的作用，知道自己所管理的部门或科室在组织中的地位和作用。分析和概括问题的能力是概念技能的重要表现之一。管理者能够快速、敏捷地从混乱而复杂的动态情况中辨别出各种因素的相互作用，抓住问题的起因和实质，预测问题发展下去会产生什么影响，需要采取什么措施解决问题，这种措施实施以后会出现什么后果。形势判定能力是概念技能的又一表现。管理者通过对外部和内部形势的分析判定，预见形势将朝什么方向发展，以便充分利用好形势发展组织的事业，同时采取措施应付不利形势，使组织获利最多或损失最少。各种研究表明，出色的概念技能，可使管理者做出更佳的决策。概念技能对高层管理者来说尤其重要。

上述三种管理技能是各层管理者共同需要掌握的，区别仅在于各层管理者所需掌握的三种管理技能的比例会有所不同，如图1-3所示。

图1-3　不同层次的管理者对管理技能需要的比例

5. 管理者素质

管理者是一个特殊的群体，他们所从事的管理活动是计划、组织、指挥、协调和控制他人的活动，以完成组织的目标。因此，一名优秀的管理者除了具有政治品德、知识、业务和身心条件外，还必须具备以下素质。

1）处事冷静，但不优柔寡断

出色的管理者都具有处事冷静的特点，他们善于考虑事情的多个方面或问题涉及的各利害关系方，不易冲动行事。他们往往会在周密思考后果断作出决定或清晰地阐明自己的观点。因此，具有这种特征的管理者往往能使事情或问题得到比较妥当的处理，同时又有利于形成良好的人际关系。

2）做事认真，但不事事求"完美"

出色的管理者深知经商和科研不一样。科研侧重追求的是严谨、精益求精；经商侧重追求的是效益、投入产出比。他们做事非常认真仔细，同时也非常懂得什么事情需要追求"完美"（尽善尽美），什么事情"差不多就行"（达到基本标准）。因此，具有这种特征的管理者往往能把事情"做对"，并且能比一般人更容易创造出价值。

3）关注细节，但不拘泥于小节

出色的管理者善于关注事情的细节，善于留意观察身边的人和事。他们善于抓住问题的要害，善于将问题"扼杀"在萌芽状态。他们虽然善于关注细节，但不会过分拘泥于小节，不会在意别人的一点小过错或小过失。因此，具有这种特征的管理者往往能大幅度减少"问题"的发生，日常管理工作也会井然有序。

4）协商安排工作，绝少发号施令

管理者不是发号施令的"监工"。一个能让下属主动"追随"的管理者，依赖的是个人魅力和领导力，而不是手中的"权力"。一个优秀的管理者很少对下属发号施令，他们往往采用和下属商量的方式布置和安排工作。因此，具有这种特征的管理者往往能让下属真正"心甘情愿"地完成好被安排的任务，这样的管理者也往往能营造出和谐团结的团队氛围。

5）关爱下属，懂得惜才爱才

出色的管理者善于尊重和关爱下属，他们往往视同事如"兄弟"，懂得怎样去珍惜和爱护与自己朝夕相处、共同拼搏的"战友"。因此，具有这样特征的管理者往往会让下属有一种"如家"的感觉，无形中也让大家更积极、更主动、更无怨无悔地付出。

6）对人宽容，甘于忍让

出色的管理者胸怀宽广，对人宽容、甘于忍让，他们善于将心比心，善于考虑别人的难处，善于"挖起荆棘并种下玫瑰"。因此，具有这种特征的管理者往往易于形成良好的人际关系，并往往能在需要时，得到别人最真诚的支持和帮助。

7）严于律己，以行动服人

出色的管理者不会让自己独立于各种规章制度之外，他们往往身体力行、为人表率，用自己的实际行动来影响和带动身边的人。因此，具有这种特征的管理者往往"其身正，不令而行"。

8）为人正直，表里如一

出色的管理者为人正直、表里如一。他们往往对人一视同仁、处事公平公正。没有暗箱操作；也不会当面"抹蜜饯"，背后"捅刀子"。因此，具有这种特征的管理者往往使人有"安全感"并能得到别人充分的信任。

9）谦虚谨慎，善于学习

出色的管理者不会把自己已有的知识和技能作为管理的资本。他们往往谦虚谨慎，乐于向自己的上司、同事和下属学习。因此，具有这种特征的管理者往往具有比较强的能力并且能够使自己的能力得到持续的提高。

10）不满足于现状，但不脱离现实

出色的管理者不满足于当前的业绩，他们都有比较高远的目标和追求。他们不满足于现状，但决不会脱离现实，他们非常清楚自己的将来是什么样的，并且总是一步一个脚印为更高更远的目标而奋斗。

六、管理的方法

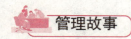 管理故事

南风"定理"

法国作家拉封丹写了一则寓言：北风和南风比威力，看谁能把行人身上的大衣脱掉。北风猛烈吹起，寒风凛冽刺骨，结果行人都把大衣裹得紧紧的；南风则徐徐吹拂，带来风和日丽之感，于是人们纷纷解开纽扣，脱掉大衣，因而南风获得了胜利。

故事启示：这则寓言形象地说明一个道理，即温暖胜于严寒，企业领导者在管理中要学会运用"南风"法则，真正去尊重和关爱下属，以人为本，推行严格中不失人情味的管理方式，使下属随时感受到公司传递的温暖，从而去掉包袱，激发最大的工作积极性。

管理方法可以从管理范围、管理的技术、管理的基本手段等不同角度进行分类。本书主要按管理的基本手段来分，可分为经济方法、行政方法、法律方法和社会学心理学方法。

1. **经济方法**

经济方法是指依靠利益驱动，利用经济手段，通过调节和影响被管理者物质需要而促进管理目标实现的方法。此方法具有利益驱动性、普遍性、持久性等特点，但也可能产生明显的负面作用。其主要形式包括：价格、税收、信贷、经济核算、利润、工资、奖金、罚款、定额管理、经营责任制等。

2. **行政方法**

行政方法是指依靠行政权威，借助行政手段，直接指挥和协调管理对象的方法。此方法具有强制性、直接性、垂直性、无偿性等特点，同时由于强制干预，容易引起被管理者的心理抵抗。其主要形式包括：命令、指示、计划、指挥、监督、检查、协调等。

3. **法律方法**

法律方法是指借助国家法规和组织制度，严格约束管理对象为实现组织目标而工作的一种方法。此方法具有高度强制性、规范性等特点。但因对特殊情况有适用上的困难，缺乏灵活性。其主要形式包括：国家的法律法规、组织内部的规章制度、司法和仲裁等。

4. **社会学心理学方法**

社会学心理学方法是指借助社会学和心理学原理，运用教育、激励、沟通等手段，通过满足管理对象社会心理需要的方式来调动其积极性的方法。此方法具有自觉自愿性、持久性等特点。同时也存在一定的局限性，主要表现为对紧急情况难以适应。其主要形式包括：宣传教育、思想沟通、各种形式的激励等。

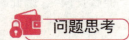 问题思考

1. 怎样理解管理的概念？

2. 管理者扮演的角色有哪些？必须具备哪些技能？
3. 怎样学好管理学？

技能训练

1. 单选题

（1）对企业资源进行计划、组织、人员配备、领导、控制以有效地实现组织目标的过程称为（　　）。

　　A. 管理　　　　　　B. 组织　　　　　　C. 战略计划　　　　D. 激励

（2）在管理中居于主导地位，起核心作用的是（　　）。

　　A. 管理者　　　　　B. 管理对象　　　　C. 管理环境　　　　D. 管理组织

（3）通过管理提高效益，需要一个时间过程，这表明管理学是一门（　　）。

　　A. 软科学　　　　　B. 硬科学　　　　　C. 应用性学科　　　D. 定量化学科

（4）管理的控制职能由哪一类管理人员执行？（　　）

　　A. 高层管理人员　　B. 中层管理人员　　C. 基层管理人员　　D. 以上均是

（5）某位管理人员把大部分时间都花费在直接监督下属人员工作上，他一定不会是（　　）。

　　A. 工长　　　　　　B. 总经理　　　　　C. 领班　　　　　　D. 车间主任

2. 判断题

（1）管理是任何组织集体劳动所必需的活动，因此，任何社会的管理性质都是相同的。　（　　）

（2）管理既是一门科学，又是一门艺术。　（　　）

（3）管理者权力比权威更重要。　（　　）

（4）管理之所以必要是由劳动的社会化决定的。　（　　）

（5）管理从本质上而言是一种手段。　（　　）

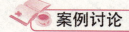

案例讨论

案例1　一场关于"什么是管理"的探讨

李叶和王斌是大学同学，学的都是管理科学与工程专业。毕业后，李叶去了深圳一家有名的外资企业从事管理工作，而王斌却被学校免试推荐为该校的硕士研究生。一晃三年过去了，王斌又以优异的成绩考入北京某名牌大学攻读管理科学与工程的博士学位。李叶则在当上部门经理后也来到该校参加 MBA 培训。

王斌在办理报到手续时与李叶不期而遇。老同学相见自然免不了要"促膝长谈"，因此两人约定：晚上来个"一醉方休"。王斌如约而至，两人在酒足饭饱之余，闲聊起来，由于两人志趣相同，一会儿，他们就关于"什么是管理"的话题聊开了。

王斌非常谦虚地问："李兄，我虽然读了许多有关管理方面的著作，但对于什么是管理我还是心存疑虑，管理学家西蒙说'管理就是决策'，有的管理学家却说'管理是协调他人的活动'，如此等等，真是公说公有理，婆说婆有理。你是从事管理工作的，那你认为到底什么是管理？"

李叶略微思索了一会儿，说道："你读的书比我多，思考问题也比我深。对于什么是管理，过去我从来没有认真去想过，不过从我工作的经验看来，管理其实就是管人，人管好了，什么都好。"

"那么依你看，善于交际的、会拍'马屁'的人就是最好的管理者了？"王斌追问道。

"那也不能这么说，"李叶忙回答说，"虽然管人非常重要，但管理也不仅仅是管人，正如你所说的，管理者还必须做决策、组织和协调各部门的工作等。"

"你说得对，管理不仅要管人，还要做计划、定目标、选人才、做决策、组织实施和控制等，那么，也就是说，做计划、定目标、选人才、做决策、组织实施和控制等活动就是管理啦？"王斌继续发表自己的见解。

"可以这么说，我们搞管理的差不多啥都得做，今天开会，明天制定规则，后天拟订方案等，所以说，搞好管理可真不容易。"李叶深有感触地说。

"那你怎么解释'管理就是通过其他人来完成工作'，难道在现实中这种说法本身就是虚假的吗？"王斌显得有点激动地说。

李叶想了一会儿才回答道："我个人认为，'管理就是通过其他人来完成工作'这句话有失偏颇，管理的确要协调和控制其他人的活动，使之符合企业制定的目标和发展方向，但管理者绝不是我们有些人所理解的单纯的发号施令者，其实管理者的工作量非常大，在很多方面，他们还必须起到带头和表率的作用。"

"我同意你的观点，管理者不是发号施令者，管理也并不就是叫别人帮你做事。管理者是'舵手'，是'领航员'，他必须带领其他人一起为组织目标的实现而奋斗。不过在咱们中国，听说在一些国有企业，只要你能吃、能喝、会拍'马屁'，你就是一个好管理者，就会受到上级的器重，对此你有何高见？"

"在咱们中国，的确存在着相当普遍的官僚主义、拉关系的现象，这恐怕是我们的传统体制留下的弊端，但这不是说管理就是陪人吃饭、喝酒、拍领导'马屁'，在外资企业，这种现象几乎不存在，只要你有本事，能干出成绩，用不着你去拍马屁送礼，上级也一样器重你，你就能获得提拔，得到加薪。因此，从某种意义上来说，管理就是管理者带领组织成员一起去实现组织的目标。"

"可是……"

夜深了，可李叶和王斌好像并没有丝毫的睡意，两人还在围绕着关于"什么是管理"的话题继续探讨着。

问题讨论：

1. 有人说："管理就是管你的"。对此，你如何看待？

2. 案例中王斌说"管理者不是发号施令者，管理者是'舵手'、'领航员'……"，你同意这种说法吗？为什么？

3. 你认为一个人是管理者也必然是领导者吗？或者说是领导者也必然是管理者？你如何看待这个问题？

案例2　管理工作的特性

A是某建筑公司安装部的经理，B是安装部下属的管道安装队队长。上个月，A吩咐B带领一班人马去某工地安装一套管道系统。在工程验收时，发现这套管道存在着严重的渗透现象。公司经理认为A应该对此负责，哪怕管道安装时A正出差在外。同样，A也认为B必须对此负责，哪怕B自己不拿扳头干活。

问题讨论：

A和B为什么要对这一失误负责？他们究竟该负什么责任？

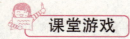
课堂游戏

看不见与说不清

1. 游戏目的

了解公司中的不同的角色，认识管理中的要素。

2. 游戏程序

（1）三名学生扮演工人，一起被蒙住双眼，带到一个陌生的地方。

（2）两名学生扮演经理。

（3）一名学生扮演总裁。

3. 游戏规则

工人可以讲话，但什么也看不见；经理可以看，可以行动，但不能讲话；总裁能看，能讲话，也能指挥行动，但却被许多无关紧要的琐事缠住，无法脱身（他要在规定时间内做许多与目标不相关的事），所有的角色需要共同努力，才能完成游戏的最终目标——把工人转移到安全的地方去。

4. 游戏准备

不同角色的说明书以及任务说明书。

5. 注意事项

任务说明书可以由培训师根据情况设计，关键是游戏中总经理要有许多琐事缠身。

6. 游戏总结

企业上下级的沟通是很重要的！游戏完全根据企业现实状况而设计，总裁并不能指挥一切，他只能通过经理来实现企业的正常运转；经理的作用更是重要，他要上传下达；而工人最需要的是理解和沟通。

这个游戏让学生深刻地认识到，以后在工作中遇到问题，一定要以"角色转换"的心态来对待。

WiFi 网络冲浪

搜索一家公司的网页，其中要有某一位管理者谈论自己的计划、组织、领导和控制方法的内容。并思考这位管理者的管理方法是什么？他的方法对于公司绩效有什么影响？

实践训练

项目1　谈谈在你的日常生活、学习中有哪些现象是管理现象？现在所学到的管理知识对这些现象的处理是否有用？假如让你经营一家食品商店，你将用学到的什么管理理念来指导你商店的运行？

项目2　调查一家小型企事业单位，看看其管理者在管理过程中运用了哪些管理职能，谈谈你对该企业管理的看法，要求写一篇不少于1 000字的报告。

项目3　分组就班级的管理现状进行讨论，列出班级管理的优缺点。

任务 2
管理思想的发展

> 向后看得越远，那么向前看得也越远。
> ——丘吉尔
>
> 除非工人们从思想上对自己和对雇主的责任问题发生了完全的革命，除非雇主对自己本身和对工人的责任认识发生了完全的思想革命，否则，科学管理不能存在，科学管理也不可能存在。
> ——弗雷德里克·温斯洛·泰勒

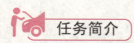

在人类历史上，自从有了组织和组织要完成的任务，就有了管理活动，我们可以将这些由于需要而产生发展的管理活动称为管理实践。管理实践经过长时间的积累，逐渐形成一些零碎的真知灼见，这些就是管理思想。管理思想逐渐为人们所接受和推崇，并经过历史的检验，得出一些具有普遍意义的规律，就形成了管理理论。

本任务主要介绍了中国古代的管理思想、西方古代管理思想、古典管理理论、行为科学理论、现代管理理论以及当代管理理论的新进展。通过对此任务的学习，了解和掌握管理理论的发展过程及各阶段的主要管理思想，进而加深对管理学的理解，为掌握管理的一般规律奠定基础。

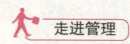

拜 师

有一个年轻人经过长途跋涉来到森林中的寺院，请求寺院里德高望重的住持收他为徒。住持郑重地告诉他："如果你真要拜我为师追求真道，你必须履行一些义务和责任。""我必须履行哪些义务和责任呢？"年轻人急切地问。"你必须每天从事扫地、煮饭、劈柴、打水、扛东西、洗菜等工作。""我拜您为师是为了习艺正道，而不是来做琐碎的杂工、无聊的粗活的。"年轻人一脸不悦地丢下这句话，就悻悻然离开了寺院。

由上述例子可以看出，正道不是高不可攀或莫测高深的理论，它隐藏在日常的工作琐事及生活细节中；同样的，管理的道理，随处可得，只要认真去做事，用心去体验，在工作过程中自可深刻体悟管理的奥妙及意义。

一、中国古代的管理思想

任何管理思想都是根植于一定的社会文化土壤之中的。而一定的社会文化又都割不断与历史传统的联系，并且总是在继承中发展，在发展中继承。中国作为世界文明古国之一，不仅有丰富的社会发展实践，而且有灿烂的思想文化。中国古代的管理实践和管理思想是中华文明的重要成分，在人类管理思想发展中占有重要地位。

然而在中国漫长的历史进程中，由于受生产力和科学技术发展的限制，这些管理思想零星分散，并没有形成一个独立存在的体系，其归纳起来大致有以下几个方面。

1. 在组织方面的管理思想

我国最早论及国家管理的专著是战国时期的《周礼》，其就将周代官员分为天、地、春、夏、秋、冬六官，分管治、教、礼、政、刑、事六方面的政务。以天官为最高，六官分360职，各有职责和权力，并规定了设置官员的级别和员额，职责分明。这说明公元前4世纪前后，中国已出现了相当完备的国家管理思想。春秋时期的政治家管仲建立了五家一轨、十轨一里、四里一连、十连一乡、十乡一军的国家组织，他在国家行政管理方面的许多见解都颇有见地。这可以说是最早的有关组织设计和组织管理的思想。

2. 在经营方面的管理思想

我国古代有许多知名理财家，如战国时期的商鞅、西汉时的桑弘羊、唐代的刘晏、宋代的王安石、明代的张居正等人，他们都进行过经济与管理的改革，影响很大。

《管子》是先秦诸子中研论富国之道的名著，其中提出了"轻重之势、轻重之学和轻重之术"的"轻重论"思想，所谓轻重之势，就是国家要控制货币和生活资料，用经济手段在流通领域中通过国家调节来全面支配社会经济生活；所谓轻重之学，就是掌握流通领域中的一些规律，如供求变动对商品价格的影响，货币、谷物和其他商品的比价变化等，以其作为制定经济政策的依据；所谓轻重之术，就是在轻重之学的指导下制定相应的政策、措施，稳定物价，增加财政收入。《史记·货殖列传》中也对物价管理、质量管理、资金周转等进行了周详的论述。

3. 在人事管理方面的管理思想

在人事管理方面，我国古代有着丰富的经验和深刻的哲理总结。《论语》《孟子》《荀子》中都闪烁着识人、用人、激励人、育人以及管理者如何处理人际关系的谋略思想。《尚书》中说："任官唯贤才，左右唯其人。"这就是说，选拔管理者要"任人唯贤"。孔子说："不患人之不己知，患不知人也。"意思是说，不怕别人不了解自己，就怕自己不了解别人。但是"人才难得亦难知"，要知人善任。王充在《论衡》中说："人才高下，不能等同。"所以应用人所长。

4. 在战略与策略方面的管理思想

春秋战国时期杰出的军事家孙武著的《孙子兵法》共分 13 篇，篇篇闪烁着智慧的光芒，尤其在战略和策略方面有其精辟论述。《孙子兵法》从道、天、地、将、法五个方面分析战场全局，书中有"知己知彼，百战不殆"的名言，是说只有详细了解对方情况，又熟知自己的情况，从而加以比较，确定战略、战术，发挥主观能动性，才能取得胜利。

在战争中要"上兵伐谋，其次伐交，其次伐兵，其下攻城"。这种积极进攻和积极防御的思想，对今天企业界确定"攻势经营战略"颇有指导意义。《军争篇》中说："故善用兵者，避其锐气，击其惰归，此治气也。"避开敌人锐气，在其松懈疲惫时再去进攻，这对于企业在激烈竞争中以弱胜强，也有启示作用。战国时期的白圭认为"乐观时变，故人弃我取，人取我与"，颇有创见。

孙武的策略思想不仅在军事上而且在管理上都具有指导意义和参考价值。日本和美国的一些大公司甚至把《孙子兵法》作为培训经理的必用书籍。

5. 在工程管理方面的管理思想

中国古代有很多成功的案例，从万里长城的修筑到大运河的开凿，从都江堰水利工程到长安古都的修建，无不渗透着工程管理的智慧。

丁渭"一箭三雕"的故事发生在宋真宗大中祥符年间。因皇城失火，宏伟的昭君宫殿被烧毁，大臣丁渭受命全权负责宫殿的修复。这是一项浩大的工程，需要解决很多问题，特别是运输问题。丁渭提出了一个巧妙的"一箭三雕"方案：先在宫殿前的街道挖沟，取出的泥土烧砖烧瓦；再把京城附近的汴水引入沟渠中，形成一条运河，用船把各地的木材石料等建筑材料运至宫前；最后沟渠撤水，把清墟的碎砖烂瓦和建筑垃圾就地回填，修复了原来的街道。这个蕴涵着运筹学思想的方案合理、高效地同时解决了三个问题，是中国古代管理实践的典型范例。还有长城、京杭大运河、都江堰等伟大工程，都是古代管理实践的典范。

二、西方古代管理思想

西方文化起源于希腊、罗马、埃及、巴比伦等文明古国，它们在公元前 6 世纪前后即建立了高度发达的奴隶制国家，在文化、艺术、哲学、数学、物理学、天文学、建筑等方面都对人类作出了辉煌的贡献。埃及金字塔、罗马水道、巴比伦"空中花园"等伟大的古代建筑工程堪与中国的万里长城并列为世界奇观。这些古国在国家管理、生产管理、军事、法律等方面也都曾有过许多光辉的实践。公元 3 世纪后，随着奴隶制的衰落和基督教的兴起，这些古文化逐渐被基督教文化所取代。在基督教《圣经》中所包含的伦理观念和管理思想，对以后西方封建社会的管理实践起着指导性的作用。

远在公元前两千多年的古巴比伦王国就制定了著名的《汉谟拉比法典》，该法典共有 282 条，内容涉及人的行为、惩罚、工资及贸易管理等许多方面。

《圣经》中还记载了以色列人的早期统治经验，其中讲到古代希伯来人的领袖摩西接受了他岳父的三条建议：一是要制定法令，昭告民众；二是应建立等级，授权委托管理；三是必须责成专人分级管理，问题尽量在下边解决，只有最重要的政务才提交给摩西处理。摩西据此在全国选择敬畏上帝、有才能而又诚实的人，叫他们分别担任十夫长、五十夫长、千夫长，建立了分级管理体制；为防止众"长"各自为政，又颁布了"摩西十戒"，达到了分权而不分散、有效率而又不乏统一的结果。

古罗马天主教会的管理，成功地解决了大规模活动的组织问题。它所发展的一套组织管理的方法，能够全面地控制在世界各个角落的、五亿以上的教徒的生活。天主教会是按照地理区域划分基层部门的，但是也在此基础上采用高效率的职能分工，以便更好地处理问题。

15世纪初，拥有近2000名工人的威尼斯兵工厂，开始采用了流水作业的生产和管理方法，当时的生产效率已达到一小时之内装配、下水、装备一艘大型战船的全部工作。这一方法规定：工厂管事直接指挥工头和技术顾问，全权管理生产，并建立早期成本会计制度，负责独立核算。全厂的工作划分为若干职能部门，每一部门都有一名工头负责，分阶段、有计划地进行，重要事情要集中管理。这种集权与分权的统一，初次体现出近代管理思想的雏形。

西方古代管理思想，受人类历史发展程度和社会实践深入程度的限制，孤立、零散，显得肤浅、简单，缺乏理论的系统性和深刻性。

三、古典管理理论

古典管理理论也称科学管理理论，是指19世纪末20世纪初在美国、法国、德国等西方国家形成的、有一定科学依据的管理理论，其主要代表理论包括泰勒的科学管理理论、法约尔的一般管理理论和韦伯的组织理论等。

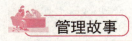
管理故事

小兔子收萝卜

几只爱吃萝卜的小兔在草原上开垦了一块土地，种了好多萝卜。到了收获的季节了，他们的朋友小羊和小牛用他们尖尖的角帮小兔们把萝卜从地里刨了出来，然后小羊和小牛就忙自己的事情去了。几只小兔看着那一大堆红红的萝卜，心里乐开了花。眼看就要下雨了，几只小兔决定自己把萝卜收回驻地。

小兔甲试了一试自己一次可以抱两个萝卜，于是便每次抱着两个萝卜往返于萝卜地与驻地之间。虽然有点吃力，但他还是越干越起劲。

小兔乙找来一根绳子，把五个萝卜捆在一起，然后背着向驻地走去。虽然背了五个萝卜，可他的速度一点也不比小兔甲慢。

小兔丙找来一根扁担，用绳子把萝卜捆好，前面五个，后面五个，走起来比小兔甲和小兔乙都快。

小兔丁和小兔戊找来一只筐，装了满满一筐萝卜，足有三四十个，然后两人抬着筐向驻地走去。

故事启示：同样都在努力工作，可五只小兔的工作效率和工作成果却有显著的差别。因为工作方式的不同，有人虽然看起来忙忙碌碌，工作却难见成效；有人虽然显得悠闲，却是成绩显著。好的工作方法可以有效地提高工作效率。

(一）泰勒的科学管理理论

科学管理理论的创始人是美国的发明家、工程师弗雷德里克·温斯洛·泰勒（1856—1915）。他出生于美国费城一个富裕的律师家庭，中学毕业考入哈佛大学法学院，因眼疾中途辍学。1875年进入小型水泵厂当徒工；1878年进入米德维尔钢铁公司，先后当过技工、工长、技师、总工程师；1886年，加入美国机械工程师协会，1906年当选该协会主席；1898—1901年受雇于伯利恒钢铁公司从事顾问咨询工作；1901年以后，他更以大部分时间从事咨询、写作和演讲等工作，推广其科学管理思想；1911年出版了《科学管理原理》，被人称为"科学管理之父"，他首创的科学管理制度对管理思想的发展有重大的影响，其科学管理论的主要观点如下。

雷德里克·温斯洛·泰勒

1. 管理的中心问题是提高劳动生产率

泰勒认为，当时工人提高劳动生产率的潜力是很大的，可是，当时不论是雇主或工人，对于一个工人一天应该干多少活，都心中无数。工人由于多劳动不能多得，普遍采用怠工的斗争形式，没有充分发挥出劳动的潜能。泰勒认为，要制定出有科学依据的工人的"合理的日工作量"，就必须进行实验和研究。研究的方法是选择合适而熟练的工人，对他们的每一项动作、每一道工序的时间予以记录，并把这些时间加起来，再加上必要的休息时间和其他延误时间，就得出完成该工作所需的总时间，据此定出一个工人的"合理的日工作量"。这就是工作定额原理。

2. 为了提高劳动生产率，必须选择第一流的工人

所谓第一流的工人，泰勒认为："每一种类型的工人都能找到某些工作使他成为第一流的，除了那些完全能做好这项工作而不愿去做的人。"在制定工作定额时，泰勒是以"第一流的工人在不损害其健康的情况下维护较长年限的速度"为标准的。这种速度不是以突击活动或持续紧张为基础，而是以工人能长期维持正常速度为基础。管理当局的责任在于为雇员找到最合适的工作，培训他成为第一流的工人，激励他尽最大的努力来工作。

3. 劳动方法标准化

劳动方法标准化就是把工人多年积累起来的知识和技艺进行收集、记录、整理，加以研究，归纳成规律、规则，并对工人的劳动操作与劳动时间进行实验研究，建立起科学的作业方法，以代替过去凭单个工人的经验进行作业的方法。具体做法是：采用时间研究和动作研究的方法，制定出标准的作业方法，实行作业所需的各种工具和作业环境的标准化，按照标准的作业方法和合理的组织与安排，确定工人一天必须完成的标准的工作量。

4. 差别计件工资制

差别计件工资制度就是确定两种不同的工资率，完成和超额完成工作定额的工人，以较高的工资率计件支付工资；对完不成工作定额的工人，则以较低的工资率支付工资，甚至使他们得不到基本的日工资。

5. 工人和雇主双方的密切合作

泰勒指出："雇主和工人的紧密、组织和个人之间的合作，是现代科学或责任管理的精

髓。"他认为，工人和雇主双方都必须认识到提高劳动生产率对两者都有利，必须都来一次"精神革命"，相互协作，共同为提高劳动生产率而努力。

6. 计划职能与执行职能相分离

泰勒主张明确划分计划职能与执行职能，其中计划职能就是管理职能，执行职能则是工人的劳动职能。计划由管理当局负责，执行由工长和工人负责。这里的计划实际包括三方面：一是时间和劳动动作研究；二是制定劳动定额和标准的操作方法，并选用标准工具；三是比较标准和执行的实际情况，并进行控制。

7. 在管理上实行例外原则

泰勒主张企业的高级管理者只集中精力处理组织中那些重大的经营决策问题，而把那些经常出现的"例行问题"的解决办法制度化、标准化，并交给下级去处理。

管理小知识　　　　　　　泰勒的科学管理理论

科学管理又称科学管理阶段。"科学管理"理论的创始者是美国的泰勒，他被称为"科学管理之父"。泰勒对企业管理的最大贡献是他主张一切管理问题都应当而且可以用科学的方法去研究解决，实行各方面工作的标准化，使个人的经验上升为理论，这就开创了科学管理阶段。概括地说，科学管理的特点是将积累的管理经验加以系统化和标准化，并运用科学方法和手段来研究和解决企业内部生产管理问题。

课堂互动

泰勒内容的侧重点是职能管理而不是人性管理对吗？

（二）法约尔的一般管理理论

亨利·法约尔（1841—1925），法国人，早期就参与企业的管理工作，并长期担任企业高级领导职务。泰勒的研究是从"车床前的工人"开始，重点内容是企业内部具体工作的效率。而法约尔的研究则是从"办公桌前的总经理"出发的，以企业整体作为研究对象。1916年，他发表了《工业管理和一般管理》一书，标志着一般管理理论的形成。法约尔一般管理理论的主要内容如下。

1. 企业的六大职能

法约尔区别了经营和管理，他认为这是两个不同的概念，管理包括在经营之中。通过对企业全部活动的分析，法约尔将管理活动从经营职能中提炼处理，形成经营的 6 项职能，即企业的全部活动可以分为以下 6 种：

亨利·法约尔

(1) 技术活动：生产、制造、加工；
(2) 商业活动：购买、销售、交换；
(3) 财务活动：筹集和最适当地利用资本；
(4) 安全活动：保护财产和人员；
(5) 会计活动：财产清点、资产负债表、成本、统计等；
(6) 管理活动：计划、组织、指挥、协调和控制。

不论企业是大还是小，是复杂还是简单，这6种活动（或者说基本职能）总是存在的。这些职能并不是相互割裂的，法约尔指出，它们之间实际上相互联系、相互配合，共同组成一个有机系统来完成企业生存与发展的目的。技术活动指生产方面的系列活动，有生产、制造和加工3种具体活动；商业活动指流通方面的系列活动，如购买、销售等；财务活动考虑的是如何积累资本和利用资本，实现最少投资最大产出；安全活动要求确保财产安全和企业员工的人身安全；会计活动包括清理财产、计算成本等方面的活动；管理活动包括计划、组织、协调等方面的活动。由于上述6种职能都需要具有相关方面的才能，而企业员工作为各个职能的具体执行者，则必须具备这些能力才能胜任上述职能。

2. 管理的五大职能

法约尔认为，管理的全部活动和管理职能就是实行计划、组织、指挥、协调和控制，并对这五个要素进行了分析。

(1) 计划。它是管理的首要职能，可以简述为目标和经营规划的制定。
(2) 组织。它可看成是物力和人力等资源的有效配置和组合。
(3) 指挥。它是为了使组织行动起来所进行的必要的指导和激励，可以简述为使组织能充分发挥作用的有效领导的艺术。
(4) 协调。它是指协调企业各部门及员工的活动，使各项工作和谐配合，以便使工作顺利进行。
(5) 控制。它是指核定情况的进行是不是与既定的计划、发出的指示以及确定的原则相符合，以便加以纠正和避免重犯。

3. 法约尔管理原则

法约尔认为，管理原则是灵活的，不是绝对的。而且无论条件如何变化和特殊，它们都是适用的。在《工业管理和一般管理》一书中他提出了一般管理的14条原则。

(1) 劳动分工。实行劳动的专业化分工可以提高效率。这种分工不仅限于技术工作，也适用于管理工作。但专业化分工要适度，不是分得越细越好。
(2) 职权与职责。职权和职责是有联系的，后者是前者的必然结果，同时又是由前者产生的。他将管理人员职位权力和个人权力划出了明确的界限。职位权力由个人的职位高低而产生。任何人只要担任了某一职位，就须拥有一种职位权力；而个人权力则是由个人的智慧、知识、品德及指挥能力等个性形成的。一个优秀的领导人必须兼有职位权力及个人权力，以个人权力补充职位权力。
(3) 纪律。法约尔认为，纪律实际上是企业领导人同下属人员之间在服从、勤勉、积极、举止和尊敬方面所达成的一种协议。制定和维护纪律的最有效方法是各级都要有好的领导，尽可能有明确而公平的协定，并要正确地对待惩罚。
(4) 命令的统一。无论什么时候，一个下属都应接受而且只应接受一个上级的命令。

（5）指导的统一。具有同一个目标的全部活动，都必须只有一个领导和一个计划。只有这样，资源的应用与协调才能指向实现同一目标。

（6）个人利益服从总体利益。集体的目标必须包含员工个人的目标。但个人均不免有私心和缺点，这些因素常促使员工将个人利益放在集体利益之上。因此作为领导，必须经常监督又要以身作则，才能缓和两者的矛盾，使其一致起来。

（7）报酬。法约尔认为，薪金制度应当公平，对工作成绩与工作效率优良者应有奖励。但奖励不应超过某一适当的限度，即奖励应以能激起职工的热情为限，否则将会出现副作用。

（8）集中。在这里是指职权的集中或分散的程度。提高下属重要性的做法就是职权的分散，即分权；降低这种重要性的做法就是职权的集中，即集权。领导人要根据本组织的实际情况，适时改变集权与分权的程度。

（9）等级系列。企业管理中的等级制度是从最高管理人员直至最基层管理人员的领导系列，它显示出执行权力的路线和信息的传递渠道。

（10）秩序。法约尔遵循简单的箴言："每一事物（每一个人）各有其位；每一事物（每一个人）各在其位。"即认为这一原则既适用于物质资源，也适用于人力资源。

（11）公平。法约尔认为，公道是执行已订立的协定。但制定协定时，人们不可能预测到将来所发生的一切事情，因此，要经常地说明它，补充它的不足之处。领导人为了激励其下属人员全心全意做好工作，应该善意地对待他们。公平就是由善意和公道产生的。

（12）人员的稳定。法约尔发现人员的不必要流动乃管理不良的原因和结果，并指出其危险和浪费。所以，一个成功企业的人员必须是稳定的。人员多有变动的机构必然是不成功的，因此任何组织都有必要鼓励职工做长期的服务。

（13）首创精神。首创精神表现在拟订并执行一个计划上，是创立和推行一项计划的动力。除领导者要有首创精神外，还要使全体成员发挥其首创精神，这样，将促使职工提高自己的敏感性和能力，对整个组织来说是一种巨大的动力。

（14）团结精神。实现团结精神要强调集体协作的必要性和协调沟通的重要性。

（三）韦伯的行政组织理论

马克斯·韦伯（1864—1920）是德国的知识分子，和泰勒、法约尔是同时期人。他通过对教会、政府、军队和企业所作的经验分析，认为等级、职权和行政管理是全部社会组织的基础。他的代表作是《社会和经济组织理论》，并且被誉为"组织理论之父"。韦伯的行政组织理论的主要内容如下。

1. 权力基础

韦伯认为，任何组织都必须以某种形式的权力作为基础，没有这种权力，任何组织都不能达到自己的目标。人类社会存在三种为社会所接受的合法权力。

马克斯·韦伯

（1）传统权力。对这种权力的服从实际上是服从于统治者，因为他是由传统惯例或世袭得来的。

(2) 法定权力。它是以"合法性"为依据、以规则为基础的，其前提是在已经存在了一套等级制度的情况下，人们对确认的职务和职位所带来的权力服从。

(3) 超凡权力。这是以对个别人的特殊的、神圣的、英雄主义或模范品德等的崇拜为依据，以对个人尊严、典范品格的信仰为基础的，对这种权力的服从是源于追随者对被崇拜者的威信或信仰的服从。

2. 官僚制组织的特征

有了适合于行政组织体系的权力基础，韦伯勾画出高效率的组织在行政制度的管理上应具备下列几个主要特征。

(1) 合理的分工。在组织中明确划分每个组织成员的职责权限并以制度的形式将这种分工固定下来。

(2) 层级制的权力体系。在组织中实行职务等级制和权力等级化，整个组织是一个层级制的权力体系。

(3) 依照规程办事的运作机制。在组织中任何管理行为都不能随心所欲，都要按章行事。

(4) 形成正规的决策文书。在组织中一切重要的决定和命令都以正式文件的形式下达，下级易于接受明确的命令，上级也易于对下级进行管理。

(5) 组织管理的非人格化。在组织中管理工作是以法律、法规、条例和正式文件等来规范组织成员的行为，公私分明，对事不对人。

(6) 合理合法的人事行政制度。量才用人，任人唯贤，因事设职，专职专人，以及适应工作需要的专业培训机制。

四、行为科学理论

管理故事

霍桑实验

一、霍桑实验背景

在20世纪的一二十年代，受泰勒及其科学管理论的影响，许多管理者和管理学家都认为，在工作的物质环境和工人的劳动效率之间有着明确的因果关系，他们试图通过改善工作条件与环境等外在因素，找到提高劳动生产率的途径。比如，工作场所的通风、温度、湿度、照明等都会影响到工人工作的数量、质量和安全。在这种思想指导下，1924年，美国国家科学院的全国科学研究委员会决定在西方电器公司的霍桑工厂进行实验研究，以找出工作的物质环境与工人的劳动效率之间的精确关系。这项一直持续到1932年的研究就是著名的"霍桑研究"或称"霍桑实验"。梅奥在这项研究的基础上提出的人际关系理论是这项研究最重要的成果，也是这项研究之所以著名的最重要的原因。

二、霍桑实验过程

(1) 车间照明实验——"照明实验"。照明实验的目的是弄明白照明的强度对生产效率所产生的影响。

霍桑工厂位于美国芝加哥西部的工业区中，有250 000多名工人，是西方电器公司一家专门为美国电报电话公司生产和供应电信设备的企业。在厂方的支持下，由管理学家和厂方工作人员共同组成了研究小组。研究是从照明条件开始的。研究者选择了一些从事装配电话继电器这样一种高度重复性工作的女工，将她们分为"对照组"和"实验组"，分别在两个照明度完全相同的房间里做完全相同的工作。在实验中，对照组的照明度和其他工作环境没有什么变化，实验组则将照明度进行各种变化。令人奇怪的是，在实验组里，照明度提高，产量是上升的，可是照明度下降，包括有一次甚至暗到只有0.6烛光，也就是近似月光的程度，产量也是上升的。更令人奇怪的是，在对照组，照明度没有任何变化，产量同样是上升的。困惑之下，研究者转而对工资报酬、工作时间、休息时间等照明以外的其他因素进行同样的实验。如把集体工资制改为个人计件工资制，上午与下午各增加一次5分钟的工间休息并提供茶点，缩短工作日和工作周等，产量是上升的。可是当实验者废除这些优厚条件时，产量依旧上升。在实验期间，继电器的产量从最初的人周均产量2 400个一直增加到3 000个，提高了25%。既然无论在哪种工作条件下，也无论这些工作条件变还是不变，变好还是变坏，产量都是上升的，有研究人员开始怀疑实验本身及其前提了，是不是工作的物质环境和工人的劳动效率之间本来就没有明确的因果关系？这样，实验持续到1927年的时候，几乎所有的人都准备放弃了。

（2）继电器装配实验——"福利实验"。"福利实验"的目的是为了能够找到更有效地控制影响职工积极性的因素。

这年冬天，梅奥在纽约的哈佛俱乐部给一些经理人作报告。听众中有一个叫乔治·潘诺克的人，是西方电器公司参与霍桑实验的人，把霍桑实验中的怪事告诉了梅奥，并邀请他作为顾问参加这一研究。梅奥立即对霍桑实验的初步成果产生了兴趣，并敏锐地感到解释霍桑怪事的关键因素不是工作物质条件的变化，而是工人们精神心理因素的变化。他认为，作为实验对象的工人由于处在实验室内，实际上就成了一个不同于一般状态的特殊社会群体，群体中的工人由于受到实验人员越来越多的关心而感到兴奋，并产生出了一种参与实验的感觉。这才是真正影响了工人的因素，与这个因素相比，照明、工资之类都只是偶然性的东西。

这样，以梅奥为核心人物的哈佛研究小组来到霍桑工厂，使霍桑实验进入新的阶段。"这是管理历史中一次至关重要的航程的开端。"

对照明实验的重新解释和验证。

哈佛研究小组提出5项假设来解释前一段照明实验的结果，并逐一进行检验。

① 改进物质条件和工作方法，导致产量增加。这种解释被否定了，因为物质条件和工作方法无论改进，还是恶化，产量都会增加。

② 增加工间休息和缩短工作日，导致产量增加。这种解释也被否定了，因为关于工间休息和工作日的特权无论增加，还是取消，产量也都会增加。

③ 工间休息改善了工作的单调性，从而改变了工人的工作态度，导致产量增加。这种解释同样被否定了，因为工作态度的改变不一定仅仅是工间休息造成的，也可能是工人感到被重视造成的。

④ 个人计件工资制刺激工人积极性，导致产量增加。这种解释还是被否定了，因为虽然在一个实验组中，工资制度由集体刺激改为个人刺激时产量增加，再由个人刺激改为集体刺激时产量减少，可是在另外一个没有改变工资制度的实验组中，产量也是持续增加的。

⑤ 监督技巧即人际关系的改善使工人的工作态度得到改进，导致产量增加。这种假设得到实验支持和研究小组的认可。专家们认为，产量的高低，也就是工人积极性的高低，主要的不是取决于传统理论所认为工作的物质条件和工人物质需要的满足，而是取决于工人的心理因素和社会需要的满足，也就是说，工人在实验中感到自己是被选出并被重视的特殊群体，因此产生自豪感，并激发出积极参与的责任感，使产量得到提高，而福利措施和工作条件等已退居为较次要的原因。

（3）大规模的访谈计划——"访谈实验"。既然实验表明管理方式与职工的士气和劳动生产率有密切的关系，那么就应该了解职工对现有的管理方式有什么意见，为改进管理方式提供依据。

在改变照明和福利条件的实验之后，研究者们已经明确意识到，工作环境中的人的因素比物质因素对工人积极性的影响更大，于是又开展了访谈实验。访谈实验开始时是由研究者确定了一份谈话提纲，要求工人就提纲中列出的厂方的规划和政策、工头的态度、工作的条件等发表意见。可是访谈实验开始后，工人表示不想受提纲的限制，而是更想谈一些提纲以外的问题。也就是说，厂方和研究者认为是意义重大的事情并不是工人最关心的事情。于是研究者及时调整了访谈计划，不再规定谈话的内容而让工人随意谈自己关心的事情，每次谈话的平均时间由半小时延长到一小时，研究者不进行任何道德说教和劝说，也不表达自己的情绪和立场，只是详细地记录工人的不满和意见。这项持续了两年多的实验并没有给工人解决任何具体问题，却使产量大幅度提高。专家们认为，这是由于长期以来工人对厂方积累了许多不满而无处发泄，从而影响了积极性，访谈计划恰恰给了工人以发泄的机会。工人的不满情绪发泄后感到心情舒畅，士气提高，产量自然提高。

（4）工作室实验——"群体实验"。证实在以上的实验中研究人员似乎感觉到在工人当中存在着一种非正式的组织，而且这种非正式的组织对工人的态度有着极其重要的影响。

早在泰勒时代，人们就已经注意到工人中出于某种非正式关系的压力会出现有系统的怠工。哈佛研究小组选择了14名男工作为实验组，隔离在单独的房间，让他们从事接线器的装配工作。男工的工作实行集体计件工资制，以小组的总产量为依据对每个工人付酬。研究者设想，在这种制度下，只有全体工人产量都比较高，每个工人才可能得到较高的工资，因此产量高的工人会迫使产量低的工人提高产量。但实验中，研究者发现，工人明显不是追求更高的产量而得到更高的工资，而是故意维持中等的产量并宁肯为此接受中等的工资。工人似乎对什么是一天应该完成的工作量有自己明确的理解并很善于维持这个产量，而这个产量是低于厂方规定的产量的。在进一步的研究中人们发现，工人的产量之所以能够达到厂方规定的较高的"正式标准"却故意不达到，而只是自动维持在一个中等水平的"非正式标准"上是因为，工人估计到自己实际上面临两种危险：如果产量过高，达到了厂方规定的"正式标准"，厂方就会进一步提高"正式标准"从而使大家的工资率降低；如果产量过低，距厂方规定的"正式标准"太远，就会引起工头的不满，而且也让产量高的工友吃亏。所以，既不能当产量太高的"产量冒尖者"，也不能当产量太低的"产量落后者"，那样都会伤害全班组工友的群体利益。这样，工人们为了维护整个群体的利益，为了不被群体所排斥，不惜牺牲一些个人利益而自发地形成了非正式产量标准。为了维护这个标准，工人还有自己的一套非正式的群体规范，如对那些不按规矩办事和向厂方告密的"告密者"进行嘲笑、讽刺，甚至"给一下子"（在胳臂上相当用力地打一下）。在这些规范下，工人非常重视相互的关系而不愿受到群体的排斥。有人偶尔产量较高时甚至会把多余的产量瞒下来而只报符合群体规范的产量，然后放慢速度而从隐瞒的产量中取出一部分补充不足之数。

20世纪30年代，正当泰勒的科学管理论为当时的企业界所广泛接受时，新的管理思想也正在孕育中，这就是行为科学理论。早期的管理学家们在研究管理问题的时候，大多把注意的重点放在了"事"的方面，而较为忽视人的因素，把人看成是"活的机器""机器的附件"和"经济人"等，他们强调科学性、精密性和纪律性，强调自上而下的控制，强调惩罚等，却忽视了社会、心理因素对人的行为的影响，忽视了人的行为对组织成败的重要作用。20世纪20年代，管理学家们开始从"人"的角度来研究管理活动。从20世纪30年代梅奥的霍桑实验开始，到1949年在美国芝加哥讨论会上第一次提出行为科学的概念止。在1953年美国福特基金会召开的各大学科学家参加的会议上，正式定名为行为科学。

（一）梅奥及霍桑实验

1. 梅奥生平

乔治·埃尔顿·梅奥（1880—1949），被称为"人际关系理论之父"。他出生于澳大利亚，毕业于澳大利亚的阿德莱德大学，获该校逻辑学和哲学硕士学位。他于1922年移居美国，先后在宾夕法尼亚大学和哈佛大学从事工业研究。梅奥是美国行为科学家，人际关系理论的创始人，组织行为学的先驱，在美国进行了著名的霍桑实验，主要代表作有《工业文明的人类问题》和《工业文明的社会问题》。

乔治·埃尔顿·梅奥

2. 霍桑实验

以梅奥为首的一批美国研究人员，在西方电器公司霍桑工厂进行了为期8年（1924—1932）的著名的霍桑实验。霍桑实验共分四个阶段，即照明实验阶段、福利实验阶段、谈话实验阶段和群体实验阶段。通过一系列的实验，梅奥等人认识到，人们的生产效率不仅受到生理方面、物理方面等因素的影响，同时还受到社会环境、心理方面的影响。这一结论对"科学管理"只重物质条件而忽视社会环境、心理因素对职工的影响来说无疑是一个很大的进步。霍桑实验研究的影响力很大，为行为科学理论的发展提供了科学依据。

（二）人际关系理论

在总结霍桑实验成果的基础上，梅奥于1933年出版了《工业文明中的人的问题》一书，提出了与古典管理理论不同的新的管理理论——人际关系理论，其理论的主要内容如下。

1. 工人是"社会人"而不是"经济人"

工人除了物质需要外，还有社会心理方面的需求，因此不能忽视社会和心理因素对工人工作积极性的影响，否定了当时科学管理学派认为金钱是刺激工人积极性的唯一动力的说法。

2. 企业中存在非正式的组织

企业成员在共同工作的过程中，相互间必然产生共同的感情、态度和倾向，形成共同的行为准则和惯例；非正式组织独特的感情、规范和倾向，左右着成员的行为。非正式组织不仅存在而且与正式组织相互依存，对生产率有重大影响。

3. 生产率主要取决于工人的工作态度以及他和周围人的关系

梅奥认为提高生产率的主要途径是提高工人的满意度，即工人对社会因素、人际关系的满意程度。如果满意度高，工作的积极性、主动性和协作精神就高，生产率也就高。

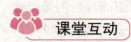

课堂互动

梅奥的人际关系学与泰勒的科学管理理论有何区别？

教学视频

梅奥与霍桑实验

五、现代管理理论阶段

1. 管理过程学派

管理过程学派是在法约尔一般管理理论的基础上发展起来的。代表人物有美国的哈罗德·孔茨。该学派的主要观点是：管理是一个过程，即让别人或同别人一起实现既定目标的过程。管理是由一些基本步骤（如计划、组织、控制等职能）所组成的独特过程。该学派注重把管理理论和管理者的职能和工作过程联系起来，目的在于分析过程，从理论上加以概括，确定出一些管理的基本原理、原则和职能。由于过程是相同的，从而使实现这一过程的原理与原则，具有普遍适用性。

2. 经验主义学派

经验主义学派的代表人物是美国的彼得·德鲁克，代表作为《有效的管理者》。该学派主张通过分析管理者的实际管理经验或案例来研究管理学问题。他们认为，成功的组织管理者的经验和一些成功的大企业的做法是最值得借鉴的。因此，他们重点分析许多组织管理人员的经验，然后加以概括和总结，找出他们成功经验中具有共性的东西，然后使其系统化、理论化，并据此为管理人员提供在类似情况下采取有效的管理策略和技能，以达到组织的目标。

3. 社会系统学派

社会系统学派从社会学的观点来研究管理，把企业组织中人们的相互关系看成是一种协作的社会系统。其代表人物是美国的切斯特·巴纳德，他的代表作为《经理的职能》一书。他认为，作为正式组织的协作系统，不论其级别的高低和规模的大小，都包含三个基本要素，即协作的意愿、共同的目标和联系。

4. 系统管理学派

系统管理学派的代表人物是美国的卡斯特和罗森茨韦克。该学派强调应用系统的观点，全面考察与分析研究企业和其他组织的管理活动、管理过程等，以便更好地实现企业的目标。他们认为，组织是由人们建立起来的相互联系并且共同工作着的要素所构成的系统。其中，这些要素可称为子系统。系统的运行效果是通过各个子系统相互作用的效果决定的。组织这个系统中的任何子系统的变化都会影响其他子系统的变化。为了更好地把握组织的运行过程，就要研究这些子系统及它们之间的相互关系以及它们怎样构成了一个完整的系统。

5. 决策理论学派

决策理论学派的代表人物有美国的赫伯特·西蒙。该学派的主要观点是：管理就是决策，决策贯穿于整个管理过程；把决策分为程序化决策和非程序化决策，二者的解决方法一般不同；信息本身以及人们处理信息的能力都是有一定限度的，现实中的人或组织都只是"有限理性"而不是"完全理性"的；决策一般基于"满意原则"而非"最优原则"；组织设计的任务就是建立一种制定决策的"人—机系统"。这一学派重点研究决策理论，片面地强调决策的重要性。但决策不是管理的全部。

6. 管理科学学派

管理科学学派的代表人物是布莱克特和伯法等人。该学派将管理作为数学模式或过程加以处理。他们认为，由于管理全过程（计划、组织、控制）的工作是一个合乎逻辑的过程。把管理看成是一个类似于工程技术、可以精确计划和严格控制的过程，因此也被称为技术学派。其局限性为：适用范围有限，不是所有管理问题都能定量；实际解决问题中存在许多困难；管理人员与管理科学专家之间容易产生隔阂。此外，采用此种方法大都需要相当数量的费用和时间，往往只用于大规模复杂项目。

7. 权变理论学派

权变理论学派的代表人物有劳伦斯和洛尔希。该学派把管理看成一个根据企业内外部环境选择和实施不同管理策略的过程，强调权宜应变。主要观点为：权变主要体现在计划、组织与领导方式等方面。计划要有弹性、组织结构要有弹性、领导方式应权宜应变。权变管理理论强调随机应变，主张灵活应用各学派的观点，但是，过于强调管理的特殊性，忽视管理的普遍原则与规律。按权变的观点，管理者可以针对一条装配线的具体情况来确定一种适用于它的高度规范化的组织形式，并考虑二者之间的相互作用。

8. 人际关系学派

B·F·斯金纳（1904—1990）是行为主义学派最负盛名的代表人物。这一学派是从20世纪60年代的人类行为学派演变而来的。这个学派认为，既然管理是通过别人或同别人一起去完成工作，那么，对管理学的研究就必须围绕人际关系这个核心来进行。这个学派注重管理中"人"的因素，认为在人们为实现其目标而结成团体一起工作时，他们应该互相了解。

9. 群体行为学派

这一学派是从人际关系学派中分化出来的，因此同人际关系学派关系密切，甚至易于混同。但它关心的主要是群体中人的行为，而不是人际关系。它以社会学、人类学和社会心理学为基础，而不以个人心理学为基础。它着重研究各种群体行为方式。从小群体的文化和行为方式，到大群体的行为特点，都在它研究之列，因此它也常被叫做"组织行为学"。"组织"一词在这里可以表示公司、政府机构、医院或其他任何一种事业中一组群体关系的体系和类型。有时则按切斯特·巴纳德的用法，用来表示人们之间的协作关系。克里斯·阿吉里斯甚至用"组织"一词来概括"集体事业中所有参加者的所有行为"。

10. 经理角色学派

该学派的代表人物是亨利·明茨伯格。这个学派主要通过观察经理的实际活动来明确经理角色的内容。明茨伯格系统地研究了不同组织中5位总经理的活动,并得出结论:总经理们并不按人们通常认为的那种职能分工行事,即只从事计划、组织、协调和控制工作,而是还进行许多别的工作。

六、当代管理理论的进展

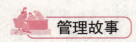 管理故事

海尔的企业再造

一、海尔面对的挑战

1998年的海尔,已经实现了销售收入超100亿元。海尔开始考虑实施国际化战略,但是,海尔同国际大公司之间还存在很大的差距。这种差距集中表现在海尔的客户满意度、速度和差错率不优秀,企业员工对市场压力的感知程度不高。

二、海尔的再造方案

在企业再造前,海尔是传统的事业部制结构,集团下设六个产品本部,每个本部下设若干个产品事业部,各事业部独立负责相关的采购、研发、人力资源、财务、销售等工作。1999年,海尔在全集团范围内对原来的业务流程进行了重新设计和再造,并以"市场链"为纽带对再造后的业务流程进行整合。

(1) 同步业务流程结构:"三个大圈、六个小圈、两块基石"。海尔的再造方案,将原来各事业部的财务、采购、销售业务分离出来,实行全集团统一采购、营销和结算。将集团原来的职能管理部门整合为创新订单支持流程3R(R&D——研发、HR——人力资源开发、CR——客户管理)和保证订单实施完成的基础支持流程3T(TCM——全面预算、TPM——全面设备管理、TQM——全面质量管理)。

(2) 流程运转的主动力:"市场链"。推动整体业务流程运转的主动力不再是过去的行政指令,而是把市场经济中的利益调节机制引入企业内部,将业务关系转变为平等的买卖关系、服务关系和契约关系,将外部市场订单转变为一系列的内部市场订单。

(3) 流程运作的平台:海尔文化和OEC(日事日毕,日清日高)管理模式。

三、海尔再造的成效

交货时间降低了32%;到货及时率从95%提高到98%;出口创汇增长103%。利税增长25.9%;应付账款周转天数降低54.79%;直接效益为3.45亿元。

故事启示:①再造的时机:企业经营管理水平上台阶。②再造的核心:将纵向一体化结构转变为平行的网络流程结构。③再造的目标:以顾客满意度最大化为目标。④再造的动力:发挥每一个员工的积极性和主动性。⑤再造的保证:领导全力推进、企业文化渗透。

自20世纪90年代以来,经济全球化、信息化和知识迅猛发展,市场竞争日益激烈和国际化,世界企业开始掀起新一轮的管理变革浪潮。随之而来的,许多新的经营管理理念、方法和手段应运而生,形成了一些新的管理理论。

1. 企业再造

20世纪80年代初到90年代,西方发达国家的经济经过短暂的复苏后又重新跌入衰

退状态，许多规模庞大的公司组织结构臃肿、工作效率低下，难以适应市场环境的变化，出现了"大企业病"的现象。当时美国著名的管理专家迈克尔·哈默和詹姆斯·钱皮为了改变这种状况，在广泛深入企业研究的基础上提出了企业再造理论，并于1993年出版了《再造公司——企业革命宣言》一书。

所谓企业再造，是指为了飞越性地改善成本、质量、服务、速度等重大的现代企业的运营基准，对工作流程进行根本性重新思考并彻底改革，也就是说，从头改变，重新设计。简单地说就是以工作流程为中心，重新设计企业的经营、管理及运作方式。企业再造包括企业战略再造、企业文化再造、市场营销再造、企业组织再造、企业生产流程再造和质量控制系统再造等。

企业再造的核心是重组业务流程。强调以业务流程为改造对象和中心，以关心客户的需求和满意度为目标，对现有的业务流程进行根本的再思考和彻底的再设计，利用先进的制造技术、信息技术以及现代的管理手段，最大限度地实现技术上的功能集成和管理上的职能集成，以打破传统的职能型组织结构，建立全新的过程型组织结构，从而实现企业经营在成本、质量、服务和速度等方面的巨大改善。

企业再造的原则与方法：
（1）紧密配合市场需求确定企业的业务流程。
（2）根据企业的业务流程组织结构。
（3）以新的、柔性的、扁平化的和以团队为基础的企业组织结构取代传统的企业组织结构。
（4）强调信息技术与信息的及时获取，加强企业与顾客、企业内部经营部门与职能部门的沟通与联系。

企业再造的目的不是略有改善、稍有好转，而是要使业绩有显著的长进、有大的飞跃。再造不是修修补补，不是对现有的东西稍作改良，再造就是要治本，要割舍旧的东西，重新做、从头做，要做到脱胎换骨，这就要求从根本上改变思路。

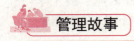
管理故事

"学习型组织"与新型林肯车

前福特汽车公司高级总监尼克，赞纽克来到中国介绍"学习型组织"时，总会谈起自己是怎么与《第五项修炼》的作者彼得·圣吉认识的。

那还是20世纪80年代后期的事情，当时他正带领手下的工程师们忙于开发一个数百万美元的项目——林肯大陆汽车新车型，处境很困难，精神压力非常大。可就在这时，公司让他参加一些培训，他的抵触情绪立刻上来了。"我作为公司高层的一名管理实践者，我认为最浪费时间、最不愿意去做的一件事，就是花几天的工夫在一个什么研讨会里去听一些完全不懂生意的老师来教我如何管理我的生意。"他丝毫不认为在那里能得到什么。

接下来却发生了他意想不到的事情："这时，有个人过来跟我讲：'你完全不知道你的组织需要的是什么'。我非常吃惊，要知道，我当时已经是资深经理了。可看得出来，这个人不是在指责、贬低或者批评我，他非常真诚，真正想帮助我和我的公司。""彼得跟我说要用一种新的方式工作,要改变现在的思维模式。而我的思维模式问题需要我自己去发现。"其实彼得已经在引导他进入"学习型组织"环境了。当彼得询问他能不能全身心地去做这件事情时?他突然感到,只有当学生真正准备好了的时候,老师才会出现。"我当时非常愿意接受新的观念,因为我的处境是面对挑战,别无选择。我的团队也准备好了!"

从这以后的3年里,是彼得·圣吉的"学习型组织"模式帮助他在福特公司完成了新车型硬性、生产直到成功的整个过程。

他们面临的第一个挑战,就是对管理层自身的挑战。也就是说,参与这个项目的所有8位高级资深经理之间要有互相倾听、互相交流的能力。这还不够,最大的挑战是他要站到舞台上告诉所有的人"我现在不知道我要做什么?真正知道我们如何去造车的是生产一线的员工!"这对于福特公司如此高位的一位领导人,如此具有权威性的领导人,该需要怎样的勇气?可只有这样,他才是在做一件非常正确的事情。因为这样做的结果让他有了重大发现,当你真正开始愿意倾听别人说什么的时候,他也愿意倾听你说什么。倾听会让彼此了解更多,真正的尊重就开始了,信任也就开始在组织中形成。这时,公司内部就在发生改变,倾听的质量在得到改变,公司成员关系质量也就在得到改变。结果,最重要的是,绩效也随之改变。改变一个公司的绩效,最关键的就是相互合作的和谐关系。

故事启示:学习型组织首先就是能互相倾听。其实这是连孩子都能做得到的事情,但是成年人、在领导、在似乎应该知道所有问题答案的公司高层领导这里,做起来就变得相当困难了——难以启齿。而要做到这一点,除了勇气以外,最重要的是改变思维模式。

2. 学习型组织

学习型组织是指通过营造整个组织的学习气氛来充分发挥员工的创造性思维能力而建立起来的一种有机的、高度柔性的、横向网络式的、符合人性的、能持续发展的组织。美国麻省理工学院的彼得·圣吉教授于1990年出版了《第五项修炼——学习型组织的艺术与实践》一书,指出未来组织所应具备的最根本性的品质是学习。企业应建立学习型组织,其含义为面临激烈的竞争环境,组织应力求精简、扁平化、弹性因应、终生学习、不断自我组织再造,以维持竞争力。圣吉教授认为,要使组织变成一个学习型组织,必须具有以下五项修炼的基础。

(1) 建立共同愿景。愿景可以凝聚公司上下的意志力,透过组织共识,大家努力的方向一致,个人也乐于奉献,为组织目标奋斗。

(2) 团队学习。团队智慧应大于个人智慧的平均值,以做出正确的组织决策,透过集体思考和分析,找出个人弱点,强化团队向心力。

(3) 改变心智模式。组织的障碍,多来自个人的旧思维,如固执己见、本位主义,唯有透过团队学习以及标杆学习,才能改变心智模式,有所创新。

(4) 自我超越。个人有意愿投入工作,有专精工作技巧的专业,个人与愿景之间有种"创造性的张力",正是自我超越的来源。

(5) 系统思考。应透过资讯搜集,掌握事件的全貌,以避免见树不见林,培养综观全局的思考能力,看清楚问题的本质,有助于清楚了解因果关系。

学习是心灵的正向转换,企业如果能够顺利导入学习型组织,不只能够达致更高的组织绩效,更能够带动组织的生命力。

问题思考

1. 举例说明中国古代的管理思想对现代企业管理的贡献表现在哪些方面。
2. 试比较泰勒、法约尔、韦伯的管理理论的特点及现实意义,并加以说明。
3. 梅奥人际关系理论的主要观点是什么?
4. 试评述某一现代管理理论的基本观点。

技能训练

1. 单选题

(1)(　　)是一般管理理论的代表人物。
A. 泰勒　　　　　　B. 法约尔　　　　　　C. 韦伯　　　　　　D. 孔茨

(2)科学管理中能体现权力下放,分权尝试的原理是(　　)。
A. 差别计件工资制　B. 职能原理　　　　　C. 例外原理　　　　D. 工时研究

(3)确立企业在物质、人力资源方面的结构,这是法约尔提出的(　　)职能。
A. 计划　　　　　　B. 组织　　　　　　　C. 指挥　　　　　　D. 协调

(4)韦伯的行政性组织又可称为(　　)。
A. 神秘化组织　　　　　　　　　　　　　B. 传统的组织
C. 现代的组织　　　　　　　　　　　　　D. 合理—合法的组织

(5)法约尔认为企业六种基本活动中最重要的活动是(　　)。
A. 管理　　　　　　B. 商业　　　　　　　C. 会计　　　　　　D. 财务

2. 判断题

(1)梅奥认为,在共同的工作过程中,人们相互之间必然发生联系,产生共同的感情,自然形成一种行为准则或惯例,要求个人服从。这就构成了"人的组织"。(　　)

(2)"正式组织"与"非正式组织"的区别在于,"正式组织"中以效率的逻辑为重要标准。(　　)

(3)法约尔是西方古典管理理论在法国的杰出代表,他提出的一般管理理论对西方管理理论的发展有重大的影响,被誉为"一般管理理论之父"。(　　)

(4)泰勒的科学管理理论既重视技术因素,也重视社会因素。(　　)

(5)古典管理理论把人当作经济人,行为科学家提出了社会难的观点。(　　)

案例讨论

案例1　自我改善的柔性管理

大连三洋制冷有限公司(简称大连三洋)成立于1992年9月,于1993年正式投产,现有职工400余人,是由日本三洋电机株式会社、中国大连冷冻机股份有限公司和日本日商岩井株式会社三家合资兴办的企业。

大连三洋是在激烈的市场竞争中成立的。当时他们对外,面对来自国内外同行业企业形成的市场压力;对内,则面临着如何把引进的高新技术转化成高质量的产品,如何使来自各方有着文化程度、价值观念、思维方式、行为方式等巨大差异的员工,形成统一的经营理念和行为准则,适应公司发展需要的问题。因此,大连三洋成立伊始,即把严格管理作为企业管理的主导思想,强化遵纪守规意识。

可是,随着公司的发展和员工素质的不断提高,原有的制度、管理思想和方法,有的已不能适应企业的管理需求,有的满足不了员工实现其精神价值的需要。更为重要的是,随着国内外市场竞争的激烈,大连三洋如何增强自身的应变能力,为用户提供不同需求的制冷机产品,就成为公司发展过程中必须要解决的问题。因此,公司针对逐渐培养起来的员工自我管理的意识,使其逐步升华为立足岗位的自我改善行为,即自我改善的柔性管理,从而增强了公司在激烈市场竞争中的应变能力。

大连三洋的经营领导者在实践柔性管理中深深地领悟到,公司不能把员工当成"经济人",他们是"社会人"和"自我实现的人"。基于此,大连三洋形成了自己特有的经营理念和企业价值观,并逐步形成了职工自我改善的柔性管理。

通过这种管理和其他改革办法,大连三洋不但当年投产当年盈利,而且5年利税超亿元,合资各方连续3年分红,很快已收回投资,并净赚了两个大连三洋。以下是大连三洋自我改善的柔性管理运作的部分内容:

员工是改善活动的主体,公司从员工入厂开始,即坚持进行以"爱我公司"为核心的教育,以"创造无止境改善"为基础的自我完善教育,以"现场就是市场"为意识的危机教育。他们在吸纳和研究员工危机意识与改善欲求的基础上,总结出了自我改善的10条观念:

(1) 抛弃僵化固定的观念。
(2) 过多地强调理由,是不求进取的表现。
(3) 立即改正错误,是提高自身素质的必由之路。
(4) 真正的原因,在"为什么"的反复追问中产生。
(5) 从不可能中寻找解决问题的方法。
(6) 只要你开动脑筋,就能打开创意的大门。
(7) 改善的成功,来源于集体的智慧和努力。
(8) 更要重视不花大钱的改善。
(9) 完美的追求,从点的改善开始。
(10) 改善是无止境的。

这10条基本观念,如今在大连三洋已成为职工立足岗位自我改善的指导思想和自觉的行为。

大连三洋的职工自我改善是在严格管理的基础上日渐形成的。从公司创建起,他们就制定了严格规范的管理制度,要求员工要适应制度,遵守制度,而当员工把严格遵守制度当成他们自我安全和成长需要的自觉行动时,就进一步使制度能有利于发挥员工的潜能,使制度能促进员工的发展具有相对的灵活性。

例如,他们现在的"员工五准则"中第一条"严守时间"规定的后面附有这样的解释,

"当您由于身体不适、交通堵塞、家庭有困难,不能按时到公司时,请拨打 7317375 通知公司"。在这里没有单纯"不准迟到""不准早退"的硬性规定,充分体现了公司规章制度"人性化"的一面。公司创立日举行社庆,公司将所有员工的家属都请来予以慰问。逢年过节,公司常驻外地的营销人员,总会收到总经理亲自写的慰问信。在他们那里,"努力工作型"的员工受到尊重。职工合理化提案被采纳的有奖,未被采纳的也会受到鼓励。企业与员工共存,为员工提供舒适的工作环境,不断提升着员工的生活质量,员工以极大的热情关心公司的发展,通过立足岗位的自我改善成了公司发展的强大动力。

案例讨论:
1. 试分析三洋柔性管理模式的内涵。
2. 在三洋的柔性管理中体现了怎样的管理思想转变?

案例 2　联合邮包服务公司

联合邮包服务公司（UPS）雇用了 15 万名员工,平均每天将 900 万个包裹发送到美国各地和 180 个国家。为了实现他们的宗旨"在邮运业中办理最快捷的运送",UPS 的管理当局系统地培训他们的员工,使他们以尽可能高的效率从事工作。UPS 的工业工程师们对每一位司机的行驶路线都进行了时间研究,并对运货、暂停和取货活动都设立了标准。这些工程师记录了红灯、通行、按门铃、穿过院子、上楼梯、中间休息喝咖啡的时间,甚至上厕所的时间,将这些数据输入计算机中,从而给出每一位司机每天工作的详细时间标准。

为了完成每天取送 130 件包裹的目标,司机们必须严格遵循工程师设计的程序。当他们接近发送站时,他们会松开安全带、按喇叭、关发动机、拉起紧急制动、把变速器推倒 1 挡上,为送货完毕的启动离开做好准备,这一系列动作严丝合缝。然后,司机下车,右臂夹着文件夹,左手拿着包裹,右手拿着车钥匙。他们看一眼包裹上的地址把它记在脑子里,然后以每秒钟 3 英尺①的速度快步走到顾客的门前,先敲一下门以免浪费时间找门铃。送货完毕后,他们在回到卡车上的途中完成登录工作。

案例讨论:
试分析本案例体现了什么管理思想的哪些内容?

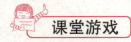

点　钞

1. 游戏目的
领悟科学管理的重要性。

2. 道具与时间
不同面值的数叠点钞纸（每组 5 人,100 元、10 元、1 元点钞纸各 50 张）;
时间:45 分钟。

---

① 1 英尺 = 0.304 8 米。

3. 游戏程序

(1) 手持式点钞：计算单指单张、单指两张、三指三张、四指四张、五指五张的点钞时间。

(2) 单指单张：计算手持式点钞和桌按式点钞的时间。

(3) 不同手型（粗细手）的点钞时间。

4. 游戏规则

(1) 除记录者外，小组的每位同学都必须参与。

(2) 比赛分为小组内竞赛和小组间的竞赛。在其他条件相同时，点钞时间最短者获胜。

5. 游戏要求

(1) 指定准备活动道具的负责人。

(2) 确定每组的记录人。

(3) 讨论并得出结论：点钞方法的重要性、选拔一流员工的重要性、工具（手与钞票）的重要性。

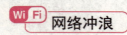

通过浏览网页查找一家公司，详细了解其发展历程，并思考该公司成立过程中经历了哪些重要阶段。

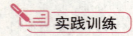

寻找古代圣贤的管理精神

1. 实训目标

(1) 强化学生对中国古代管理思想的认识，培养爱国思想。

(2) 从古人的思想中吸取有益成分，提高学生素养。

2. 实训内容

在网上搜索相关的我国古代管理思想并寻找其在现代企业中的运用案例。

3. 实训要求

(1) 4~6人为一组，总结我国古代管理思想在企业中的运用，写出书面报告。

(2) 每组推举一名代表，通过演讲介绍本小组实训内容及体会。

项目二
管理环境与组织文化

任务 3
管理环境

> 环境变化并不可怕,可怕的是沿用昨是今非的逻辑。
> ——彼得·德鲁克
>
> 世界上根本不存在适用于一切情况的管理的"最好方式",管理的形成和方法必须根据组织的内外部情况来灵活选用。因此,组织的内外部总情况成了对管理者的一种约束力量。
> ——权变理论的观点

 任务简介

环境是组织生存的土壤,为组织的发展提供条件。组织能否谋求生存和实现自身的发展,在很大程度上取决于组织能否仔细分析环境,妥善处理与环境的关系,及时把握环境的变化趋势。

本任务主要介绍了组织的管理环境的含义、管理环境的构成、组织与环境的关系。通过此任务的学习,能理解各种环境对组织的影响,并能结合具体组织进行简单的环境分析。

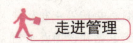 走进管理

如何应对组织环境的变化

坐落在西安外国语大学长安校区的西安外国语大学超市虽然成立不到 3 年时间,但它基本已经保证了它在西外大日用品市场的领导地位:位于学生活动区域中心,面对着篮球场,紧靠着学生食堂,处于四条路交会点的西外大超市,拥有着绝对的地理优势。

超市虽然面积不大,但商品的品种却比较齐全。为了方便大家购物,超市特意规划了各种商品的摆设,比如将特价商品放在超市入口处,牛奶等放在超市出口处。另外,超市还附带着一个面包店、一个饰品屋和一个礼品屋,每天来购物休闲的人熙熙攘攘。顾客们之所以选择去超市购物,一是由于超市就在学校;二是由于超市有着轻松的购物环境、舒适的背景音乐,背着书包来去匆忙的大学生们,无不说明这是一个学术氛围浓厚的地方。最近超市推

出了会员卡制度，消费积分换大礼，针对会员在特定的时间有一定的优惠活动。因为学校位于较为偏远的郊区，周围环境结构简单，一定范围内并无并驾齐驱的强劲对手，使得超市一定程度上处于垄断地位，加之高素质的大学生作为超市的目标消费群体集中而易于沟通，相对而言意外事件发生的频率较低，而且大学生的消费水平也较高，尤其是对于日用品的消费必不可少，这些绝对优势都保证了超市源源不断的利润。

超市的负责人说，他们以致力于满足消费者的各种需求为目标，积极地寻找途径拓宽市场。为此，他们加强了对员工的要求，诸如微笑服务等。最近，超市又在时常变革中采用了头脑风暴法，提出了一项新举措，即如果消费者在超市中未找到自己想要的商品，便可在超市意见箱中留下该商品的名称及自己的联系方式，超市会最大限度地满足消费者的消费需求，考虑引进此类商品并与消费者取得联系。学校超市以其独特的消费群体而在西外校园中颇占优势，然而随着校园的不断建设和结构的日趋完善，来自各方面的竞争不断冲击着超市的拓宽战略，给超市造成一种无形的压力，促使超市的管理者不得不思考如何由开始的接受固定消费者转向吸引及保留原有客户。这些来自外界的竞争主要包括各宿舍楼下五花八门的小超市以及校园外以其低廉的价格而吸引消费者去校外买水果的水果摊，从而潜在地影响着一部分消费者，使其到校外的超市去购物。

同时，超市负责人还提到他所面临的各种困境。比如，学校虽然有广泛的固定客源，却离市区较远，从而造成进货的不方便，同时也在无形中增加了商品的成本。而且，因为学校进行的是周期性活动，从而使超市在一年的几个月中总是处于停滞状态。为了保证商品的新鲜度，在放假前，超市不得不推出一系列打折措施来清货，从而使利润变得更少。另外，学校要保证和周围环境的和谐，所以其营业员大多是来自于周围的村子，其优点是工资较低，但也因为文化的局限性，所以没有较高的业务水平，虽然超市也对其进行过一些岗前培训，但是却没有达到明显的效果。在短时间内将顾客导向的管理理论渗入其头脑显然是不合理的，存在很多困难。所以就时常发生一些服务态度方面的事，如和顾客发生争执，对顾客的询问置之不理等，从而在无形中降低了超市的口碑，使消费者不愿意来超市购物。同时，也是因为自身素质的局限性，员工彼此间不是十分信任，不能使员工全身心地投入工作，从而使得超市文化比较松散，不能形成高绩效的团队。此外，近来物价上升幅度较大，一定程度上使得超市陷入两难的境地，超市负责人坦言，由于进货价格上升，甚至运费等进货成本的增加，利润较以前大幅降低，因此他们不得不考虑提高部分商品的价格，但是这必然会引起主要消费群体大学生的不满，他们可能会会舍近求远，选择去校外的大超市，如华润万家、好又多等购物，从而造成一部分固定客源的流失。

由上述例子可以看出，虽然西外大超市拥有种种有利条件，但是随着附近越来越多商店的聚集、宿舍楼下小超市的出现使得其地位有所动摇，亦使得某些有利条件转变为不利因素，如它离学生宿舍楼较远，食品种类不齐全等。

竞争者的不断增加导致超市的顾客不断减少。为了占有绝对的市场份额，西外大超市管理者必须分析环境，识别和评估其面临的威胁，并运用自身资源和能力，面对不同的情况，采用不同的且与环境相适应的管理方式。

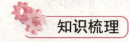

一、管理环境的含义

任何组织都是在一定环境中从事活动的；任何管理也都要在一定的环境中进行，这个环境就是管理环境。管理环境的特点制约和影响管理活动的内容和进行。管理环境的变化要求管理的内容、手段、方式、方法等随之调整，以利用机会，趋利避害，更好地实施管理。

因此，所谓管理环境，就是指存在于社会组织内部与外部的，影响组织生存与发展的各种条件、因素和力量的总和。

二、管理环境的分类

管理环境分为外部环境和内部环境：外部环境一般包括政治环境、社会文化环境、经济环境、技术环境和自然地理环境；内部环境有人力资源环境、物力资源环境、财力资源环境以及内部文化环境。

（一）外部环境

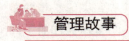

井底之蛙

有一只青蛙生活在充满水源的井里，它对自己的生活很满意，每天都在欢快地歌唱。有一天，一只鸟儿飞到这里，便停下来在井边歇歇脚。青蛙主动打招呼说："喂，你好，你从哪里来啊？"鸟儿回答说："我从很远很远的地方来，而且还要到很远很远的地方去，所以感觉很劳累。"青蛙很吃惊地问："天空不就是那么大点吗？你怎么说是很遥远呢？"鸟儿说："你一生都在井里，看到的只是井口大的一片天空，怎么能够知道外面的世界呢！"青蛙听完这番话后，惊讶地看着鸟儿，一脸茫然和失落的样子。

故事启示：这是一个我们早已熟知的故事，或许你会感到好笑，但是现实生活中，却仍可以见到许许多多的"井底之蛙"，陶醉在自我的狭小领域中扬扬自得。随着经济全球化的来临，企业将面临世界性的竞争，企业的经营者要用更宏观的视角来面对这一事实，并且积极地提升自己的能力，开阔自己的视野，只有这样才能更好地应对激烈的市场竞争。

外部环境是组织之外的客观存在的各种影响因素的总和。它是不以组织的意志为转移的，是组织的管理者必须面对的重要影响因素。主要包括组织外部的各种自然条件和社会因素。组织的外部环境还可以进一步划分为一般环境和任务环境。组织外部环境关系示意如图3-1所示。

1. 一般环境

一般环境也称宏观环境或社会大环境，是可能影响组织的广泛外部因素，包括政治、经济、社会、技术、自然地理环境等方面的因素。这些环境因素相对于组织任务环境来说，它们对组织的影响没有那么直接，但是管理者必须考虑这些因素，因为这些因素大多数是组织本身不能控制的。如法律法规的颁布和实施、战争、经济政策的调整、技术的更新、习惯的改变等，都是单个组织的力量无法改变的。

（1）政治环境。政治环境包括一个国家的社会制度、执政党的性质与导向、各级政府的政策法令等。通过对政治环境的研究，可以使组织了解国家和政府支持什么、反对什么、鼓励什么、限制什么，从而使组织的管理活动能符合国家利益，受到政府的支持和保护。

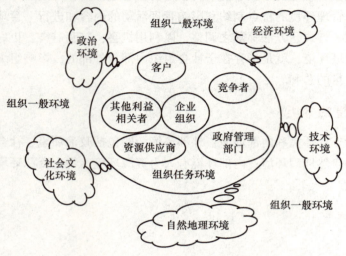

图3-1　组织外部环境关系示意

（2）经济环境。经济环境可分为宏观经济环境和微观经济环境。宏观经济环境包括一个国家及其周边地区总的经济发展概况，如国民生产总值、人口数量及其增长趋势、人均收入以及通过这些指标所反映的国民经济发展水平和发展速度。微观经济环境主要是指组织所在地区的经济情况，如消费者的收入水平、储蓄与就业情况以及消费者的行为偏好等，这些因素都直接或间接地决定着组织目前和未来的市场大小、产品定位、发展规模等，是企业进行战略决策的根本条件和关键因素。

（3）社会文化环境。社会文化环境包括一个国家和地区的居民与消费者文化传统、价值观念、行为规范、社会风俗和习惯、宗教信仰、生活方式、教育水平等一系列心理因素和行为特征。特别是随着世界经济全球化、一体化的深入发展，社会文化因素越来越受到管理者的重视。企业要开展全球化的业务，必须研究世界各国和各民族的社会文化因素，因地制宜地开发和销售产品。

（4）技术环境。技术环境是指与组织从事生产和产品开发的相关的技术条件、技术水平以及高新科技转化为生产力的速度和规模等。20世纪下半叶变化最迅速的因素就是技术。在当今充满变化的世界，任何组织欲求生存，都必须与时俱进。特别是企业组织，技术环境的变化对其影响更加深远。因此，任何企业都必须密切关注其技术环境，不仅要注意科学技术的发展动态，更要广泛地应用新技术，提高组织的活动效率，同时要不断推出新产品去占领新市场。

（5）自然地理环境。自然环境通常是指组织及其所在地区所处的地理位置、气候条件以及资源状况等因素。地理位置是制约组织活动特别是企业发展的重要条件。改革开放以来，我国沿海及东部地区的经济首先得到较快的发展，得益于优越的地理位置和发达的交通网络。这些地区人口稠密，不仅能为企业提供充足的人力资源和产品用户，还有利于吸引来自各方面的投资，能够降低原材料和产品的运输成本，促进产业经济的发展。

2. 任务环境

任务环境是指对某一具体组织的目标实现有直接影响的那些外部因素。相对于一般环境而言，管理者一般更注重对任务环境因素的研究与分析，任务环境一般包括资源供应商、客户、竞争者、政府管理部门以及其他利益相关者。

（1）资源供应商是指组织运作过程中向组织提供原材料、资金和人员的人或组织，是组织正常运转的保障。因此，组织的管理者应当努力寻求高质量、低成本和运营可靠的供应者，谋求与供应者之间的良好合作。

（2）客户是指一个组织生产的产品或提供服务的直接消费者。一个组织能否获得成功，关键在于能否满足客户的需要。因此，组织的管理者需要准确识别客户的需求和偏好，及时地开发满足客户需求的产品和服务，不断提高产品和服务质量，形成广泛而稳定的客户群体。

（3）竞争者是指能够提供相同或替代产品及服务的组织。组织之间的竞争是多方面的，主要表现在市场和资源方面的竞争。管理者必须正确估计自身和竞争者的状况，根据竞争环境的特点，制定有效的组织发展战略，以期在竞争中形成自己的竞争优势。

（4）政府管理部门是制定各种法律法规，对组织活动进行引导、规范与监督的机构。组织应当在政府管理部门的指导下，在法律允许的范围内开展活动。一旦政府的政策、法规发生了变化，管理者应当对组织的发展战略也随之做出调整。

（5）其他利益相关者是指除资源供应商、客户、竞争者和政府管理部门以外的中介组织、员工组织和社会团体构成的其他利益集团，如工会、妇联、消费者协会、媒体等。这些利益团体能够通过各种宣传工具，或直接向政府机构反映，对组织的活动施加影响，因此，它们也是组织不能忽视的任务环境因素。

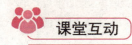

请分析当前影响高职院校发展的外部环境有哪些？

（二）内部环境

内部环境是指组织内部的各种影响因素的总和。它是随组织产生而产生的，在一定条件下内部环境是可以控制和调节的。人力资源对于任何组织来说始终都是最关键和最重要的因素。人力资源的划分根据不同组织、不同标准有不同的类型。比如，企业人力资源根据他们所从事的工作性质的不同，可分为生产工人、技术工人和管理人员三类。物力资源是指内部物质环境的构成内容，即在组织活动过程中需要运用的物质条件的拥有数量和利用程度。财力资源是一种能够获取和改善组织其他资源的资源，是反映组织活动条件的一项综合因素。财力资源指的是组织的资金拥有情况、构成情况、筹措渠道、利用情况。财力资源的状况决定组织业务的拓展和组织活动的进行等。文化环

职业规划中的企业和社会环境分析

境是指组织的文化体系,包括组织的精神信仰、生存理念、规章制度、道德要求、行为规范等。

内部环境随着组织的诞生而产生,对组织的管理活动产生影响。内部环境决定了管理活动的可选择的方式方法,而且在很大程度上影响到组织管理的成功与失败。

三、组织与环境的关系

组织环境对组织的形成、发展和灭亡有着重大的影响。组织环境为某些组织的建立起到积极的促进作用,例如,蒸汽机技术的出现导致了现代工厂组织的诞生。相反,由于某些组织未能适应环境的变化,因而已不复存在。在当代和未来,组织的目标、结构及其管理等只有变得更加灵活,才能适应环境多变的要求。

组织与环境的关系,不是组织对环境做出单方面的适应性反应,组织对环境也具有积极的反作用。主要表现在以下几方面。

(1)组织主动地了解环境状况,获得及时、准确的环境信息;通过调整自己的目标,避开对自己不利的环境,选择适合自己发展的环境。

(2)通过自己的力量控制环境的状况和变化,使之适应自己的活动和发展,而无需改变自身的目标和结构。

(3)可以通过自己的积极活动创造和开拓新的环境,并主动地改造自身,建立组织与环境新的相互作用关系。

另外,组织对环境的反作用也有消极的一面,即对环境的破坏。这种消极的反作用又会影响组织的正常活动和发展。组织环境是相对于组织和组织活动而言的,只有相对于组织和组织活动的外部物质和条件才具有组织环境的意义。

管理小知识 —— 组织环境与管理的关系

1)稳定的环境是管理系统发挥正常功能的前提。
2)环境是管理系统生存和发展的必要条件。
3)环境制约着管理系统的活动方向和内容。
4)环境对管理过程具有巨大的影响作用。

四、环境对组织的作用

青蛙实验

19世纪末,美国康奈尔大学做过一次著名的"青蛙实验"。研究者把一只青蛙冷不防丢进煮沸的油锅里,在那千钧一发的生死关头里,青蛙用尽全力,一下就跃出了那势必使它葬身的滚烫的油锅,跳到锅外的地面上,安全逃生!半小时后,他们用同样的锅,在锅里放满冷水,然后把那只死里逃生的青蛙放到锅里,接着用炭火慢慢烘烤锅底。青蛙悠然地在水中享受"温暖",等到它感觉到热度已经受不了,必须奋力逃命时,却发现为时已晚,欲跃乏力。青蛙全身瘫痪,终于葬身在热锅里。

故事启示:一个企业,必须能够应对不断变化的社会环境,管理者更要有深远而犀利的洞察力,让企业始终保持高度的竞争力,切不可在浑浑噩噩中度日,更不可躲避在暂时的安逸中。如果管理者与企业对环境变化没有高度的警觉,企业最终会面临同这只青蛙一样的下场。

环境(特别是外部环境)对组织生存和发展产生着重要影响,具体表现在以下几方面。

1. 为组织提供生存的土壤

组织建立的依据是社会需要和社会条件。没有社会需要,组织的存在就没有任何意义;社会不为组织提供建立的条件,组织的建立也无从谈起。组织作为一个转换的系统,必须与外界进行广泛的能量交换以维持其生存和发展,组织的各种投入要素(人、财、物、时间和信息)需要社会提供,组织的产出(产品和服务)亦需要与外界交换以获取收益,以维持和提高组织的运作效率。

2. 环境对组织的制约作用

制约作用,主要是指社会外部环境作为外在条件对组织生存发展的限制与约束。这里仅以法律环境为例说明外部社会环境对组织的制约。在市场经济条件下,国家主要通过法律手段和经济手段调整组织内部、组织与组织之间、组织与消费者及社会各界、组织与政府之间以及涉外经济活动的利益关系和商务纠纷。这样,组织的生产经营活动就必然面临大量的国内和国际法律环境。国内与组织经营管理直接关联的基本框架,大体上包括关于组织营销与竞争行为的法律、组织社会责任的法律、组织内部关系的法律等。此外,还有涉外经济活动的法律规范、国际惯例等。可以这么说,组织生活在庞大而复杂的法律环境之中。这些法律规范体系以一定的标准衡量组织进入市场运行的资格;衡量组织在市场中动作的合法性,制止和惩罚"犯规动作"。由此可见,法律规范对规范和控制组织行为具有重要的制约作用。

3. 影响和制约着组织的整体管理水平

良好的外部环境为组织整体管理水平的提高提供了一个基本前提。国家政策的稳定,教育水平的提高,市场体系的健全,法律体系的完备,都会促进组织运行效率的提高。因此,组织的决策者,必须密切关注环境变化,研究环境变化的规律,明辨环境带给组织的机会与威胁,明确组织对环境承担的使命,找准组织的战略定位,只有这样才能提升组织的管理水平。

五、环境的管理

前面已经叙述了外部环境和内部环境的基本内容,并且已经知道环境对实现组织目标的重要性。同时,由于组织环境变化的不确定性和复杂性,因此,有效地管理环境是做好管理工作的先决条件。

1. 环境的状况分类

及时了解组织环境，正确分析和评价环境是做好环境管理的第一步。组织理论家汤姆森提出用环境的变化程度和环境的复杂程度来衡量组织环境。根据环境的变化程度，将组织环境分为动态环境和稳定环境；根据环境的复杂程度，将组织环境分为复杂环境和简单环境，具体如表3-1所示。

表3-1 四种典型的组织环境

环境复杂程度 \ 环境变化程度	稳 定	动 态
简单	状态1：稳定、简单的环境 (1) 环境影响因素较少 (2) 环境因素变化不大 (3) 环境因素容易了解	状态2：动荡、简单的环境 (1) 环境影响因素较少 (2) 环境因素变化较大 (3) 环境因素容易掌握
复杂	状态3：稳定、复杂的环境 (1) 环境影响因素多 (2) 环境因素基本不变 (3) 环境因素难以掌握	状态4：动荡、复杂的环境 (1) 环境影响因素多 (2) 环境因素变化大 (3) 环境因素难以掌握

对表3-1中的4种状态的环境应采取相应的对策。

状态1：相对稳定和简单的环境。管理者对内部要建立严密有序的组织结构，通过计划、制度、标准化等方面加强管理。一般学校管理属于这一类型。

状态2：动荡而简单的环境。在这种环境下，管理者一般通过采取调整内部组织管理的方法来适应环境的变化。主要用制度和纪律等手段，有时要采取强有力的措施来应对剧烈变化的市场形势，如音像制品公司面对的外部环境虽然较单一，但市场在不断变化。

状态3：相对稳定而复杂的环境。管理者对这种环境应建立分权的组织结构或管理形式，根据自己的内部条件开展管理活动。

状态4：动荡且复杂的环境。管理者面对这种环境，有的采取权力分散和相对独立决策的经营方式，但必须加强组织内部的联系和沟通，密切关注这种变化，采取有效的措施保证按计划进行。目前，高新技术企业所处的环境属于这种类型。

2. 组织环境管理的步骤

不管面对的组织环境是何种类型，由于其重要性，都必须正视它，重视加强管理，管理的步骤如下。

第一，了解环境因素及变化情况，特别对复杂且多变的环境，要不断地利用各种渠道和方法去调查了解环境因素及其变化，必须全面而真实地掌握环境信息。

第二，分析、评价环境。在掌握环境信息的基础上对其进行细致深入的分析，对环境进行正确的评价，研究其变化规律，预测其变化趋势，研究环境变化对组织带来的影响。

3. 环境管理的方法

环境管理是有规律可循的，对不同的环境因素应采取不同的管理方法。

一般环境因素对组织的影响是间接的，是组织管理者难以驾驭的，只能采取以适应为主的管理方法，面对与组织发展密切相关的任务环境因素，如竞争者、资源供应商、客户、政府主管部门和其他利益相关者等，要及时掌握其动态，采取有力措施应对其变化，将由这些环境因素变化带来的损失降低到最低程度。

根据内部环境因素与组织发展的紧密关系，管理者要特别加强组织文化建设，增强组织的凝聚力，同时要积极充实组织内部资源，合理配置，有效利用。制订正确的战略和弹性计划，积极应对多变且复杂的市场环境。

总之，管理环境的方法是适应一般环境，严管任务环境，改进内部环境，为组织目标的实现创造良好的环境。

 问题思考

1. 对一个企业而言，一般环境和任务环境哪一个更重要，为什么？
2. 学校中一家小型超市的任务环境是什么？它是如何制约该店经理的管理活动的？
3. 举例说明，哪些组织受环境的影响大，哪些组织受环境的影响小？

 技能训练

1. 单选题

（1）（　　）是指企业所在地附近的居民和社区组织。
A. 社团公众　　　B. 社区公众　　　C. 一般公众　　　D. 内部公众

（2）依据环境对企业经营活动产生影响的发生和程度，管理环境可以划分为（　　）。
A. 宏观环境和微观环境　　　B. 外部环境和中观环境
C. 内部环境和外部环境　　　D. 宏观环境和内部环境

（3）企业所处的（　　）是指构成企业生存和发展的社会经济状况及国家的经济政策，包括社会经济结构、经济体制、发展状况、宏观经济政策等要素。
A. 经济环境　　　B. 宏观环境　　　C. 法律环境　　　D. 外部环境

（4）企业的（　　）主要包括产品的生命周期、产业结构分析、市场结构与竞争、市场需求状况、产业内的战略群体等因素。
A. 微观环境　　　B. 宏观环境　　　C. 外部环境　　　D. 内部环境

（5）企业外部环境的发展趋势基本上分为两大类：一类是环境威胁，另一类是（　　）。
A. 竞争威胁　　　B. 供应商威胁　　　C. 市场机会　　　D. 新产品机会

2. 判断题

（1）管理的环境是指能够对企业管理活动的效益产生影响的各种可控和不可控变量和因素的总和。（　　）

（2）企业管理既要知彼又要知己，其中"知彼"则是指企业的外部环境，包括宏观环境、微观环境等，"知己"便是分析企业的内部环境或条件，认清企业内部的优势和劣势。（　　）

（3）企业对文化环境的分析过程是企业文化建设的一个重要步骤，企业对文化环境分析的目的是要搞好企业和公众之间的关系，提升企业的形象，使企业的一切生产经营活动都

符合环境文化的价值检验。（ ）

（4）企业内部环境分析实际就是企业核心竞争力分析，核心竞争力是一个企业能够长期获得竞争优势的能力，是企业所特有的、经得起时间考验的、具有延展性的，并且是竞争对手难以模仿的技术或能力。（ ）

（5）社团公众指的是报纸、杂志、电台、电视台等传播媒介，他们掌握传媒工具，具有广泛的社会联系，能直接影响社会舆论对企业的认识和评价。（ ）

案例讨论

案例1　汉堡王在中国的发展

20世纪40年代，麦当劳兄弟在加利福尼亚州开设了他们的第一家餐馆，取名麦当劳。餐馆经营情况虽说不是太好，但马马虎虎还算过得去，兄弟二人对此颇为满足。

1955年，麦当劳兄弟将快餐厅的经营权卖给了54岁的纸杯和奶昔推销商雷·克洛克。他是一个天才的经营家，提出了现代意义上的快餐连锁经营思想，在其后的几十年里，稳扎稳打，将麦当劳连锁店推向美国和美国领土以外的每一个有人居住的角落，从而在世界上建立了一个强大的"汉堡王国"。

从20世纪80年代开始，麦当劳公司就对中国市场产生了浓厚兴趣。他们认为，随着中国经济的发展和人们生活水平的提高，生活节奏的加快，以及对西方文化的认识，在中国推广西式快餐是可行的。1984年，麦当劳公司引进了美国马铃薯品种，在河北围场县试种。1991年，麦当劳公司在经过多方选择之后，决定与北京农工商总公司合作，以双方各持50%股权的方式，成立了北京麦当劳食品有限公司。第一家麦当劳快餐店很快就出现在了北京街头。

随着中国经济的发展，麦当劳公司在中国内地的市场也有着迅猛的扩展。现在，麦当劳公司的670家餐厅遍布在中国25个省市和直辖市的108个次级行政区域。麦当劳公司十分重视中国市场，并会在投资回报最大的基础上，继续扩展连锁餐厅。目前，麦当劳公司的员工人数超过5万人，其中99.7%是中国员工。麦当劳公司在中国的供应商系统也拥有超过1.5万的员工，总投资达5亿美元。

案例讨论：

麦当劳公司是如何获得全球市场上的巨大成功的？

案例2　帮出来的好汉

2000年11月8日，对美的空调事业部总经理方洪波来说是一个值得高兴的日子。这天，美的空调2001年工商恳谈会在广东顺德召开，来自全国各地以及日本、中国香港等地的300多名供应厂商聚在一起，共同探讨在新经济条件下，谋求下一步战略合作和长远发展的问题。

据有关数据显示，2000年销售年度，美的空调销售165万套，实现销售收入60亿元，同比增长40%，占全国空调市场13%左右的市场份额。对此，方洪波说，取得这样的成绩，除了严格按照市场策略行事外，美的还有四大优势：一是规模和品牌优势；二是技术优势；三是美的集团多元化发展的辐射力；四是渠道优势。美的目前的渠道建设分两块：一是和上游供应商之间的战略伙伴关系；二是和销售商之间的合作关系。

目前，美的已与很多供应商之间达成了战略伙伴关系合作协议。美的空调自1996年开始创建性地提出与供应商建立永久性的战略合作伙伴关系以来，三年多的生产实践证明，与供应商之间的良好协作关系是企业优化资源配置，强化成本和品质管理工作的基础，是全面参与市场竞争和提高核心竞争力的必然选择。

在企业发展规划中，他们明确提出：制造系统的工作要密切围绕品质和成本两大主题，以战略性合作伙伴关系为纽带，积极探索制造模式的创新和生产组织体系的发展，最大限度地发挥资源配置和规模效应。2000年，美的集团的空调销售量能达到165万套的好成绩，与上游供应商的支持是密不可分的，同年，很多企业在旺季都因供应链不顺畅而导致产品断货，但美的空调却从来未出现过。同样，针对下游的经销商来说，美的又成了他们的供应商，所以，与下游经销商也是战略伙伴关系。

美的与上游供应商和下游经销商之间的战略伙伴关系是"同心、同步、同超越"的。所谓"同心"，指的是真正稳定的上下游关系，意味着要建立长期的战略合作关系，意味着上下游各企业对各自发展目标、经营理念、市场前景的认同和理解。只有上下游各级企业同心，才能谋求发展，只有上下游各级企业同心，才能实现共荣。"同步"的意思是，美的是个大命运共同体，美的的发展离不开上下游企业的发展，上下游企业的发展不能离开美的空调长期的市场策略。"同超越"则是指，美的空调是创新领导者，创新的本质在于不断地自我否定，不断地自我超越；经历了多年的发展，上下游企业都会不可避免地遇到进一步发展的瓶颈，因此上下游各企业都应该抛弃旧有的思想习惯，改变旧有的行为方式，共同突破发展的瓶颈，共同实现新一轮的快速增长。

案例讨论：
1. 试分析美的为什么要与供应商搞好关系？
2. 企业与供应商之间存在哪些关系？

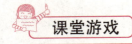
课堂游戏

信任进步行

1. 游戏目的

团队业绩的体现，离不开队员之间的信任度，但往往学生们很难理解信任是如何建立的，这个小游戏就是为了让学生们体会在某一环境下自己怎样建立起对伙伴的信任。

2. 游戏程序

让学生每两人组成一队，给每队发一个眼罩，而后让其中一位学生戴上眼罩，另一位学生用言语指导同伴从教室出门在外面行走一圈后回来，而后互换角色进行体验。

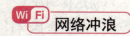

搜索一家在环境中表现突出的公司的网址,公司在任务环境和一般环境中,对这家公司的运营影响最大的因素有哪些?公司的管理者又是如何应对这些因素的?

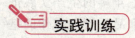

企业环境分析

1. 实训目标

培养分析外部环境和内部环境的能力。

2. 实训内容

利用课余时间实地调查一家本土企业或搜集一家企业的系统资料,分析该企业的内外部环境。

3. 实训要求

4~6人为一组,集体到附近企业调查访问,并以小组为单位写一份1 000字左右的企业内外环境分析简要报告。

任务 4
组织文化

> 要想成为赢家,我们就必须把数一数二的"硬"的核心理念与这些无形的"软"的价值观结合起来,从而获得一种感觉,这种感觉就是我们所追求的企业文化。
> ——GE前总裁 杰克·韦尔奇
>
> "没有强大的公司文化即价值观念和哲学信念,再高明的经营战略也无法成功。公司文化是企业生存的基础,发展的动力,行为的准则,成功的核心。"
> ——汤姆·彼得斯

任务简介

在组织的管理中,有一个问题经常困扰管理工作者,这就是组织文化或者说企业文化、公司文化究竟是指什么东西?这是一个最基本,但常常被忽视的问题。文化是指人类创造的一切物质产品和精神产品的总和。狭义的文化专指语言、文学、艺术及一切意识形态在内的精神产品。组织文化不仅代表了组织的精神风貌,更应该蕴涵组织的指导思想和经营哲学。

本任务主要介绍了组织文化的内涵、特点、组织文化的功能、层次和组织文化的建设。通过此任务的学习,能够理解组织文化的构成以及组织文化对管理的影响。

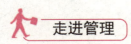

走进管理

九阳电器企业组织文化建设

济南九阳电器有限公司董事长王旭宁认为企业不论大小,都应重视企业文化的建设。企业文化不是一次运动,用三年两年时间就能够达到。最好是从企业小的时候就开始着手企业文化的建设,因为大了以后,再去建设企业文化就比较困难了。一个企业文化底蕴有多深,企业发展就有多大,浅薄的企业文化不可能发展成强势企业。九阳的目标是要做一个百年企业。纵观世界上的百年不衰的企业,它们都有一个共同特点即是:重视企业文化建设,不以追求利润为唯一的目标,都有超越利润的社会目标。这是它们共同的企业价值观,也是企业文化的核心之一,这也正是九阳公司努力学习的典范。

对于九阳企业来说,企业文化概括为八个字,即"人本、团队、责任、健康"。"人本"

就是既要尊重员工，又要发挥其潜能；"团队"是鼓励员工自觉地融入团队中，在九阳，自私的、本位的、不协作的员工是不受欢迎的，也是没有前途的；"责任"是做有责任感的企业，对员工、消费者、合作者与社会负责任，并在企业经营中努力让他们感到满意，同时倡导每一位员工都要做有责任感的人；"健康"是让员工拥有健康的身心和健康的生活方式，企业拥有健康的机制，以保证长期生存和发展。

具体来说，首先，公司针对方方面面不利的因素，从一开始就注意制度文化建设，并设定了严格管理、降低成本、提高质量、创世界一流企业的方针和目标。通过严格管理，规范员工行为，使公司员工把公司制度变成自觉的规范，进而统一到共有的价值取向上来。其次，在价值取向的建设当中，公司在成立时就设定了公司的经济发展和我们国家的社会经济发展相适应，和社会环境相协调，以及企业要和顾客利益共存，企业要和劳动者共存这样一些价值观念。通过培训在教育和规范大家行为基础上，把公司共有的价值观念，融入日常管理和工作中去，使员工的价值观念达到一致。最后，把个人的价值和个人的发展，有效地融入公司的发展当中去。如九阳公司把立足岗位，自我改善这项活动和 ZD 小组无缺陷活动作为企业文化的一个重要组成部分加以实施和推广；把公司员工立足自我改善作为企业发展的一个重要动力，使员工在生产过程中，成为质量管理的主体。他们是生产者，又是我们产品质量保证者和确认者。在整个生产过程中，员工通过企业文化建设得到了较好的培训，提高了员工的素质，这就实现了企业实施以人为本的企业文化的人本管理有效循环。通过企业的文化建设，进而带动起企业生产的高效率、产品的高质量、服务的高水平、企业的高效益，进而回归到员工的高收入上。九阳电器这些年的成功，也正好验证了企业文化建设的重要性。

这个案例告诉我们：做好组织文化的建设工作，是一个组织可持续发展的重要保障。组织文化建设，它既是组织管理的基础，又是组织管理的灵魂。有了组织文化，员工就可以在组织的整个管理过程中立足于岗位的自我管理，立足于岗位的自我改善，有效地实现个人的价值；把个人的价值和个人的发展，有效地融入公司的发展当中去，同组织的发展目标有机地结合起来。

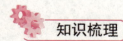

除了组织资源和组织能力，组织内部环境还有一个重要的方面，那就是组织文化。组织资源是组织的基础，组织能力是组织对资源进行整合的能力。每一个具体的组织内部的资源和能力运行于组织内部具体的特定环境中，这就是组织文化。

一、组织文化的内涵

组织文化又称企业文化，就是一个组织区别于其他同类企业的特色，具有文化的一切特征，具体说：组织文化是指组织全体成员共同接受的价值观念、行为准则、团队意识、思维方式、工作作风、心理预期和团体归属感等群体意识的总称。组织文化有广义和狭义之分。

狭义的组织文化是组织在长期的生存和发展中所形成的为组织所特有的、为组织多数成员共同遵循的最高目标价值标准、基本信念和行为规范等总和及其在组织中的反映。

广义的组织文化是指组织在建设和发展中形成的物质文明和精神文明的总和。广义的组织文化包括组织管理中的硬件和软件,外显文化和内隐文化两部分。

二、组织文化的特点

管理小知识

如何塑造企业文化

企业文化又称组织文化,是一个组织由其价值观、信念、仪式、符号、处事方式等组成的特有的文化形象。其企业文化应从以下四个方面来塑造:

1) 梳理自己企业的定位,清晰创始人和发起人的定位,关心企业的发展壮大。
2) 塑造好经营理念,企业的使命和愿景是塑造企业文化的关键,使命和愿景要从实际情况出发。
3) 发掘企业背后故事,文化因故事而闪光,故事因文化而久存。
4) 塑造企业文化需要全体成员一起努力。

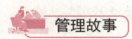
管理故事

企业文化

海尔集团 CEO 张瑞敏在接受记者采访时指出,一个企业要在国际上站住脚,就必须做大。然而,这种"大"是要建立在"强"的基础上的,只有"强"才能保证企业在"大"的过程中不出问题。而使企业强大的一个核心问题是企业文化,这应该是一种价值观正确、全体员工都认同的黏合剂,是企业进行管理的一种内在基础。日本政府在总结明治维新时期经济能得到迅速发展的经验时发表过一份白皮书,其中有这样一段话:日本的经济发展有三个要素:第一是精神,第二是法规,第三是资本。这三个要素的比重是,精神占 50%,法规占 40%,资本占 10%。这说明,资本不是最关键的因素,文化要素才是最重要的。

组织文化是整个社会文化的重要组成部分,既有社会文化的共同属性,也有自己的独特性。组织文化的基本特征包括以下四个方面。

1. 组织文化的核心是组织价值观

组织价值观是组织决策者对组织性质、目标、经营方式的取向所做出的选择,是为员工所共同接受的观念。组织价值观是组织所有员工共同持有的,而不是一两个人所有的;它是支配员工精神的主要价值观,是长期积淀的产物,而不是突然产生的;它是有意识培育的结果,而不是自发产生的。组织价值观是把所有员工联系到一起的精神纽带,是组织生存、发展的内在动力;是组织行为规范制度的基础;是组织和员工双方价值最大化的基础。如海尔的核心价值观是"创新";美国百事可乐公司认为"顺利最重要";日本三菱公司主张"顾客第一"；日本 TDK 生产厂则坚持"为世界文化产业作贡献"。

2. 组织文化的中心是以人为本的人本文化

人是组织中最宝贵的资源和财富，也是组织的中心和主旋律，因此，组织只有充分重视人的价值，最大限度地尊重人、关心人、理解人、培养和造就人，充分调动人的积极性，发挥人的主观能动性，努力提高组织全体成员的社会责任感和使命感，使组织和成员真正成为命运共同体，才能不断增强组织的内在活力和实现组织的既定目标。如 TCL 集团的文化宗旨就是"为顾客创造价值，为员工创造机会"。

3. 组织文化的管理方式是以柔性管理为主

组织文化是以一种文化的形式出现的现代管理方式，也就是说，它通过柔性的而非刚性的文化引导、建立起组织内部合作、友爱、奋进的文化心理环境以及协调和谐的人群氛围，自动地调节组织成员的心态和行动，并通过对这种文化氛围的心理认同，逐渐地内化为组织成员的主体文化，使组织的共同目标转化为成员的自觉行动，使群体产生最大的协同合力。

4. 组织文化的重要任务是增强群体凝聚力

组织成员由于生活的经历、价值观、教育程度、个性心理、年龄和民族等方面的不同，往往会导致成员之间的冲突甚至对抗，这不利于组织目标的顺利实现，而组织文化通过建立共同的价值观和寻找观念的共同点，不断强化组织成员之间的合作、信任和团结，使之产生亲近感、信任感和归属感，实现文化的认同和融合。在达成共识的基础上，使组织具有一种巨大的向心力和凝聚力。

三、组织文化的功能

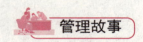 管理故事

你好，微软

微软公司曾经发生过这样一件事：某年，公司举行庆祝会，员工们集体在一家宾馆住宿，由于第二天的活动日程临时变动，前台服务员只得一个个打电话通知。第二天，她吃惊地说："你们知道吗？我给 145 个房间打电话，起码有 50 个电话的第一句是'你好，微软公司'。"

原来，进入微软技术支持中心的第一步，是接受为期一个月的封闭培训，培训的目的是把学子们转变为真正的职业人。光是关于如何接电话，微软就有一套手册，其中一条要求技术人员拿起电话，第一句话是："你好，微软公司！"

对此，时任微软（中国）有限公司总裁唐骏说："没有一个工作是十全十美的，工作中难免会有压力、有枯燥的时刻，把自己喜欢的工作干好是一种享受，把自己不喜欢的工作干好，更需要使命感。"这种精神就是我们所说的敬业精神。在深夜里迷迷糊糊地接电话，第一句依然是"你好，微软公司"。

故事启示：从微软公司的组织文化可以看出，组织文化对组织成员的影响力有多大。

组织文化的功能就是组织文化发生作用的能力，也就是组织这一系统在组织文化导向下

进行生产、经营和管理的作用。可将组织文化的功能归纳为以下六种。

1. 凝聚功能

企业文化的形成，使广大员工对外有向心力，对内有凝聚力；使得企业的个体成员能够为达成企业的目标同心协力地去奋斗。美国学者凯兹·卡思认为，社会系统的基础是人类的态度、知觉、信念、动机、习惯等心理因素；在社会系统中将个体凝聚起来的是心理力量，这种心理力量就是共同的理想与信念。企业文化正是以各种微妙的方式，沟通人们的思想感情，融合人们的观念意识，把广大员工的信念统一到企业价值观和企业目标上来。通过员工的切身感受，产生对本职工作的自豪感、使命感、归属感，从而使企业产生强大的向心力和凝聚力。

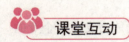
课堂互动

你认同企业文化是起用人才的关键吗？

2. 导向功能

企业文化一旦形成，就产生一种定式，这种定式就自然而然地把职工引导到企业目标上来。企业提倡什么、抑制什么、摒弃什么，职工的注意力也就转向什么。当企业文化在整个企业内成为一种强文化时，其对员工的影响力也就越大，其职工的转向也就越自然。比如，日本松下集团，充分注意了企业文化的导向作用，使职工自觉地把企业文化作为企业前进之舵，引导着企业不断向确定的方向发展。

3. 约束功能

企业文化的约束功能是通过职工自身感受而产生的认同心理过程而实现的。它不同于外部的强制机制，如"此处不准吸烟""上班不许脱岗"等，这种强制性的机制是企业管理的基本法则。而企业文化则是通过内省过程，产生自律意识，自觉遵守那些成文的规定，如法规、厂纪等。自律意识要比强制机制的效果好得多，因为强制在心理上使员工产生对抗，这种对抗或多或少地就要使强制措施打折扣。

自律意识是心甘情愿地去接受无形的、非正式的和不成文的行为准则，自觉地接受文化的规范和约束，并按价值观的指导进行自我管理和控制。所以说，自律意识越强，社会控制力越大。

4. 激励功能

企业文化以理解人、尊重人、合理满足人们各种需要为手段，以调动广大员工的积极性、创造性为目的。所以，企业文化从前提到目的都是为了激励人、鼓舞人。通过企业文化建设，创造良好的安定的工作环境、和谐的人际关系；造就尊重关怀下属的领导，不断创造进步的机会、合理的福利待遇、合理的工作时间，在有条件的情况下尽量满足广大职工的需求，从而激发职工的积极性和创造性。企业文化的激励已不仅仅是一种手段，而是一种艺术，它的着眼点不仅在于眼前的作用，而更着眼于人创造文化、文化塑造人的因果循环。

5. 辐射功能

企业文化不仅对企业内部产生强烈的影响，通过自己的产品，通过企业职工的传播，也会把自己企业的经营理念、企业精神和企业形象昭示于社会，有的还会对社会产生强烈的影响。如20世纪50年代鞍钢的孟泰，60年代大庆的"铁人"王进喜，90年代的李素丽等，都对社会产生了巨大的影响，这就是企业文化的辐射功能。

同时，企业文化还以其深层次结构——观念形态的因素，对社会产生辐射。一个优秀的企业，它的企业精神、职业道德、经营管理思想、价值准则等都对社会心理产生影响。如松下公司的全员经营、首钢的经济责任制、丰田的企业精神都冲击着当代人的心理，激发着人们的创新精神和竞争意识，使人们的观念不断发生着变化。

6. 协调功能

所谓协调是指组织内部各部门、人与人、人与事、事与事之间的有机配合。进入这个机制就产生了强制作用，不按此运行就破坏了机制。企业文化本身不是一种机制，它是人们的一种心理默契。好的企业文化所产生的这种心理默契比机制更有效。

为什么有的企业的兴衰完全取决于某个主要管理者，这个人以个人的能力支撑着企业的大厦，主宰着企业的命运，一旦这个人下台，企业就无法补救地衰败下去呢？就是因为没有建立起好的企业文化，没有建立起好的管理体制和运行机制，就是说，在企业文化中，制度文化的建设十分重要。例如，日本松下电器公司的创始人松下幸之助本人已逝世，但松下的企业文化照旧发挥作用，没有因为松下本人的逝世而影响企业的经营管理，可见松下的精神和理念已成为该公司无形的运作法则。

四、组织文化的负面作用

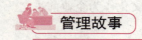
管理故事

假造企业文化的负面影响

经常听一些专家讲课，他们经常提到一个品牌一定要有故事，有了故事就便于传播，消费者也更容易接受品牌和产品，而有故事也是品牌与其他品牌建立差异化优势的重要法则。其实在现实中，很多企业显然对这一点是奉若神灵的。

于是我们就经常看到许多企业为了让自己的品牌有故事，便绞尽脑汁，甚至硬拉乱扯，目的就是让自己有好的故事。这样我们就不难发现，卖水的就非说自己的水来自哪个山，这个山怎么样；卖肉的非说自己多少辈都是做肉的，自己是继承祖辈秘方，现在是多少代传人；卖酒的就说自己的酒是什么年代传承的工艺等；而卖植物洗发水的，就把自己搞成了中药世家，自己也成了多少代传人。

尽管2010年7月21日国家食品药品质量监督管理局发布通报，称对霸王洗发水不同产品10个批次的抽检结果显示，样品中二噁烷的最高含量为6.4 ppm（1 ppm为百万分之一计量单位）。这就是说该用品对人无害。但是紧接着，拔出萝卜带出泥，又有媒体爆料霸王的中药世家也是一个美丽的骗局，霸王的董事长陈启源根本就不是出身于什么中药世家，陈的父亲只是一个药农。

故事启示：也许霸王正中了中国的那句老话——祸不单行。尽管致癌事件暴露出的是行业潜规则，霸王似乎显得有些委屈，但是中药世家的忽悠却让企业和品牌的诚信一落千丈。

前面所列举的组织文化功能说明文化对组织的重要价值，它有助于提高组织的承诺，增强员工行为的一致性，提高管理的效果和工作效率。对员工来说，它有助于减少员工行为的模糊性，因为它告诉员工什么事情应该做、应该怎样去做事、什么是重要的、什么是不重要的等。但我们也不能忽视企业文化对企业发展的潜在负面影响。

1. 企业文化会成为改革的障碍

当企业的共同价值观与进一步提高组织效率的要求不符时，它就成了企业改革的阻力。当组织面对稳定的环境时，行为的一致性对组织而言很有价值，但它却可能束缚组织的手脚，使企业难以应付变幻莫测的环境的挑战。在社会剧烈变革的时代，这是最可能发生的事情。

2. 兼并和收购的障碍

以前，高层管理者在做出兼并或收购的决策时，主要考虑的是融资优势以及产品的协调性。但近几年，文化的相容性成了他们重点关注的对象。就是说，在考虑到收购对象在财务和生产方面优势的同时，还将收购对象的文化与本公司文化的相容与否作为决策的重要依据。美国银行收购查尔斯·史阔伯公司就是一个生动的例子。美国银行为了扩展经营领域、实行多样化经营战略，于1983年买下史阔伯公司。但这两个公司的文化存在着很大差异，美国银行作风保守，而史阔伯公司喜欢冒险。一个典型表现是，美国银行的高级管理人员开的是公司提供的四车门的福特车和别克车，而史阔伯公司高级管理人员开的车却是公司提供的法拉利、宝马和保时捷等。虽然史阔伯公司利润丰厚，有助于美国银行拓展业务，但史阔伯的员工无法适应美国银行的工作方式。终于在1987年，查尔斯·史阔伯又从美国银行买回了他的公司。

3. 多元化的障碍

现代社会是一个多元化的时代。企业为了在复杂的环境中掌握竞争的优势，总希望内部员工之间有差异，形成个性和特色以适应多元化的趋势。管理人员希望新成员能够接受组织的核心价值观，否则，这些成员就难以适应或不被企业所接受。由于组织文化的强大影响力，使员工服从于组织文化，这样就将员工的行为和思想限定在了企业文化所规定的范围内。企业之所以雇用各具特色的个体，是因为他们能给企业带来多种选择的优势。但当员工要在企业文化的作用下试图去适应该企业的要求时，这种多元化的优势就丧失了。

五、组织文化的层次

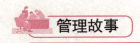

管理故事

一个靠文化闻名世界的小鱼摊

如果我们今天赴美进行商务旅游，很可能会获得这样一项内容的安排：参观美国西雅图市著名的派克鱼市公司。

派克鱼市公司的创始人叫约翰·横山。直到1986年，约翰·横山已经努力工作了20年，目标只有一个，就是使自己在西雅图的一个小鱼摊生意兴隆起来。可他就像许多小本生意人一样，一直维持着几个人的小公司，也谈不上什么成功。

约翰再也按捺不住了，想把生意扩大，他便转向了渔业批发领域。可没想到，只一年的时间就几乎赔光了公司的老本。这时候，约翰·横山真是走到了生死抉择的十字路口。

一天，一个朋友建议他赶紧请个咨询师。他咬咬牙，花钱，请！天知道咨询师能不能拯救他的企业。咨询师吉姆每两周来公司组织大家开一次会，会上只做一件事情：激发大家的斗志。

吉姆帮助大家认识："我们需要一个远大的目标、一个更大的策略。"终于到了第三次会议时，约翰明白了："我们要成为举世闻名的！""我们可以影响彼此的生活，影响顾客的生活！"

约翰当然是百分之百地忠实于公司目标——"要成为举世闻名的企业"。但是，这不同寻常的目标怎样才能使每一位员工都愿意为它付出呢？大家能不能始终保持不竭的动力去创造举世闻名的奇迹呢？

许多企业老板这时候可能会花费很多时间去教员工如何干好工作，却几乎不解释工作的重要目标是什么。但是在这里，当新员工加入公司时，从三个月的试用期开始就给他们提供分享"梦想"的机会——要举世闻名！这是一个融入公司文化很重要的培训。

许多公司会把大量的时间花费在寻找最优秀、最聪明、最有天分的应聘者身上，但是在这里，公司所要寻找的就是"志同道合"，并帮助员工看到自己在工作中的发展机会。

约翰每隔一周会与全体员工见一次面，一起共进晚餐，一起充分讨论"我们的目标"和怎样达到它。员工会踊跃地给出他们的见解、建议，约翰和管理者、员工一起来调节工作方式，大家始终保持着一致的奋斗目标。尽管这样的"聚会"要耗费人力物力，但是约翰却把它看成是坚持"我们的目标"的重要步骤。

一晃又过去20年了。那个小小的鱼摊今天已经大名鼎鼎，很多来美国的旅游者都会极有兴致地去派克鱼市逛逛，领略那美妙的开刀和开心的传送号子，享受那激发活力的工作气氛。

故事启示：企业文化是一个企业的灵魂。它的存在能引领一个企业走向更加广阔的未来，能使一个企业有一个良好的工作氛围，能带动员工们的激情和动力，保持企业的活力。小小的渔摊如今能够大名鼎鼎，靠的就是优良的企业文化，并且始终坚持不懈地做下去。一个企业的成功与否和它自身所具有的文化有很大的关系。优秀的企业文化能为公司创造良好的企业环境，能为大家树立正确的价值观，能够带领公司员工一起共同奋进。企业文化分为三个结构，其中之一就是精神层，它是企业文化的深层文化，是一个企业的经营哲学，是指导企业行为的基础，并且企业文化是企业的最高目标，是所有人共同努力的目标，是一种精神动力。一个企业的良好风气，是靠企业文化创造出来的。就这个精神层便能说明企业文化对企业的重要性和影响。

组织文化的层次一般划分为四个层次，即物质文化层、行为文化层、制度文化层和精神文化层。

1. 物质文化层

物质文化层是组织文化的表层部分，它是组织创造的物质文化，是一种以物质形态为主要研究对象的表层组织文化，是形成组织文化精神层和制度层的条件。物质文化层包括企业的标识、象征物、厂容厂貌、员工服饰、企业广告等对外形象方面的内容。

2. 行为文化层

组织行为文化层是组织员工只在生产经营、人际关系中产生的活动文化，它是以人的行为为形态的中层企业文化，以动态形式作为存在形式。组织行为文化包括在组织经营活动、公共关系活动、人际关系活动、文娱体育活动中产生的文化现象，包括员工和管理者的行为规范。

3. 制度文化层

制度文化层是组织文化的中间层次，主要是指对组织和成员的行为产生规范性、约束性影响的部分，是具有组织特色的各种规章制度、道德规范和员工行为准则的总和。制度层规定了组织成员在共同的经营活动中应当遵守的行为准则。制度文化层主要包括企业组织结构和企业管理制度，它主要以各项规章制度的形式体现。

4. 精神文化层

组织精神文化，是组织在长期实践中所形成的员工群体心理定式和价值取向，是组织的道德观、价值观即组织哲学的综合体现和高度概括，反映全体员工的共同追求和共同认识。组织精神文化是组织价值观的核心，是组织优良传统的结晶，是维系组织生存发展的精神支柱。包括企业使命、愿景、价值观、经营管理理念等内容，是企业意识形态的总和。

六、组织文化的类型

不同的组织会呈现出不同的组织文化，以适应组织的发展需要，按照各类组织的文化特点，组织文化可分为以下四种类型。

1. 学习型组织文化

企业提倡学习，并为员工提供大量的培训，以将员工培养成各种专业人才。例如，IBM、宝洁、通用等企业就是这种类型的组织文化。

2. 俱乐部型组织文化

企业比较重视适应、忠诚感觉和承诺，强调员工的资历及全面才能，它认为管理人员应该是通才而不是单一专业人才。例如，UPS、政府机构和军队等就是这种类型的组织文化。

3. 创新型组织文化

企业强调冒险与创新，并提倡高产出高回报，鼓励拼搏精神。例如，软件开发、银行投资类企业就属于此类型的组织文化。

4. 保守型组织文化

企业强调自身的生存，有较多的条条框框来要求员工，希望员工是遵守纪律的、循规蹈矩的。例如，林业产品公司、能源探测公司等企业就属于此类型的组织文化。

七、组织文化的建设

所谓组织文化建设，是指组织有意识地发扬其积极的、优良的文化，克服其消极的、劣性的文化过程，亦即使组织文化不断优化的过程。

1. 组织文化建设的原则

（1）立足民族传统文化，注重吸收外来先进文化。组织文化应以民族传统文化为基础，传统文化中的民本思想、平等思想、务实思想等都是值得增值开发的内容，同时吸收外来文化，对其进行借鉴，去其糟粕，取其精华。

（2）强化以人为中心。文化以人为载体，人是文化生成的第一要素。组织文化中的人是指组织中的全体成员。因此，组织文化建设中要强调关心人、尊重人、理解人和信任人。组织团体意识的形成，首先是组织的全体成员有共同的价值观念、一致的奋斗目标，才能形成向心力，才能成为一个具有战斗力的整体。

（3）注重自身独特性。独特性是组织文化的一个重要特征。文化本来就是在自身组织发展的历史过程中形成的，每个组织都有自己的历史传统和经营特点，组织文化建设要充分利用这一特点，建设具有自己的特色文化。组织有了自己的文化特色，而且被顾客所公认，才能在组织之林中独树一帜，才有竞争的优势。

（4）表里一致，切忌形式主义。企业文化属于意识形态范畴，但它又要通过企业或员工的行为和外部形态表现出来，这就容易形成表里不一致的现象。建设企业文化必须首先从员工的思想观念入手，树立正确的价值观和哲学思想，在此基础上形成企业精神和企业形象，防止搞形式主义，言行不一。形式主义不仅不能建设好企业文化，而且是对企业文化概念的歪曲。

2. 组织文化建设的步骤

（1）制定组织文化系统的核心内容。企业价值观和企业精神是组织文化的核心内容，它为组织文化建设设定基本框架和目标。合理和有效的组织文化内核一般不会自发地产生，必须进行审慎的选择。首先，企业价值观体系的确立应结合本企业自身的性质、规模、技术特点、人员构成等因素。其次，良好的价值观应从企业整体利益的角度来考虑问题，更好地融合全体员工的行为，而不是仅从个别部门的利益角度来考虑问题。最后，一个企业的价值观应该凝聚全体员工的理想和信念，体现企业发展的方向和目标，成为鼓励员工努力工作的精神力量。同时，企业的价值观中应包含强烈的社会责任感，使社会公众对企业产生良好的印象。组织文化内核确定以后，就是具体的组织文化的树立了。

（2）进行组织文化表层的建设。组织文化建设包括表层和深层两方面的建设。前者主要指组织文化的物质层和制度层，后者是指组织文化的精神层。组织文化的表层建设主要是从企业的硬件设施和环境因素方面入手，包括制定相应的规章制度、行为准则，设计公司旗帜、徽章、歌曲，建造一定的硬件设施等，为组织文化精神层的建设提供物质上的保证。因此，在组织文化建设的过程中，一般把表层的建设放在深层建设的前面，但事实上，两者很多情况下是同时进行的。

（3）组织文化核心观念的贯彻和渗透。在全体员工中培育组织文化核心观念是组织文化建设的重要步骤。要想使已经确立的组织文化核心内容贯彻并渗透到员工中去，通常需要较长的时间和深入细致的工作。一般来讲要包括如下几方面的内容。

① 员工的选聘和教育。首先，企业在招聘员工过程中，通过选择与本企业的价值观相符合的人员，使得新员工能融合到企业中来。其次，员工在企业中的晋升和奖励也受到企业价值观的暗示，并使企业价值观不断得到强化和巩固。最后，对员工的有意识宣传和教育也是建设组织文化的有效手段，并且经常性地将其渗透于日常行为来强化员工的组织文化价值观。像IBM、荷兰皇家壳牌、可口可乐和美国西部这样的大牌公司，都有专门的管理人员来研究编写公司的传奇故事，通过传奇故事宣传和教育员工。例如，在美国某纸业公司流传着一个关于公司创始人和主要股东克劳德的故事。一天清晨，克劳德发现一个工人正在试图用一根加长的木棍来清理染色罐的排水管，他立即毫不犹豫地爬到染色罐上，将身子探进3英

尺长的纸管中，用手清理干净排水管中的堵塞物。他拍拍身上的污物，对那位工人说："当你下一次需要清理排水管时，你将怎么做？"故事流传的结果是使该公司的工人懂得了这样一个道理：当需要你奉献时，别犹豫，要冲上去。将公司传奇故事在公司员工之间广泛地口头传播，以保证公司的核心价值能不断流传下去。

② 英雄人物的榜样作用。英雄人物是组织文化价值观的人格化体现，他们是强文化中的中枢形象。英雄人物可以是一个企业的创业者，也可以是一个企业中德高望重有影响力的人物，或者是劳模、标兵等。他们是振奋人心鼓舞士气的因素，他们的一言一行、一举一动都体现了企业的价值观。企业可以通过树立英雄人物向员工们传达组织文化价值观念，英雄人物通过自己的行为为企业员工提供样板，告诉大家成功是可以学习的。这样，通过树立体现着企业价值观念的典型，宣传他们的事迹，才能取得建设和强化组织文化的效果。如克莱斯勒汽车公司的李·雅科卡，当他刚刚到亏损严重的克莱斯勒公司时，他索取的年薪只是区区1美元，以此证明自己拯救这家公司的非凡勇气。

③ 礼节和仪式的安排及设计。礼节和仪式是企业将一定的活动内容和形式作为一种载体来表现和说明组织文化的核心内容。它们对组织文化价值观的宣传具有潜移默化的作用。抽象的组织文化价值观往往要通过具体的礼节和仪式变为有影响的、可见的、可遵循的东西。例如，有些企业要求其员工每天唱自己公司的歌或朗诵企业精神，通过这种仪式来展示企业价值观和企业精神。因此，要建立强组织文化，管理者就应对企业的各种仪式进行和谐的安排与设计，让员工从具体的事情和行为方式中对组织文化有更深层次的理解。

④ 组织宣传口号的设计和传播。口号是表达组织核心价值观的一些简洁的句子或短语，组织可以利用口号向员工灌输组织的文化。例如，美国电子数据系统公司的洛斯曾经建立了雇用最优秀人才的基本准则并说明了寻找优秀人才的困难性，他的格言是："雄鹰从来不结队飞行，你只能一只一只地来捕获它们。"在80%的员工为西班牙人的某国际公司中，其创始人说："不必巴结老板，你只需取悦于顾客。"这句话被绣在了每一个员工夹克的口袋上。

问题思考

1. 何谓组织文化，它是如何形成的？组织文化的特点和作用是什么？
2. 你认为企业组织文化对企业来说是必需的吗？
3. 你的大学是否拥有组织文化？你是如何向一名外人介绍这种组织文化的？

技能训练

1. 单选题

（1）一个组织内部的规章制度属于（　　）。
A. 组织的一般环境的内容　　　　　　B. 组织的内部环境的内容
C. 组织文化的隐性内容　　　　　　　D. 组织文化的显性内容

（2）下面不是企业文化的隐性内容的是（　　）。
A. 价值观念　　　　B. 规章制度　　　　C. 道德规范　　　　D. 企业哲学

(3) 组织文化的本质特征不应包括（　　）。
A. 内容的综合性　　B. 功能的综合性　　C. 目的理论性　　D. 形成的自觉性
(4) 企业文化是企业内从总经理到工人共享的（　　）。
A. 价值观念　　B. 文化水平　　C. 物质财富　　D. 文化素质
(5) 在企业文化结构中比较稳定的内核是（　　）。
A. 物资层　　B. 制度层　　C. 精神层　　D. 核心层

2. 判断题

(1) 组织文化的核心是企业规章制度。（　　）
(2) 组织文化的管理方式是以领导强制教育为主。（　　）
(3) 组织文化的中心是以人为本的人本文化。（　　）
(4) 组织文化的任务就是努力创造这些共同的价值观念体系和共同的行为准则。（　　）
(5) 组织文化的管理实践是互不相关的。（　　）

案例讨论

案例1　文化到位找到新感觉

四川华诚银华集团有限责任公司（以下简称银华公司）坚持一手抓生产经营，一手抓企业文化建设。二者互为促进，企业保持连续八年盈利，去年又创利润1 680万元的新高，居省纺织行业第二位，保持了省优秀企业、省文明单位称号的本色。

一、认识到位

随着经济体制改革的深化，银华公司这个棉纺织企业同大多数国有纺织企业一样，企业管理和发展出现了严重问题，问题的根源是什么？出路在哪里？公司调查分析后认为，社会的巨大变革、企业生存空间和职工心态的变化，使计划经济时代形成的理念、制度、方法已成为公司发展的桎梏，必须改革，把创建先进的企业文化引入经营管理。高度的重视带来自觉的行动。20世纪90年代至今，银华公司把企业文化建设摆在头等位置。公司董事长、党委书记、总经理胥明东说："在新的世纪，拥有文化优势，也就拥有竞争优势。"全公司各部门高度一致，"一把手"抓"两手"，"两手"都要硬。

二、机制到位

银华公司创建企业文化狠抓了各种机制的建立和完善。

首先，建立考核机制。结合企业实际，公司出台了15个实施细则，实行量化考核。

其次，建立民主管理监督机制。银华公司把企业的产量、质量、利润、成本、发展规划等重大情况定期公布，并经过摸索形成公司、分厂、轮班三级公开制度，职工对应知的事情了如指掌。

再次，完善分配制度，各个岗位的工作全部量化，职工对照公开栏公布的个人奖罚、产质量等情况就能算出自己本月的收入。

最后，人才选拔机制。银华公司坚持实施四个人才培养"工程"，仅"九五"期间就培养人才560人。在选择使用上，坚持德才兼备的原则，面向市场择优，实行公推公选制度。

三、教育到位

银华公司认为：企业文化的核心是培育先进的企业精神，并在职工的工作中得到体现，培育的途径则是教育。

职工日常行为是企业文化的具体体现。银华公司注重引导和规范。

首先，要求各级党组织和管理人员掌握各自负责的情况，准确把握企业总体情况和职工具体情况。

其次，以先进典型引导群体行为。公司建立劳模培养制度，每年评选百名劳模。公司还常年开展"巾帼建功""百千万无疵""操作明星"等竞赛。

再次，抓住学习不放松。公司按照学习型组织的要求改造企业。坚持政治学习，每月两次。公司年年都有职工培训规划，月、季有落实，"操作技术培训""成本核算培训"等贯穿全年始终，形式多样，特色鲜明。

四、投入到位

银华公司总经理认为，企业文化建设之所以叫做"一把手"工程，是因为它同经济工作一样，投入是关键，没有投入就没有产出。投入包括人、财、物。公司虽然近几年大幅精减非生产人员，但政工线的力量没有削弱，相反还得到了加强。

公司有从事文化建设的职能部门和人员，分厂有专职总支、支部副书记、分工会主席、政工干事，各司其职、各负其责，党政工团齐抓共管。

银华公司始终坚持按比例投入企业文化建设。仅"九五"期间，公司就投资450余万元，先后实施"厂门形象工程""生产区绿化工程""生活区亮化美化工程""锅炉脱硫除尘工程"等项目。厂大门内外宽敞整洁、气势宏伟，蓝底白字的企业精神、质量方针、质量承诺牌醒目矗立，宣传橱窗色彩艳丽，几十块阅报栏放置着最新的报纸供人阅读，黑板报写着各班职工奖惩及当月的产量和质量数据。入夜，生活区、职工活动中心、图书阅览室霓虹灯闪烁，一片通明，形成了独具银华特色的企业文化氛围。

案例讨论：
1. 银华公司是怎样认识到企业文化的作用的？
2. 银华公司在企业文化建设上做了哪些工作？
3. 怎样认识企业文化的本质和作用？

案例2 海尔的崛起

海尔集团是在1984年引进德国利勃海尔电冰箱生产技术成立的青岛电冰箱总厂基础上发展起来的国家特大型企业。经过15年的时间，海尔集团从一个亏损147万元的集体小厂迅速成长为拥有白色家电、黑色家电和米色家电的中国家电第一品牌，到1999年海尔产品包括58大门类9 200多个品种，企业销售收入以平均每年81.6%的速度高速、持续、稳定增长，1999年集团工业销售收入实现215亿元。1997年8月，海尔被国家经贸委确定为中国六家首批技术创新试点企业之一，重点扶持冲击世界500强。而长期成功的企业文化建设，对海尔的崛起有着举足轻重的作用。以下就是海尔文化的具体体现。

一、美国海尔人：当日的工作决不往后拖

1999年7月中旬，美国洛杉矶地区的气温高达40 ℃，连路上也少有人在这么热的天气里走动。一次，因运输公司驾驶员的原因，运往洛杉矶的洗衣机零部件多放了一箱，这件事

本来不影响工作，找机会调回来即可，但美国海尔贸易有限公司零部件经理丹先生不这么认为，他说：当天的日清中就定下了要调回来的内容，哪能把当日该完成的工作往后拖呢？于是丹先生冒着酷暑把这箱零部件及时调换了回来。

二、金昌顺现在工作为何这么"顺"

金昌顺经过培训上岗，干起了冰箱总装焊接工，他的梦想是想当"海尔焊接大王"。光想当不行，更要平日好好练。怎么个练法？因为心急，刚开始金昌顺就碰了"钉子"，在一次焊接比赛中成绩不理想，便一度产生了消沉情绪。他的师傅发现这种现象后，便开导他说：任何能力的提高都有一个过程，不要心急，工作效果如果日事日毕，日清日高，每天提高1%，长期坚持下来，就会有几何级数的提高。师傅的话深深触动了金昌顺。此后，他苦练基本功，工余时间寻来些废旧的切割管子，天天晚上进行练习。同事们说："发现废旧管子就给小金，他的这种拼劲真让人佩服！"金昌顺焊接技术天天有提高，他终于实现了自己的梦想，在1998年冰箱事业部举行的焊接比武中，金昌顺连续三次成为"焊接明星"，并受到公司的嘉奖。

三、这位员工的上级应负什么责任

1995年7月的一天，原洗衣机有限总公司公布了一则处理决定：某质检员由于责任心不强，造成洗衣机选择开关差错和漏检，被罚款50元。这名员工作为最基层的普通员工承担了他所应该承担的工作责任，但是，从这位员工身上所反映出的质保体系上存在问题——如何防止漏检的不合格品流入市场，这一责任也应该像处理这位员工这样落到实处，找到责任人。问题的背后，实际还存在着更大的隐患，毕竟当时的洗衣机有限总公司的产品开箱合格率和返修率与第一名牌的要求还有很大的差距，这一切绝不是这位员工一个人造成的，体系上的漏洞使这位员工的偶然行为变成了"必然"。既然如此，掌握全局的干部更应该承担责任在前，先检查系统保障的问题，才能使错误越来越少。根据80/20原则，这名员工的上级——原洗衣机有限总公司分管质量的负责人也自罚300元并做出了书面检查。

案例讨论：

请从企业文化角度分析海尔崛起的原因。

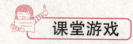
课堂游戏

巨人脚步

1. 游戏目的

使学生明白企业的口号越简单越好。

2. 游戏程序

（1）所有的学员分成若干组。

（2）不同的小组设计自己的行动口号并进行行走。

（3）选择观察员对各小组的统一性、一致性程度进行评分。

（4）分析为什么某小组会获得第一名。

3. 游戏总结

小组成功的秘诀除了一个好的领导和团队成员的协作一致外，还有一个十分重要的因素就是有一个简单响亮的口号。有的小组的口号是"1，2，1，2"，有很多小组的口号是"左，右，左，右"。

在这里，数字要更简单，喊起来容易上口。

由此想到作为企业战略设计的一部分，企业的识别、战略都要用简单的方式表达出来，这就是"口号"了。

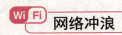

查找一个企业网站，通过该网站了解企业组织文化依据的价值观和规范是什么？它是如何影响企业员工的行为的？

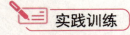

企业文化建设调查

1. 实训目标

强化学生对企业文化的认识。

2. 实训内容

以5~8人为一组组建模拟公司，并为公司设计组织文化，编写一份组织文化建设方案。

3. 实训要求

按照组织文化建设的原则和步骤，认真编写模拟公司组织文化建设方案。

项目三
社会责任与管理道德

任务 5
社会责任

> 履行社会责任不应该被企业视为额外的营运成本,相反,履行社会责任有助于提升企业的正面形象,同时促进社会稳定繁荣,对企业的可持续发展产生重大的利益。
> ——李东生
>
> 企业履行社会责任,一定要发自内心,要有纯洁的动机。如果动机不纯洁,带来的往往不是赞扬,而是批评。纯洁的动机要发自内心,超越外界的赞扬和批评,真正体现公益的精神和企业的责任。
> ——潘石屹

任务简介

20世纪80年代以来,跨国公司因受到"赚取工人血汗钱"的谴责,社会责任问题开始在各国被提起,到90年代中期逐步形成了社会责任运动。社会责任运动要求企业在追求利润最大化的同时,应该承担社会责任。

本任务主要介绍了企业社会责任的含义和内涵、社会责任与利润最大化的关系、企业社会责任的具体表现、影响组织承担社会责任的因素、社会责任与企业发展。通过此任务的学习,理解并掌握企业社会责任的含义、基本观点,认识企业应如何承担社会责任,增强对社会责任感的认识,为今后从事企业的管理打下良好的基础。

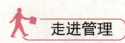

走进管理

联想:责任员工、责任产品和创新公益

联想集团五年前就开始发布企业社会责任报告,是最早一批关注企业社会责任的中国企业,迄今为止发布了五份企业社会责任报告。据联想集团企业社会责任部高级经理傅琳介绍,公司在企业社会责任领域希望突出三个优势:一是责任员工,二是责任产品,三是创新公益。所谓责任员工即通过负责任的员工来呈现负责任的企业。在联想中国,成立了以联想集团高级副总裁、中国区总裁陈旭东为会长的志愿者协会,联想集团副总裁、中国区首席市场官魏江雷为协会副会长,目前协会有3 000多名注册会员,约占联想中国员工总数的

30%。面对所有志愿者，联想中国制定了"公益8小时"的人力资源政策，即每一位志愿者每一年可以用8小时工作时间从事公益奉献。联想中国还实施了高管引领志愿行动，过去一年内通过8名高管带动数百名员工从事公益行动。

责任产品是指公司要提供更环境友好的产品，关注产品的整个生命周期管理，并探索利用产品帮助解决社会问题。绿色产品方面，联想所有产品组线均参加能源之星项目。2011/12财年，95%的笔记本电脑、50%的台式电脑、95%的工作站、95%的显示器均符合能源之星的节能要求，联想ThinkCentre和IdeaCentre全线产品通过能源之星认证。联想还要求电脑在更新换代时，能效至少提高5%。联想在产品、包装的设计及生产中优先选择再生材料和可再生材料，2005年5月至2011年6月，联想使用消费后再生材料和工业用后再生材料中的塑料共占39%，包装材料可回收率达100%，从而减少二氧化碳排放约21 319吨。与此同时，联想控制产品生命周期的环境影响，加大对可再利用产品和配件的回收，尽可能地延长产品的使用寿命。同时，自2008年12月，联想在中国大陆地区全面推出资产回收服务，自2005年以来，联想指定第三方认证工厂已回收废旧电子产品40 823吨。

联想的创新公益主要体现在2007年由它在中国率先推出的公益创投。2007年，中国有经民政部门登记注册的社会组织数量达40万家，没有登记注册的则多达100万家以上。联想注意到项目资金不足、专业人才匮乏、人才吸收与培养机制缺乏等一系列问题制约着中国公益事业的健康发展，因此，提出了公益创投的理念，公司决定在5年内投资约1 000万资金和授人以渔的方式来帮助经过严格挑战的公益组织。当然，对于这些组织而言，资金只是联想提供的很小的一部分资源，联想还会利用自己的营销能力、外部专家资源和内部的志愿者团队等来帮助这些公益组织。联想的公益创投大概可分为三个阶段：第一阶段是2007至2008年，公司在国内率先将企业优势与公益组织充分分享，为近30家公益组织提供定制化的能力建设和志愿服务支持，以及首期总计300万的创业支持资金。第二阶段是2009至2010年，面对金融危机带来的青年就业压力，联想发起了青年公益创业计划，支持青年人在公益领域创业和就业。活动走进了全国120多所重点高校，吸引近3万支团队参与，选拔和支持了20支优秀团队。虽然大学生创业成功概率不高，但公益创业更大的意义在于将公益的种子植根在大学生群体的脑海中，待时机成熟他们会为之做出更大贡献。第三个阶段是2011年至2012年，把微博作为主活动平台，提出和普及微公益的理念，让更多人参与公益事业。最终，该活动获得了41 000份微公益的计划书，共17个组织脱颖而出，得到联想的资金和资源支持。除了甄选出了优秀的公益团队之外，活动向公众传播"微公益"的理念并引发公众参与也是联想非常看重的价值。这个活动到达的受众达7 200万，有1 200万次的网络播放、231篇媒体报道、33位社会名人推荐，留下了24万条真情感言。

"六为"是联想的社会责任实践模型，即"为客户、为伙伴、为投资者、为员工、为环境和为社会"。在"为社会"这一项上，联想以前聚焦在五个领域，即公益创投、缩小数字鸿沟、贡献教育事业、环境保护和支持扶贫赈灾。在下一个五年计划中，联想想将"中国文化"也作为主题之一，考虑到联想是一家诞生于中国的跨国公司，希望能借助联想这个平台保护和传播中国文化。联想已经做好了企业社会责任下一个五年计划，希望将企业社会责任与联想的"do"（行动）文化和核心业务相结合。公益创投也将定位于寻找和培养中国最优秀的公益组织，而不像之前的通过海选，从草根中挑选组织。中国的社会公益事业与五年前相比已经进入快速成长期，因此接下来，联想应当与领导型的公益组织进行合作，并充分发挥公司在ICT领域（ICT是指信息通信技术）的专业优势。

一、企业社会责任的含义

企业是营利性组织，企业要生存和发展，必须考虑自身利益；但另一方面，企业的经营活动不能损害公众利益和周围环境。这样，才能确保企业利益的增加有助于社会福利的扩大。实现企业和社会共同而持久的和谐发展，这是企业社会责任的思想基础。

有关企业社会责任的概念存在不同的观点，鲍尔认为，企业社会责任是企业行为对社会的影响；凯恩·戴维斯认为，社会责任就是在谋求企业利益的同时，对保护和增加整个社会福利方面所承担的义务；百度百科的定义为：企业社会责任是指企业在创造利润、对股东承担法律责任的同时，还要承担对员工、消费者、社区和环境的责任。企业的社会责任要求企业必须超越把利润作为唯一目标的传统理念，强调要在生产过程中对人的价值的关注，强调对消费者、对环境、对社会的贡献。

在此，我们认为，企业的社会责任是对企业经营行为的道德约束，指企业要承担对员工、消费者、社区和环境的社会责任。也就是说，企业除了要为股东创造利润和资产增值外，还必须考虑利益相关者的利益，具体包括遵守商业道德、保护环境、捐助社会公益和慈善事业等。企业社会责任的底线是企业的法律责任，即遵守国家的各项法律，而对社区、环境保护以及社会公益事业的支持的捐助则是在法律底线之上的更高要求。

管理小知识：企业社会责任的十大原则是什么

1）企业应在其所能影响的范围内支持并尊重对国际社会做出的维护人权的宣言。
2）不袒护侵犯人权的行为、劳动。
3）有效保证组建工会的自由与团体交涉的权利。
4）消除任何形式的强制劳动。
5）切实有效地废除童工。
6）杜绝在用工与职业方面的差别歧视。
7）企业应对环保问题未雨绸缪。
8）主动承担环境保护责任。
9）推进环保技术的开发与普及。
10）积极采取措施反对强取和贿赂等任何形式的腐败行为。

二、企业社会责任的内涵

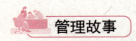
管理故事

传承"幸福理念"中粮福临门落实社会责任

作为国内食用油行业的顶尖品牌之一，中粮福临门在不断提供高品质产品满足公众健康需求的同时，更是承担起了更多改善民生的社会责任，在诸多公益事业和民生工程上，都不乏中粮福临门的身影。

2011年7月，与深粮集团联手打造"惠民油"就是福临门践行社会责任的标志性事件之一。中粮福临门与深粮集团深度合作推出惠民油计划，扩大生产线、加大供应力度，以低于市场的价格提供给深圳的低收入家庭。这一计划，不仅使深圳的1.2万余低保人员受惠，从实质上帮助低收入者家庭，着力保障和改善民生，更是在构建和谐社会的大趋势下，传递幸福理念，充分诠释了一个央企的责任。

据悉，福临门自1993年诞生至今，始终将履行社会责任作为企业使命之一。从"送千名贫困学子回家幸福过年"大型公益活动到中国人幸福指数调查；从援助遵义洪涝灾区到海南台风受灾群众的捐赠；从联合妇联倡导低碳家庭、每月素食一天的环保理念到参加中国儿童少年基金会爱心1+1行动，福临门通过积极的公益行动践行"品质安全幸福临门"的理念，已经成为国人家喻户晓的品牌。

1. 从责任的类型来看，企业承担的社会责任包括经济、法律、道德和慈善四种类型

（1）经济责任，是指企业生产、盈利、满足消费需求的责任。其核心是企业创造利润、实现价值的能力。它要求企业要不断地创造财富，实现销售收入的增加和成本的下降。经济责任是其他社会责任的基础。因为企业首先是经济组织，它的首要任务就是通过提供产品和服务来满足社会的需求。如果企业不能创造财富，那么它就无法实现股东财富的增长，也无法解决社会就业和税收。

（2）法律责任，是指公司履行法律法规所规定的各项义务的责任。它要求企业合法经营，遵纪守法，按章纳税，履行合同义务。法律责任是企业承担社会责任的底线。超越了这个底线，任何企业最终都要为之付出代价。因此，企业管理者要有足够的法律意识。

（3）道德责任，是指企业在生产经营活动中自觉履行伦理准则和道德规范。企业道德责任是较高层次的社会责任，分为内、外两个方面：从企业内部来讲，主要包括善待员工，关注职工生命安全和身体健康，改善工作环境，保障职工合法权益，注重职工事业成长，让职工分享企业发展的成果；从企业外部来讲，包括遵守商业道德、平等交易、诚实守信以及尊重自然、保护环境、节约资源能源等。

（4）慈善责任，是在企业社会责任体系中居于最高层次，是企业主观意识到的自主自愿承担的责任，它不具有强制性特征。企业承担社会慈善责任，符合社会的倡导与公众的期望，但其对慈善责任的承担是有限度的，即企业承担社会慈善责任应与自身的承受能力和企业自身的正常生产以及可持续发展相适应，应量力而行。捐赠是其最主要的表现形式，受捐赠的对象

主要有社会福利院、医疗服务机构、教育事业、贫困地区、特殊困难人群等。此外，还包括招聘残疾人、生活困难的人、缺乏就业竞争力的人到企业工作以及举办与公司营业范围有关的各种公益性的社会教育宣传活动等。如联想的"公益创投"、腾讯的"新乡村建设"等。

2. 从企业的利益相关者来看，企业的社会责任内涵体现在以下几个方面

（1）对消费者的责任。所谓消费者，是指为生活消费需要购买、使用商品或者接受服务的公民个人和单位。公司的价值和利润能否实现，很大程度上取决于消费者的选择。"水能载舟，亦能覆舟"，例如，三聚氰胺问题导致了三鹿公司像泰坦尼克号一样沉沦。"瘦肉精"问题使双汇公司处于风口浪尖之上。因此，为了实现企业的利润和价值、为了增进消费者利益，企业必须真诚地向消费者承担社会责任。其具体表现为：确保产品货真价实，保障消费安全；诚实守信，提供正确的商品信息，确保消费者的知情权；提供完善的售后服务，及时为消费者排忧解难。

（2）对供应商与合作者的责任。恪守信誉，严格执行合同；反对市场霸权，提供公平交易机会，获取合理利润；通过定期的沟通和交流提高双方的配合程度等。

（3）对政府与社区的责任。执行国家法令和法规；照章纳税；提供就业机会；支持政府组织的社会公益事业、福利事业和慈善事业；关心社区的建设，协调好自身与社区内各方面的关系，实现企业与社区的和谐发展、共同发展。

（4）对行业间的责任。遵守公认的行业道德和职业道德；不假冒他人的商标，也不使用相近的名称、包装、装潢；在交易中不恶意损害对手形象；不以低于成本价格进行恶性竞争；不搞垄断性经营等。

（5）对股东的责任。向股东提供真实、全面的经营和投资方面的信息；提高投资收益率；提高市场占有率；促进股票升值；合理划分管理人员和员工的报酬；有效控制管理费用等。

（6）对员工的责任。企业和员工之间是契约关系，除了相互间有支付报酬和付出劳动的法律关系以外，企业还要承担起为员工提供安全工作环境、职业教育等保障员工利益的责任。企业对员工承担社会责任具体有：一是按时足额发放劳动报酬，并根据社会发展逐步提高工资水平；二是提供安全健康的工作环境，加强劳动保护，实现安全生产，积极预防职业病；三是建立公司职工的职业教育和岗位培训制度，不断提高职工的素质和能力；四是完善工会、职工董事和职工监事制度，培育良好的企业文化。

（7）对社会与社区的责任。救济无家可归的人员；安置残疾人员就业；资助失学儿童；支持落后地区发展经济；帮助孤老寡人；支持社区环境保护和公益事业，为社区提供慈善捐赠等。

（8）对环境和资源的责任。企业对环境和资源的社会责任可以概括为两大方面：一是承担可持续发展与节约资源的责任；二是承担保护环境和维护自然和谐的责任。环境保护是关系到所有人利益的事业，是关系到全人类可持续发展的大事，全人类都在为此付诸努力。企业要深入学习实践科学发展观，坚持走新型工业化道路，建设资源节约型、环境友好型企业，使企业的生产经营与自然生态系统和谐统一，以最小的环境代价换取企业的长久发展的条件。

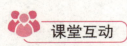
课堂互动

你能列举出企业承担社会责任的具体事例吗？

三、社会责任与利润最大化的关系

管理的责任不仅仅是追求企业利润最大化，而且要增进社会福利，因而企业要承担相应的社会责任。把追求利润最大化与应承担的社会责任结合起来，在承担社会责任的基础上实现企业利润，具体关系表现在以下几点。

1. 承担社会责任与企业利润最大化并不矛盾

西方早期的管理思想和管理著作就提出过在企业提倡利润最大化的同时也应考虑企业应该肩负的社会责任。随着经济社会的发展，人们越来越多地考虑企业与社会的协调、经济效益与社会效益的协调。企业与社会的和谐共生，能为企业带来更多、更持久的利润。

2. 企业责任和企业追求利润最大化是相互促进的

企业在履行其社会责任的过程中，虽然会增加企业的经营成本，但是，如果企业充分地履行了社会责任，就会得到社会公众的认可，社会公众就会购买其产品，这样就有利于企业利润最大化目标的实现。企业实现其利润最大化目标后，也会有更多的精力、更大的能力去履行其社会责任。反过来，如果企业没有能够履行其社会责任，就不会得到社会组织和公众的认可，其产品也不会有很好的销路，这样的公司生命不会长久。

3. 企业承担社会责任是大势所趋

当前中国政府正在倡导树立科学发展观和建设和谐社会，对地方政府的考核也不再简单地以 GDP 和招商引资等指标为主，而是提出了绿色 GDP 的概念。这正是企业社会责任的一个重要部分。企业作为社会基本组成部分的经济组织，应该有强烈的责任意识，将社会责任提升到与企业经济效益相当的高度，不仅仅要关注为股东创造价值，而且还要考虑为政府、社会和员工创造和谐氛围，并且在动态中不断去寻找经济效益和社会效益的均衡。也只有如此，企业才能在和谐社会的大环境中走得更远。

中国企业履行社会责任不仅需要企业自觉认识到社会责任的重要意义，而且需要政府及相关监管部门能够在规则制定上创造能够引导企业履行社会责任的社会氛围，为整个社会的和谐发展作出积极贡献。

四、企业社会责任的具体表现

1. 承担明礼诚信确保产品货真价实的责任

由于种种原因造成的诚信缺失正在破坏着社会主义市场经济的正常运营，由于企业的不守信，造成假冒商品随时可见，消费者因此而造成的福利损失每年在 2 500 亿～2 700 亿元，占 GDP 比重的 3%～3.5%。很多企业因商品造假的干扰和打假难度过大，导致难以为继，岌岌可危。为了维护市场的秩序，保障人民群众的利益，企业必须承担起明礼诚信确保产品货真价实的社会责任。

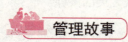
管理故事

强生泰诺事件

1986 年，美国强生公司的止痛药泰诺在市场上颇受欢迎。但一个丧心病狂的人选中了它，对泰诺投毒，导致消费者食用后死亡。

事发后，强生公司立即召回所有的泰诺产品。经过调查，强生发现这是一起投毒事件。尽管问题并不出在强生身上，但是强生将所有召回的产品进行销毁并且改变了产品的包装形式，立即重返市场。强生采取这种激进行为是为了确保其消费者的安全。

故事启示：泰诺事件的危机处理是考验企业文化的重要时刻，企业必须承担起对社会及公民的责任。

2. 承担科学发展与交纳税款的责任

企业的任务是发展和赢利，并担负着增加税收和国家发展的使命。企业必须承担起发展的责任，搞好经济发展，要以发展为中心，以发展为前提，不断扩大企业规模，扩大纳税份额，完成纳税任务，为国家发展作出贡献。但是这个发展观必须是科学的，任何企业都不能只顾眼前，不顾长远；也不能只顾局部，不顾全局；更不能只顾自身，而不顾友邻。所以无论哪个企业，都要高度重视在"五个统筹"的科学发展观指导下的发展。

3. 承担可持续发展与节约资源的责任

中国是一个人均资源特别紧缺的国家，企业的发展一定要与节约资源相适应。企业不能顾此失彼，不顾全局。作为企业家，一定要站在全局立场上，坚持可持续发展，高度关注节约资源。并要下决心改变经济增长方式，发展循环经济，调整产业结构。尤其要响应中央号召，实施"走出去"的战略，用好两种资源和两个市场，以保证经济的运行安全。这样，我们的发展才能持续，再翻两番的目标才能实现。

4. 承担保护环境和维护自然和谐的责任

随着全球和我国的经济发展，环境日益恶化，特别是大气、水、海洋的污染日益严重。野生动植物的生存面临危机，森林与矿产过度开采，给人类的生存和发展带来了很大威胁，环境问题成了制约经济发展的瓶颈。为了人类的生存和经济持续发展，企业一定要担当起保护环境、维护自然和谐的重任。

5. 承担公共产品与文化建设的责任

医疗卫生、公共教育与文化建设，对一个国家的发展极为重要。特别是公共教育，对一个国家的摆脱贫困、走向富强就更具有不可低估的作用。医疗卫生工作不仅影响全民族的身体健康，也影响社会劳力资源的供应。文化建设则可以通过休闲娱乐来陶冶人的情操，提高人的素质。我们的国家，由于前一个时期对这些方面投入较少、欠债较多，存在的问题比较严重。而公共产品和文化事业的发展固然是国家的责任，但在国家对这些方面扶植困难、财力不足的情况下，企业应当分出一些财力和精力担当起发展医疗卫生、教育和文化建设的责任。

6. 承担扶贫济困和发展慈善事业的责任

虽然我们的经济取得了巨大发展，但是作为一个有13多亿人口的大国还存在很多困难。特别是农村的困难就更为繁重，还有一些穷人需要扶贫济困。这些责任固然需要政府去努力，但也需要企业为国分忧，参与社会的扶贫济困。为了社会的发展，也是为了企业自身的发展，我们的广大企业，更应该重视扶贫济困，更好地承担起扶贫济困的责任。

7. 承担保护职工健康和确保职工待遇的责任

人力资源是社会的宝贵财富，也是企业发展的支撑力量。保障企业职工的生命健康和确保职工的工作与收入待遇，这不仅关系到企业的持续健康发展，而且也关系到社会的发展与稳定。为了应对国际上对企业社会责任标准的要求，也为了使中央关于"以人为本"和构建和谐社会的目标落到实处，我们的企业必须承担起保护职工生命健康和确保工资待遇的责任。作为企业要坚决遵纪守法，爱护企业的员工，搞好劳动保护，不断提高工人的工资水平并保证按时发放。企业要多与员工沟通，多为员工着想。

8. 承担发展科技和创自主知识产权的责任

当前，就总的情况看，我国企业的经济效益是较差的，资源投入产出率也十分低。为解决效益低下问题，必须要重视科技创新。通过科技创新，降低煤、电、油、运的消耗，进一步提高企业效益。改革开放以来，我国为了尽快改变技术落后状况，实行了拿来主义，使经济发展走了捷径。但时至今日，我们的引进风依然越刮越大，越刮越严重，很多工厂几乎都成了外国生产线的博览会，而对引进技术的消化吸收却没有引起注意。因此，企业要高度重视对引进技术的消化吸收和科技研发，加大资金与人员的投入，努力做到创新以企业为主体。

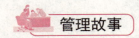
管理故事

2013中国企业社会责任公益案例卓越奖

2013年12月5日，由《公益时报》主办的2013中国企业社会责任优秀案例卓越奖发布仪式在北京举行。上海华信的"萤光支教"乡村教师培训公益项目、搜狐焦点公益基金的"温暖同行·温暖童心"、百胜中国的"捐一元·献爱心·送营养"等20个项目荣获中国企业社会责任卓越奖，TNT中国的"TNT校车安全驾驶橙色训练营"等20个项目被评为中国企业社会责任优秀奖。

一家具备战略眼光的公司，往往能够将自己与社会中的重大事件或公众关注的焦点相联系，选择开展合适的社会事业，推进社会环境的进步，同时彰显企业肩负的社会责任。《公益时报》对500个公益项目的分析和研究表明，企业优秀的公益项目将起到推动公益事业发展和促进企业增长业绩的双重效果。

在成功举办两届"企业社会责任优秀案例"活动的基础上，2013年《公益时报》将活动升级为"中国企业社会责任公益案例卓越奖"，联合中国社会工作协会企业公民委员会、北京师范大学社会与公益案例研究中心、银则企业管理咨询（上海）有限公司等机构共同发起征集活动，并对相关案例进行了专业的研究与分析。

活动得到了众多企业的大力配合和支持，其中不乏宝马、三星、百胜、可口可乐等世界500强企业的参与。通过企业案例报名征集——案例初选、复选入围——获奖案例分享等环节，共推选出40个获奖案例。这些案例表明越来越多的企业开始结合自身资源和渠道优势，将履行企业社会责任融入日常运转，活跃在扶贫助困、关爱儿童、关心教育、赈灾重建等领域，用专业的力量推动中国公益慈善事业的发展，体现出我国企业社会责任的发展方向与趋势。

2012年7月启动的上海华信公益基金会"萤光支教"乡村教师培训公益项目，通过发挥上海市优秀教育资源优势，为甘肃省58个省级贫困县乡村中小学教师提供培训和师资支持。"网一起""陇上行""上海行""青年志愿者支教"四大板块构成了国内在西部规模最大、最系统的乡村教师公益培训项目。

搜狐焦点公益基金的"温暖童心——孤贫先心病儿童医疗救助"项目自2012年4月启动以来,截至目前,已经批准救助了362名贫困先心患儿(2012年109名,2013年253名),累计投入近千万元。

百盛餐饮集团(中国)有限公司"捐一元·献爱心·送营养"公益项目自2008年在全国启动以来,每年通过2周左右的时间,利用百胜集团旗下遍及全国的肯德基、必胜客、必胜宅急送和东方既白餐厅向社会劝募,号召消费者捐一元钱,给贫困山区的孩子提供营养加餐!项目开展六年来全国有28 000多名志愿者先后参与项目,超过6 112万消费者参与捐款,累积捐款额超过9 000万元,其中百胜及员工捐款近1 700万元。

五、影响组织承担社会责任的因素

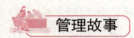 管理故事

万通地产打造中国首个绿色社区标准指标体系

2004年3月28日,万通地产集团感恩日活动在北京举行。活动首次展示了万通地产自创业至今十余年中所做的公益活动。其间举行隆重仪式与著名环保组织"地球村"结成公益战略合作联盟,以致力于打造中国首个"绿色社区标准指标体系",以升华万通地产的企业价值与社会责任。

万达集团的
社会责任

故事启示:社会责任成为构成企业竞争力的重要元素。通过此次行动,充分展现了万通公司的社会责任与其投身公益活动的积极性,这在无形之中提升了万通地产的品牌竞争力。

组织对社会责任的态度是受到各种因素影响和干扰的,有些因素是促进性的,它增强了组织对社会责任承担的意愿;而有些因素则具有一定的消极性,它会削弱组织在这方面的意向。

1. 促使组织积极承担社会责任的主要因素

除个人的信仰、伦理观以及价值观外,能促使组织积极承担社会责任的因素主要有以下几种。

(1) 公众形象。承担社会责任的良好行为有助于组织在公众中形成良好的口碑,公众心目中的良好形象对组织的好处是多方面的。在企业,如使销售额上升、雇用到更多更好的员工、更容易筹集到资金等。

(2) 长期利润。良好的社区关系和负责行为能为组织赢来更稳固的长期利润。

(3) 组织系统。社会责任的履行能为组织增添吸引力,从而留住优秀雇员,形成良好的组织氛围。

(4) 规范行为。社会责任中的道德规则能有效地约束组织的日常行为,从而尽可能地避免对非法的和不道德手段的采用等。

2. 阻碍组织承担社会责任的主要因素

也有很多消极的因素，阻碍组织承担社会责任。

（1）股东权益。社会公益性举措会削减股东们的既得利润，若按照"信托人"观点，这体现了管理当局对股东的不负责任。

（2）行为衡量。组织的社会行为效果通常难以用确切的指标进行度量。

（3）成本问题。许多社会责任活动是不能自负盈亏的，这就导致组织最终会以提价的方式将成本转嫁给消费者。

（4）权力过大。组织本身就已具有在经济领域内的充足权力，若再涉足社会领域，处理社会问题、追逐社会目标，那么组织所拥有的权力就会产生过度膨胀等现象。

六、社会责任与企业发展

在我国，社会主义市场经济取向的改革，使中国经济有了长足的发展，然而随之而来的是出现了一系列新的问题，例如，贫富差距拉大，资源浪费，环境污染，有的企业员工工作生活环境较差，员工待遇不好，还存在着使用童工的问题，甚至在国际贸易中也产生了一系列的摩擦。在这样的背景下，社会期望我国的企业能够承担起更多的社会责任。

通过与发达国家企业的比较，我们应当辩证地、全面地看待我国企业的社会责任的状况。发达国家企业只是当它发展到了一定程度以后，才更多地担负起了自己的社会责任，而中国企业在经历了较短的发展过程以后，就碰到了必须担负起企业的社会责任的问题。相对于发达国家，中国企业明显处于不平等的地位。当然，我们这样讨论问题，并不是说中国企业就不应当承担社会责任，相反，由于形势所迫，中国企业必须承担起自己的社会责任。

为了既能承担企业的社会责任，又能促进企业发展，中国企业在承担社会责任时必须把握好以下两点。

1. 承担社会责任并非消极的只是一种负担，只要把握和利用得好，完全可以转化为一种企业发展的机会

把问题转化为机会是企业管理的精髓所在。彼得·德鲁克指出，把社会问题转化为企业发展的机会可能不在于新技术、新产品、新服务，而在于社会问题的解决，即社会创新。这种社会创新直接或间接地使公司或企业得到利益和发展。以上讲的是直接的市场机会。除了直接的市场机会之外，一个长期奉公守法、善待社会、勇于承担社会责任的企业还可以提升自己的形象，增加无形资产。这则有利于企业的长远发展。

把问题转化为机会，是企业家的职能所在，相信企业家一定会在必须承担社会责任的这一新的约束条件下，在把问题转化为机会上大显身手。

2. 必须牢牢把握搞好自己的企业是企业最基本的社会责任的底线

企业在承担社会责任时，要预防走向另外一个极端：过分地追求社会声誉，甚至好大喜功，承担了与自己的企业产业发展方向不协调、承载能力不协调的过多的社会责任。有必要再重复一下彼得·德鲁克的名言：企业首先是做得好，然后是做好事。

就政府一方面而言，如果想真正地发展经济，就既不能把本当属于政府职能范围内的事情推向企业，更要引导社会，不能把发展好的企业当做"唐僧肉"，最终吃垮了企业。如果真是这样，那就是政府和社会的不负责任。

问题思考

1. 企业社会责任角色有几种？你对此持什么观点，为什么？
2. 你认为企业应当承担哪些社会责任？
3. 影响组织承担社会责任的因素有哪些？

技能训练

1. 单选题

（1）企业应当重视履行社会责任，切实做到经济效益与社会效益、短期利益与长远利益、自身发展与社会发展相互协调，实现（　　）、企业与社会、企业与环境的健康和谐发展。

A. 企业与消费者　　　　　　　　B. 企业与员工
C. 企业与政府　　　　　　　　　D. 企业与合作企业

（2）企业应当根据国家和行业相关产品质量的要求，从事生产经营活动，切实提高产品质量和服务水平，努力为社会提供优质安全健康的产品和服务，最大限度地满足消费者的需求，对（　　）负责，接受社会监督，承担社会责任。

A. 社会和公众　　　　　　　　　B. 政府与公众
C. 社会与政府　　　　　　　　　D. 公众与所有者

（3）企业应当按照国家有关环境保护与资源节约的规定，结合本企业实际情况，建立环境保护与资源节约制度，认真落实节能减排责任，积极开发和使用节能产品，发展（　　），降低污染物排放，提高资源综合利用效率。

A. 低能经济　　　　　　　　　　B. 高产经济
C. 循环经济　　　　　　　　　　D. 环保经济

（4）企业应当重视（　　），加大对环保工作的人力、物力、财力的投入和技术支持，不断改进工艺流程，降低能耗和污染物排放水平，实现清洁生产。

A. 土地保护　　　B. 保护空气　　　C. 水源保护　　　D. 生态保护

（5）下列各项中，不属于企业对员工承担的社会责任是（　　）。

A. 按时足额发放劳动报酬，并根据社会发展逐步提高工资水平
B. 提供安全健康的工作环境，加强劳动保护，实现安全生产，积极预防职业病
C. 完善工会、职工董事和职工监事制度，培育良好的企业文化
D. 诚实守信，不滥用公司品牌效应

2. 判断题

（1）定期和不定期培训员工是企业对员工的责任。（　　）

（2）如果一个企业仅仅履行了经济上和法律上的义务，就意味着该企业履行了它的社会责任或达到了法律上的最低要求。（　　）

（3）企业应当重视履行社会责任，切实做到经济效益与社会效益、短期利益与长远利益、自身发展与社会发展相互协调，实现企业与员工、企业与社会、企业与环境的健康和谐

发展。（   ）

（4）企业应当重视国家产业结构相关政策，特别关注产业结构调整的发展要求，加快高新技术开发和传统产业改造，切实转变发展方式，实现高投入、低消耗、低排放和高效率。（   ）

（5）企业应当重视资源节约和资源保护，着力开发利用可再生资源，防止对不可再生资源进行掠夺性或毁灭性开发。（   ）

案例讨论

案例1 三鹿集团"三聚氰胺重大食品安全事故"

2007年以来，三鹿集团的奶源中被加入大量的化工产品三聚氰胺，并被生产成奶粉等奶制品销售到市场中，导致全国众多婴幼儿因食用含有三聚氰胺的奶粉引发泌尿系统疾病，多人死亡。

2008年8月1日，河北出入境检验检疫局检验检疫技术中心出具检测报告，确认三鹿集团送检的奶粉样品中含有三聚氰胺。但田文华等三鹿集团领导班子却未果断采取积极正确的应对措施，隐瞒真相，并继续销售部分含有三聚氰胺的产品。

2008年9月，经媒体曝光后，"三鹿事件"成为重大丑闻。随后三鹿集团宣告破产，田文华被以生产、销售伪劣产品罪判处无期徒刑。

案例讨论：
试分析三鹿集团破产的原因。

案例2 企业的社会责任

从金融危机到奶粉事件，从剑桥大学的演讲到出席联合国有关会议，温家宝总理常常强调一句话："企业要承担社会责任，企业家身上要流淌着道德的血液。"改革开放以来，随着中国经济的高速发展，企业在社会发展中的定位，已经跳出了单纯"经济人"的角色，而是扮演着日趋重要的"社会角色"。企业和企业家不仅是社会发展、社会财富创造的中坚力量，更应该是社会道德良心的倡导者、示范者。企业组织存在于社会结构之中，相对占据了较多的社会资源，而社会是企业的利益来源，两者相互影响、相互制约、休戚与共，社会发展环境好，企业才能顺利发展，才会兴旺发达。所以，任何一个有责任心的企业都应当承担历史赋予它的社会责任。如今，一个企业的社会责任不仅仅表现在捐资、做善事等方面，企业家无论是对自己的员工、消费者、社会弱势群体，还是对环境保护、资源节约等方面都应有整体的考量和强烈的社会责任感。否则，企业绝不可能持续发展。"三鹿奶粉""瘦肉精""达芬奇"等事件的深刻教训，我们要时刻铭记在心！社会责任作为一个热词，已经成为企业文化组成的重要部分，是新时期企业持续发展的重要动力，已成为评价企业优劣的核心标准。"责任成就卓越未来"已成为广大企业的共识。

案例讨论：
你是如何理解企业应承担社会责任的？

 **课堂游戏**

品牌的影响力

1. 游戏目的

揭示跨国公司在全球的影响力。

2. 游戏程序

游戏协助者每读出一件物品，各组组员尽量举出他们熟悉的品牌名称，例如，鞋子的牌子、牙膏的牌子、巧克力的牌子、饮品的牌子等。

3. 游戏讨论

从学生列举的品牌中讨论：

（1）这些跨国公司属于哪些国家？

（2）这些跨国公司的产品原产地在哪里？（可从商品的包装上找出，如没有，可讨论其他问题）

（3）这些跨国公司通常是否出产一种商品？

（4）它们是否以不同牌子去推销同一类商品？

（5）如果由少数跨国公司控制了大量同类食品/消费品的加工和销售，会有什么后果？

（6）消费者和生产者会受到什么影响？

（7）如何塑造我们的品牌？

（8）可以采取什么行动？

网络冲浪

通过浏览相关企业网站，了解该企业承担社会责任的具体表现有哪些？该企业承担社会责任给企业带来哪些方面的竞争优势？

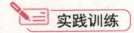 **实践训练**

制定社会责任方案

1. 实训目标

（1）增强对社会责任的感性认识。

（2）掌握社会责任的实施要领。

2. 实训内容

（1）根据下面的案例材料讨论社会责任的制定。

（2）在分析案例的基础上，运用创造性思维，完善社会责任目标。

3. 实训要求

（1）以所在班级或小组或模拟公司制定一个社会责任方案。

（2）各组将方案在班级进行交流，然后对各方案的完整性、科学性和规范性等进行评分。

4. 案例材料

1990年，德国通过了"回收"法律，要求汽车制造商对其产品的使用生命周期负责。因此宝马在设计汽车时，不仅设计集成系统，还设计拆装系统。例如，Amovy Lovins 洛基山脉研究所正在设计一种超级汽车，其引擎效果可提高 20 倍，采用轻型的组合和非常灵巧的发动机，并可全部回收再利用。

最令人羡慕的英国石油公司在环境责任方面的贡献可算得上是全英国首屈一指。例如，英国石油公司花费约 8 000 万美元为其设在苏格兰的一个企业添加环境保护设施，CEO 约翰·布朗尼说："这里不像美国，苏格兰没有任何条例的压力让我们做这些事，我们是自愿这样做的，因为我们在这儿也要生存。"

任务 6
管理道德

> 道德是世界上最伟大的，道德的光芒甚至比阳光还要灿烂。
> ——温家宝
>
> 最高的道德就是不断地为人服务，为人类的爱而工作。
> ——甘地

  任务简介

　　管理道德是表明一个组织在管理过程中遵循的基本价值和希望其成员遵守的行为准则的规范是否符合道德的要求。许多人都说，按照市场经济的法则，企业存在的目的就是要争取赢利最大化，而不顾及其他非经济的问题。实际上，在市场经济条件下，管理道德不但不是可有可无的东西，而且还是市场经济条件下企业运行所需的一种重要的新型资本形态，是一个企业精神财富和生命力所在。

　　本任务主要介绍了管理道德的含义、内容和特点；影响管理道德的内外因素以及加强管理道德的教育途径。通过此任务的学习，掌握管理道德的内涵，理解管理道德对企业发展的影响，能够正确树立企业的道德理念。

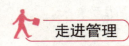 **走进管理**

让企业更多流淌道德的血液

　　康德曾说："世界上有两件东西能够深深地震撼人们的心灵，一件是我们心中崇高的道德准则；另一件是我们头顶上灿烂的星空。"

　　温家宝总理也曾在谈到企业要承担社会责任，企业家身上要流淌着道德的血液时说"道德的光芒甚至比阳光还要灿烂"。

　　党的十七届六中全会在明确提出建设社会主义文化强国宏伟目标之际，将深入推进社会主义核心价值体系建设，进一步弘扬良好思想道德风尚，公民素质明显提高作为文化改革发展奋斗目标的首位，而实现这一首要目标，在全社会树立和践行社会主义荣辱观，弘扬中华传统美德，引导人民增强道德判断力和道德荣誉感是题中应有之义。

　　企业是社会的重要成员，每一位企业职工也是公民中的一员，企业和企业家、企业员工道德水准的高低，也是一个社会道德水准高低的直接反映。

从这个角度上说，对道德的追求，是一个企业生存、发展、壮大必不可少的精神支撑，无论是国有企业还是民营企业，皆如此。

有道德、有文化的企业，知名度和美誉度高，客户不但多而且忠诚度高，企业实现盈利目标的可能性大，可持续经营的成长空间也大。相比来说，企业道德建设所消耗的成本如同"半斗米"，却能换来"一年粮"。

从这个层面说，道德已经不单单与"经济效益"并驾齐驱，而是左右"经济效益"能否长久的生产能量、发展潜力。"最好的设备如果没有良好的经营动机，出的问题可能更大。"英利集团董事长苗连生的认识可谓深刻。

从这一点而言，我们不能不向这样一家在思想道德文化建设上始终执着的民营企业投以关注的目光，并引发深入的思考。

有专家指出，当前一些企业见利忘义、丧失道德底线、损害公众利益的事件时有发生，由于一些人道德缺失、冷漠无情导致的人间惨剧也不少见。以提升员工道德水平、树立企业"以德治企"理念为主要内容的企业文化建设应融入企业战略系统中，企业到了把加强道德文化建设作为一项系统工程列入发展规划的时候。毕竟，企业道德文化建设不是单纯的投入产出关系，而是一项长期工程，需要一点点培养和积累。

而要保证道德文化活动正常有序地开展，使企业的价值观念为全体员工所接受，应设计有效的途径和方法，建立内部激励和约束机制，形成精神激励与物质激励双重作用。在英利，道德文化活动就排在员工每天的日程表里，评优活动也不间断地进行，员工们的道德素养就是在这些活动中不断强化并积淀下来的。

也有专家提醒要将道德建设标准化和人性化相融合。企业可以通过建立道德行为规范，促进职工养成文明的语言和行为习惯，通过深入广泛地宣传培训，使文字化的要求变为具体的、可视的言行规范。同时，要在沟通交流中摸清员工的所思所想，给他们以关怀和鼓励。

而要塑造和维护企业的道德价值观，企业领导者本身就要率先垂范。只有形成从企业领导到基层员工的共识，才能形成一个企业的文化底蕴与良好的道德氛围。

孔子说"德不孤，必有邻"，希望有更多的企业家认识到这一点，尽早行动起来。

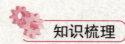
知识梳理

置身于社会之中的组织，其管理活动受到了社会规范的影响。如今，道德问题成了管理学中的热点问题。20世纪60年代以来，欧美经济发达国家出现了不少的社会问题，如环境污染、商业诈骗、侵犯消费者权益、员工歧视等。近年来，我国也接连不断发生"毒奶粉""瘦肉精""染色馒头""砒霜酱油"等恶性事件的曝光，引起了全社会的震荡。企业缺乏社会良知，不择手段的谋利行为遭到猛烈的抨击。它也迫使人们重新思考企业管理道德问题。

一、管理道德概述

管理道德作为一种特殊的职业道德，是从事管理工作的管理者的行为准则与规范的总和，是特殊的职业道德规范，是对管理者提出的道德要求，对管理者自身而言，可以说是管理者的立身之本、行为之基、发展之源；对企业而言，是对企业进行管理价值导向，是企业健康持续发展所需的一种重要资源，是企业提高经济效益、提升综合竞争力的源泉，可以说管理道德是管理者与企业的精神财富。

二、管理道德的内容

1. 组织管理目标的道德

任何管理都是组织的管理。但是，组织管理者的思想道德水平如何，又直接关系到管理水平的高低和管理目标的实现。因为组织者在制定管理目标时，不仅要考虑到管理目标的可行性，而且要考虑到管理目标的道德性，才能使管理目标成为有效的目标。组织管理者为了使其管理目标可行，或多或少地都要考虑它的目标的道德性。

社会主义生产的管理目标，是发展生产力，达到最佳的经济效益，与此相适应的道德目标是为了实现人民群众的共同富裕。

2. 实现组织管理目标的手段的道德

手段是为实现一定目的或目标而采取的一定的途径、方法、办法和策略的总和。任何组织管理目标的实现，都要通过一定的手段。至于采取什么样的手段，达到什么样的效果，则取决于组织管理者对手段的选择。而所选择的手段是否正当，即手段是否道德，会直接影响管理目标的实现。这要求一切组织管理者在为实现其管理目标而选择的所有手段，都必须是正当的，必须符合社会主义道德的要求。对一些组织管理者为达到其私利而采取不正当手段，如偷工减料、偷税漏税、走私贩私、制假造劣、哄抬物价、进行虚假广告宣传等不正当行为，必须给予严厉的打击和谴责。

3. 人际关系管理的道德

人际关系管理是社会管理的重要内容。一定社会的人际关系管理，除受社会性质决定之外，还受血缘、地缘、业缘等因素的影响，从而造成这种管理的复杂性和管理层次的多样性。知名猎头、烽火猎聘总经理认为，调整和协调不同的人际关系或同一种人际关系中的不同层次的人际关系，需要有不同层次的道德规范，即处理和协调邻里人际关系、老乡人际关系与处理和协调家庭人际关系、夫妻人际关系的道德规范是各不相同的。

特别是在社会主义市场经济的条件下，有的人滥用等价交换的原则，使人际交往中出现许多"关系网"现象，如"人情大于公章"的现象以及"杀熟"现象，即在经济交往中既"吃里"又"扒外"的现象，使人们感到信用危机、世风日下、道德滑坡。在这种情况下，如何规范人们的交往关系，使人们的人际关系沿着平等、和睦、协调和有序的健康方向发展，就成为管理道德建设中的一项重要内容。

4. 人事管理的道德

任何的组织管理，都是通过人来执行其管理职能，通过人的活动来实施的。因此，如何管理好人、如何用人，不仅要考虑人的知识、经验和能力，而且要考虑人的思想道德素质。中国自古以来一直流传着"人存政存，人亡政息"，"天下治乱，往往系于用人"的说法。这种说法虽然不是至理名言，但却包含着较为深刻的道理。

因此，在社会主义社会里，我们的用人制度，更应该重视德的要求，必须坚持德才兼备和知人善用的原则，反对"任人唯亲""以权谋私"的做法，使我们的人事管理科学化、规范化、道德化。

5. 财物管理的道德

物资钱财是实现组织管理目标的物质基础。没有物资钱财的组织根本不可能进行管理。但是，有了物资钱财的组织，也不一定能实现有效的管理目标，因为物资钱财总是要交给组织机构的人员去掌握和运用的。这时，财物管理人员的道德素质的高低与财物的道德风险就会成正比。如果管钱管物的人连"君子爱财，取之有道""非我之物勿用"等最起码的道德意识都没有，必然会利欲熏心，贪污挪用，化公为私，这就必然动摇或削弱组织管理的物质基础。

近年来，我国连续出现的许多特大的贪污案件以及贪污人员的低龄化（如"26岁现象"），都足以说明我国财物管理制度的薄弱和财物管理人员道德意识的缺失。因此，如何规范财物管理人员的行为，加强财物管理方面的道德建设和道德教育，也是管理道德的一项非常重要的内容。

三、管理道德的特点

1. 管理道德具有普遍性

管理道德是人们在参与管理活动中依据一定社会的道德原则和基本规范为指导而提升、概括出来的管理行为的规范，它适用于各个领域的管理。无论是行政管理、经济管理、企业管理、文化管理，还是单位、部门、家庭和邻里的人际关系管理，都应当遵守管理道德的原则和要求。

2. 管理道德具有特殊的非强制性

人类最初的管理，属于公权的、人人都可以平等参加的管理，没有强制性。与之相应的，调整管理行为的规范，即管理道德也没有强制性。正如恩格斯所指出的："酋长在氏族内部的权力，是父亲般的、纯粹道德性质的，他手里没有强制的手段。"人类社会进入阶级社会以后，管理被打上了阶级的烙印，具有阶级的性质和内容。它依靠国家或组织的权力实行管理活动，具有强制的性质。但是，与此相适应的管理道德并没有改变其非强制的性质。不过，管理道德在内容上侧重于调整和约束组织管理者的管理行为，在社会作用上则侧重于依靠被管理者的舆论影响管理者的行为，从而调整管理者与被管理者之间的关系，使其具有特殊性。

3. 管理道德具有变动性

人类的管理活动是随着人类的社会实践的发展而不断变化的，作为调整管理行为和管理关系的管理道德规范，也必然随着管理的变化和发展而不断改变自己的内容和形式。原始社会的公共事务管理性质单纯、形式单一、内容简单、发展极其缓慢，与之相应的管理道德的内容也简单、规范也少、发展也缓慢。到了近代，随着管理内容的复杂化、管理方式的制度化和管理目标的多样化，与此相应的管理道德的内容也随之增加和丰富，形式也多样化。特别是当代科学管理的迅速发展，进一步推动了管理道德的变化和发展。因此，如何在这种变动性中适时调整道德的结构和层次，概括出反映新的时代特点和当代科学管理水平的新的管理道德规范，以满足具有中国特色的社会主义管理发展的需要，这是摆在我们面前的一项新的任务。

4. 管理道德具有社会教化性

道德教化是一个古老的概念，重视教化是中国传统文化的一个优良传统。中国古代的思想家大都重视德治，所以都强调道德教化的作用。孔子主张用"仁爱"的道德原则教化人，认为人只要做到"仁"，就能自爱，就能"爱人"，对人宽容。孟子发展了孔子的仁爱思想，提出"亲亲而仁民，仁民而爱物"的思想，认为"仁"就是"爱之理，心之德"。此外，儒家还把公正、廉洁、重行、修养、举贤任能等，都看做"仁爱"教化的结果，要求管理者都应具备这些道德品质。当代中国的社会主义管理道德，应当吸收中国传统文化中的合理的道德教化思想，高度重视管理道德的教化作用。尤其应当强调组织管理者的道德示范和引导作用，使管理道德的意识、信念、意志、情感更加深入人心，并化为人们的自觉行为，这对于有效促进社会主义管理目标的实现具有非常重要的作用。

四、影响管理道德的因素

1. 外部因素的影响

外部因素的影响主要包括早期教育因素、企业的管理体制及制度因素、企业文化因素、社会大环境因素等。

（1）早期教育因素的影响。个人早期受的教育、生活环境，尤其是在其幼、童年时期所处环境的熏陶、所受教育的程度等对其今后的观念的形成起到至关重要的影响，通过这一时期感知、认知事物，其个人的道德观初步形成。"孔融让梨"就是早期教育对其道德影响的表现。

（2）企业的管理体制及制度因素的影响。企业的管理体制是否有利于企业发展，企业领导者是否为管理者创造一个工作、发展的平台，企业是否做到组织结构科学合理、规章制度是否健全完善、人才培训培养机制是否激励有效等，都对管理道德的形成起到较大影响。正如张瑞敏评价他在海尔充当的角色时，认为"第一是设计师，在企业发展中如何使组织结构适应企业发展；第二是牧师，不断地布道，使员工接受企业文化，把员工自身价值的体现和企业目标的实现结合起来"。

（3）企业文化因素的影响。一个企业有较强的、积极向上的企业文化就可以抵御外来风险，化解内部冲突。在走上市场经济之路以来，许多企业注重实施企业文化建设，形成具有企业自身特色的文化，如海尔文化，不仅使海尔的知名度进一步提升，而且使企业的凝聚力进一步增强，员工的亲和力也进一步增强，从而形成了海尔人良好的职业道德、行为准则。

（4）社会大环境因素的影响。一定时期社会上大多数人的世界观和价值观也会从外部影响，甚至改变个人的管理道德观。尤其是在社会转型期，多种因素综合导致了一些人的道德观危机，如社会不同层次的管理道德问题、职业圈子中的管理道德问题、企业内部日常管理中面临的管理道德问题等。

2. 内在因素的影响

内在因素的影响主要包括管理者自身的意志、能力、信念因素、自身责任感等。

（1）个人意志、能力和信念因素的影响。个人意志坚强、能力较强、信念坚定的管理者对事物判断比较准确，无论身处顺境还是逆境，无论是外部诱惑如何，其大多数会在道德准则判断与道德行为之间保持较强的一致性，不会因一时之事、一念之差而作出不正确的选择；反之，则会在道德准则判断与道德行为之间作出不正确的选择。

（2）个人责任感因素的影响。责任感是每个人对工作、企业、社会等所作出行为的负责态度，有较强责任感的人，是一个能自觉承担社会责任、积极履行职责和正确行使职权的管理者，敢于、勇于对自己的行为负责，很少出现违背道德准则的情况；反之，缺乏责任感的人，对自己行为的后果不愿承担责任，甚至认为"事不关己"，推卸责任，则缺乏最基本的道德素质。

总之，上述几种因素基本上决定了一个人管理道德观的形成，不同的道德观导致了相应的管理行为，造成各种各样的管理道德问题。

五、管理道德失衡的表现

在市场经济体制转轨过程中，激烈的市场竞争使得一些单纯以经济利益为导向的企业唯利是图。因此，在企业经营管理活动中，经常出现应该遵守的道德规范与实际上不讲道德经营的高度分裂，由此产生了企业管理的道德失衡。

1. 企业与顾客的关系方面

在企业与顾客的关系方面主要表现在：欺骗性的广告宣传，在营销和推广上夸大其词，生产不安全或有损健康的产品。有些经营者明知产品含有危害人体健康的成分，但故意向消费者隐瞒真相，而大力宣传其对消费者有利的方面，或信口开河、擅自夸大产品的功效。

2. 企业与竞争者的关系方面

在企业与竞争者的关系方面主要表现在：假冒其他企业的商标，生产假冒伪劣产品，侵犯他人商业秘密，损害竞争对手商业声誉，不遵守市场游戏规则，挖墙脚等。特别是企业间不讲信誉、彼此拖欠和赖账、不履行合同。

3. 企业与员工的关系方面

在企业与员工的关系方面主要表现在：有些企业盲目追求利润，不顾员工的生存和工作环境，侵犯员工的健康权利；有些企业在招聘、提升和报酬上采取性别、种族歧视，侵犯隐私；有些企业对员工的工作评价不公正，克扣薪水等。

4. 企业与政府的关系方面

在企业与政府的关系方面主要表现在：财务欺诈、偷税漏费、官商勾结、权力腐败、商业贿赂、地方保护主义、国有企业改革中的"内部人"控制现象等。

5. 企业与自然环境的关系方面

在企业与自然环境的关系方面主要表现在：企业为追求高利润，对治理污染采取消极态度；对排放"三废"等造成的污染不实施治理而是继续偷偷地排出。特别是一些化工、印染、造纸等工厂规模小，对废水缺乏必要的处理，严重污染了环境。

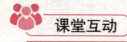
课堂互动

你能列举出商家或者企业管理者丧失道德的事例吗？

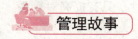

面对环境

一家年销售额上百亿元的制药业巨头,为何宁愿一年花5亿元巨资做广告,也迟迟不根除困扰周边居民多年的环保问题?6月5日"世界环境日",哈药集团制药总厂废水、废气和废渣违规排放再次被曝光,相关报道中甚至指出,哈药总厂产生的"废渣直排河流,硫化氢废气超标千倍"。在业内,以黄金时段广告投放为显著特色的"哈药模式"至今仍是医药营销的典型范例。一时间,哈药六厂的广告轰炸模式使其他产品竞相模仿,医疗保健品领域迅速刮起"哈药模式"。哈药烧钱营销却称无力治污,其广告投入是环保的27倍。

环境污染——
人类的灾难

故事启示:任何一个企业在经营中,都不能因为片面追求经济效益而污染环境、破坏生态,必须从尊重自然、关爱民生的道德责任感出发,以可持续发展为企业经营的指导原则,以正确处理人与自然的关系为企业发展的基本宗旨,承担对资源和环境的可持续发展的社会责任。必须通过自觉地努力,把利润目标和社会责任统一起来,既对当代人负责,更要对后来人负责,力求对社会有更多的贡献——这应是现代企业自觉追求的道德责任。

道德管理的特征

1)合乎道德的管理不仅把遵守道德规范视作组织获取利益的一种手段,而且更把其视作组织的一项责任。

2)合乎道德的管理不仅从组织自身角度更应从社会整体角度看问题。

3)合乎道德的管理尊重所有者以外的利益相关者的利益,善于处理组织与利益相关者的关系,也善于处理管理者与一般员工内部的关系。

4)合乎道德的管理不仅把人看作手段,更把人看作目的。

5)合乎道德的管理超越了法律的要求,能让组织取得卓越的成就。

6)合乎道德的管理具有自律的特征。

7)合乎道德的管理以组织的价值观为行为导向。

六、管理道德的培育

1. 抓好管理道德教育

(1)提高管理道德认识,包括管理者对其管理的地位、性质、作用、服务对象、服务手段等方面的认识。对管理道德价值的认识是培育管理者管理道德的前提,就是要认识管理道德的实质、内涵，充分认识到管理道德对个人、企业乃至社会的重要性。只有提高对管理道德的认识，才能在思想上重视、在行动上实施、在发展中提升。

（2）培养管理道德情感，就是管理者在处理自己和职业的关系及评价管理行为过程中形成的荣辱好恶等情绪和态度。主要包括对所从事管理工作的荣誉感、责任感，对服务对象的亲切感，热爱本职工作，敬业乐业等。管理道德情感一经形成，就会成为一种稳定而强大的力量，积极影响人们管理道德行为的形成和发展。

（3）锻炼管理道德意志，就是人们在履行管理义务的过程中所表现出来的自觉地克服一切困难和障碍，作出抉择的力量和精神。是否具有坚毅果敢的管理道德意志，是衡量每个管理者管理道德素质高低的重要标志。

（4）坚定管理道德信念，就是管理者对所从事管理工作应具备的道德观念、道德准则和道德理想。管理者一旦牢固地确定了管理道德信念，就能自觉地坚定不移地履行自己的义务，并能据此来鉴别自己或他人的行为。培养和确立终生不渝的管理道德信念，是每个管理者进行管理道德修养的中心环节。

2. 提炼、规范管理道德准则

管理道德建设的过程，就是管理者的管理道德素质形成和不断完善的过程，这需要管理者把管理道德认识、管理道德情感、管理道德意志和管理道德信念等与所从事的管理工作、企业的实际情况等结合起来，注重吸收西方道德观中合理的成分，广泛继承中华民族传统道德观的精华，提炼出体现管理特色的管理道德准则，使管理者了解、明确管理道德规范，认清管理道德的标准和行为准则，以利于管理者形成良好的管理道德。

通过提炼管理道德标准，实行管理道德的规范化管理，使管理者自觉地对照管理道德准则时刻检查自己、规范自己的行为，将管理道德准则内化成管理道德认识，从而培养成良好的管理道德行为习惯，既有利于管理者自身建设与发展，又有利于企业管理水平的提高与发展。

3. 树立典型，加强引导

在管理道德建设过程中，树立典型、发挥榜样示范的作用是十分重要的。典型引导是激励人们自觉规范道德行为的有效途径。

（1）注重发挥企业领导者管理道德的表率作用。企业领导者是企业的精英，是高层管理者，其模范、表率行为对其他管理者管理道德的形成具有更直接的效果。对企业领导者来说，管理价值、道德价值高于物质利益，企业领导人应把国家、员工赋予的职位当做为国家、企业作贡献，为员工服务的机会，勇于负责，不计得失，自强不息，以身作则，讲真话、办实事、"言必信、行必果"，树立领导者良好的管理道德，这对推动整个层面管理道德的形成起着举足轻重的作用。

（2）树立典型人物，做好舆论导向，发挥引导作用。像牛玉儒等现实生活中涌现出来的典型人物，他们的感人事迹、表现出来的道德品质是为人们所景仰的，在这些典型人物身上也充分体现出了优秀的管理道德。因此，大力宣传典型，把道德规范人格化，有利于使管理者以典型人物为榜样，学习典型人物的人格，激发自身去追求典型人物所拥有的优秀的理想人格，并且以这种理想人格为标准来塑造自己，促进管理者管理道德水平的形成和提高。

4. 管理道德行为列入岗位考核内容

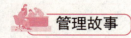

一杯热茶里的管理道德小视不得

2007年1月11日，5名群众到重庆九龙坡区信访办信访。由于问题涉及的部门很多，信访办同时通知了信访人所在辖区的街道、居委会以及区国土局、房管局的相关同志。"区信访办的同志热情地为到场的政府部门人员送上热茶，却没有我们的份。"一位信访群众说。(4月18日《重庆晚报》)

故事启示：同样是"客人"，政府官员被及时送上一杯热茶，而上访群众尽管"口干舌燥"也只能望茶兴叹。这样强烈的反差，发人深省。

无论是在家里还是在办公场所，给外来者倒上一杯热茶，是大众的一种自觉行为。信访办工作人员没有给信访市民端茶倒水的意识，只能说明在其心目中，信访办与信访者是一种"上下关系"，而不是"服务与被服务的关系"。居高临下地看待信访群众，懒得倒杯水也就不奇怪了。

没有哪一条法律法规明确规定，信访部门必须要给上访者端一杯热茶。但是，公共管理活动中，也包含着人际关系即政府与公民的关系，如何让这种关系呈现出和谐状态，不仅需要法律的规范，还需要道德的支撑——管理道德，在社会一般道德原则基础上建立起来的特殊的职业道德规范，通过约束管理者的行为去实现管理效能的优化。给市民端上一杯热茶，不过是举手之劳。做了，上访群众的"怒火"就会在和风细雨中得到化解；不做，肯定就会加剧上访者的"不满"，丧失对政府信访部门的信任。

一杯热茶，事虽小但反映的问题大。少上一杯热茶，丢了管理道德，也失去了民心，甚至还会进一步影响政府的形象——由此看来，一杯热茶里的管理道德实在是小视不得。

管理者是否具有管理道德，不是看其是否会背诵管理道德的多少规范条款，而要看他是否能理解管理道德，把管理道德要求与自己的工作相结合，落实到实际行动中、具体工作中，形成稳定的职业行为。管理道德规范化、制度化，就会成为管理者的习惯行为，就会在管理工作中发挥巨大作用，也必将在企业内形成良好的道德风尚，使企业步入良性的发展轨道。因此，企业应将管理道德建设纳入管理者岗位考核内容之一，加强检查、考核、奖惩，使每一个管理者不断地自我对照准则检查，不断地修正自己的行为方向，最终养成良好的管理道德。

管理者是管理道德的主体，管理道德是对管理者行为的规范和制约，一个合格的管理者也必然是一个有道德的管理者，做有道德的管理者，应该是每一个管理者的职业准则。在当今时代，管理者和企业应注重开展和加强管理道德培育，提高管理者的管理道德，使管理者有所为、有所不为，养成良好的管理道德行为，才能有效地提升企业管理水平，获取更大的效益，实现长效发展。

问题思考

1. 简述管理道德的含义及内容。
2. 影响管理道德的因素有哪些？
3. 列举一些企业管理道德失衡的现象。

技能训练

1. 单选题

（1）管理道德的出发点是（　　）。
　A. 管理者的责任意识　　　　　　　B. 管理活动的职业特殊性
　C. 管理系统的整体利益　　　　　　D. 社会一般道德原则

（2）管理道德是一种（　　）的规范和制约力量。
　A. 内在于管理者　　　　　　　　　B. 外在于管理者
　C. 由相关的法律制度确定下来　　　D. 适用于一切组织成员的、普遍

（3）道德的本质是（　　）。
　A. 方法　　　　B. 手段　　　　C. 技术　　　　D. 规则或原则

（4）在社会主义国家中，（　　）是一切管理道德行为的最高准则。
　A. 国家利益　　B. 集体利益　　C. 经济效益　　D. 社会效益

（5）管理道德教育的最高目的是（　　）。
　A. 提高管理者的素质　　　　　　　B. 造就管理者的管理人格
　C. 促进管理者的自我完善　　　　　D. 增强管理者的责任感

2. 判断题

（1）认为决策要完全依据其后果或结果作出是道德功利观的主张。（　　）
（2）最有可能产生高道德标准的组织文化是那种有较强的控制能力以及风险和冲突承受能力的组织文化。（　　）
（3）道德准则是表明组织的基本价值观和组织期望员工遵守的道德规则的正式文件。（　　）
（4）大量的证据证明，企业的社会责任与其长期利润之间有着负相关关系。（　　）
（5）组织的道德标准与社会的道德标准不兼容，这个组织也是能为社会所容纳的。（　　）

案例讨论

案例 1　商业发展不能牺牲道德

《深圳晚报》2012 年 4 月 16 日报道，4 月 15 日，央视《每周质量报告》曝光，河北一些企业用生石灰给皮革废料进行脱色漂白和清洗，随后熬制成工业明胶，卖给浙江新昌县药

用胶囊生产企业，最终流向药品企业，进入消费者腹中。记者调查发现，9家药厂的13个批次药品所用胶囊重金属铬含量超标。昨天，河北和浙江两地的公安部门，已经赶到被曝光企业进行现场执法。

此次事件引起了广泛的讨论，人们纷纷谴责商家为谋利益不惜牺牲道德的行径。这起事件性质严重，药品关系到病人的生死问题，所以在药品上更不能出现造假现象，稍有不慎就会危害到老百姓的生命安全。而这起事件背后隐藏的一些问题也随之浮出水面。社会各界对这起事件进行了回应。记者也纷纷进行了相关调查。笔者认为这背后反映的一些问题主要包括以下几个方面。

首先，商人重利，不惜牺牲道德，危害公众健康。自古商人重利，似乎已经是不言而喻的了，随着近年来经济的发展加快，技术的飞速进步，也让人们有点不知所措，面对这样一个快节奏的社会，很多人就选择了抄小路走捷径的方式。假药盛行一时，在医药行业假药似乎已经司空见惯，虽然有行业自律，也一直在严惩这些假药生产商，但是在利益的驱使下，总是无法根治。据了解，将皮革用来炼制明胶也早就不是新闻了，那么为何还是屡禁不止？为何能够生存得这么顽强呢？最根本的就是利益的驱使，金钱上的巨大诱惑，使得商人忘本逐利，而如果放任这些现象继续下去，社会将受到很大的冲击。

其次，现代社会发展得过于浮躁，在品德和道德建设上有缺失。不管是哪种形态的社会，要得到良好健康的发展，必然要有良好的道德风尚做支撑。最早的哲学先贤们开始研究社会共同体，着眼的也正是道德方面。而中国整体发展的步调过快，以至于道德建设还未能完全跟上，这直接导致了道德方面巨大的缺陷，而现今社会上的种种怪异现象，也源于此。

最后，政府惩治不严、管理不力，这是直接的外部原因。有足够明确的惩罚条例，但是由于各种裙带关系使得惩治无法到位，也就没有办法拔除病根，引发后续的一系列行为。而在管理方面的缺失，也让一些人有机可乘，乘虚而入。在这样的问题上，我们不能放任这些行为，而应该全方位加强治理，才能杜绝这些行为的出现。毕竟关系到民生生命安全，终究不能太过松散。那么要杜绝此类现象要从何处着手呢？笔者认为可以从以下三个方面入手。

第一，加强商人的自身道德修养，这是根本。内因决定事物的性质，而商人在这个环节中，不管外部管理力度如何，如果自己没办法从心底认同和接受道德的话，那么外部管理始终都是隔靴搔痒，落不到实处。

第二，加强政府惩治和管理的力度，这一点国外做得比较好，严惩力度很强。如果犯错，那就彻底拔除，不再给任何东山再起的机会，而这样也可以作为对其他商家的示警，只有严惩才能起到良好的警示作用。中国是一个人情社会，很多时候当一个商家陷入困顿，社会纷纷会给予同情，但是涉及民生安全的问题却是丝毫不能马虎，所以只有在管理力度上做到严惩不贷，才能收到良好的效果。

第三，社会整体的道德谴责机制要完善。社会形成整体的良好的道德风尚，进而有完善的道德谴责机制，形成一种无形的约束力，这可以从宏观上起到良好的规制作用。试想，如果整个社会对道德缺失行为都视而不见，那么这个社会将是如何的乱套？所以社会整体的道德风尚也要完善。

综上所述，如果能够从三方面进行相应的约束和规制，类似于这种生产假药的现象就会少很多。而社会也期待这样的效果，希望整个社会向着更和谐健康的方向发展。

案例讨论：

根据本任务所学的管理道德知识，结合上述案例谈谈企业如何加强道德管理。

案例2　不是每一种牛奶都叫特仑苏

蒙牛有一种较为昂贵的牛奶品种，叫"特仑苏"牛奶，号称是金牌牛奶，来自乳都核心区云云。而上海的《每日经济新闻》披露，国家质检总局责令蒙牛公司禁止向"特仑苏"牛奶添加OMP物质，此次是官方首次对蒙牛的"OMP"进行表态。此前曾有媒体发布关于蒙牛特仑苏牛奶含有OMP物质致癌的质疑，全部被蒙牛公司用高额的广告费和公关费摆平。

蒙牛公司自己命名的所谓OMP物质，所有的生化指标包括分子量，和IGF-1完全吻合。而IGF-1物质，学名是类胰岛素样生长因子，这是一种激素类蛋白，是国际公认的致癌物质。

蒙牛一直声称，"我国乳业科技取得重大突破，全球首款OMP造骨乳蛋白牛奶问世"，这种OMP物质是自己独立开发的，拥有多项专利。而事发之后，蒙牛又解释说自己的OMP物质是从新西兰进口的，这种物质在美国、欧洲、日本、韩国等国家已经使用多年，他们叫MBP（Milk Basic Protein），显然自相矛盾。

光明奶业陷"口蹄疫风波"、洋奶粉多美滋遭遇"结石门"，蒙牛特仑苏陷身"致癌门"，民众惊呼，奶业第二波危机来袭。而在三鹿牛奶的三聚氰胺事件发生后，国内奶业面临着空前的信任危机，此时，一度被称为民族品牌代表的蒙牛承载起了国人的希望：谁说国产的牛奶不行？我们还有蒙牛，我们还有特仑苏。而且，作为中国奶业的龙头企业之一，蒙牛一直备受政府重视。从某种意义上说，它的信誉关系到消费者对于整个奶业信心。目前看来，这种信誉已经变得风雨飘摇。

乳品行业的信任危机曾一度导致了大陆居民赴港疯狂抢购奶粉的现象。也有业内人士表示，中国牛奶行业问题非常多，品质不好的牛奶都用来做乳品饮料和纯牛奶，只有酸牛奶的奶源品质稍好。

案例讨论：
1. 为什么蒙牛作为一个大品牌会陷入食品安全危机？
2. 企业社会责任和管理道德何去何从？

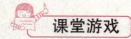

课堂游戏

设定价值序列

1. 游戏目的

明确价值意识的序列；对互为矛盾的价值爱好，也尝试明确其序列；学习接受互不相同的人的价值观。

2. 形式与时间

集体参与，7人一组为宜；时间为30分钟。

3. 游戏说明

"我们在日常生活中作的种种判断，无意识就逐渐形成了判断标准予以抉择。诸如，这是我喜欢的，这是我不喜欢的价值判断。请将下面价值序列进行排序，把你认为最具有价值的写上1，其次有价值写上2，一直写到6为止，请务必避免出现重复的数字，虽然有些定义稍显缥缈，但一定要按顺序写上。写完后，各组再依结果，彼此相互交换话题加深印象。"

4. 游戏讨论
（1）你的价值序列是什么？为什么做出这样的选择？
（2）与小组其他成员的价值系列有所不同？
（3）别人的价值序列是否值得尊重？
附：价值序列例图

A. 健康	
B. 爱	
C. 财富	
D. 服务	
E. 自我实现	
F. 正义	

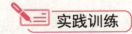 网络冲浪

搜索相关网站，浏览有关企业在管理道德失衡中的相关报道，分析该企业道德失衡的具体表现有哪些方面。

实践训练

企业调查

1. 实训目标
（1）培养学生管理道德的意识。
（2）认识管理道德对企业发展具有的意义以及如何改善企业的管理道德。

2. 实训内容
（1）把班级分成若干小组，每组6～10人，对有关企业管理道德情况进行实地调查。
（2）结合所学的知识，各组对调查企业管理道德案件实例情况进行交流。

3. 实训要求
通过调查情况和相互交流，写出一份企业管理道德的认识报告。

项目四
管理过程

任务 7
决　策

> 在没出现不同意见之前，不做出任何决策。
> ——美国通用汽车公司总裁　艾尔弗雷德·斯隆
>
> 世界上每 100 家破产倒闭的大企业中，85% 是因为企业管理者的决策不慎造成的。
> ——世界著名的咨询公司　美国兰德公司

  任务简介

　　决策关系企业组织的成败，是企业管理的重要活动。西蒙说："管理就是决策。"决策的重要性可见一斑。组织要作出正确的长期计划和短期计划，离不开正确地做出决策。那么，理解决策和决策过程、正确的决策也就成为组织关注的重点。

　　本任务主要介绍了决策的概念及基本类型、决策的原则、决策的过程和决策的方法。通过此任务的学习，认识决策在管理中的作用，能够运用决策的理论和方法进行基本问题的决策。

  走进管理

老头、孙子和驴子

　　一个老头和他的小孙子牵着一头驴去县城。开始，老头骑在驴上，走了一会儿，见到一位中年妇女，那妇女责怪老头不关心儿童。老头只好下来让孙子骑在驴上，走了一会儿，又遇到一个和尚。那和尚责怪孙子不孝顺爷爷。老头和小孙子只好牵着驴走路。走了一会儿，又遇到一位学者，那学者嘲笑他们太愚蠢。老头和小孙子只好一起骑在驴上。走了一会儿，又遇到一个老外，那老外又责怪他们虐待动物。老头和他的孙子没招了，只好坐在大槐树下反反复复地商量对策……

　　通过上述例子可以看出，到达县城是老头和孙子的目的。而骑驴和走路是他们去县城的两种方法，当了母亲的女人、和尚、学者和外国人是影响决策的四个因素，老头和孙子才是这个问题的决策者。

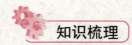

一、决策的含义

决策是管理最基本的工作之一，也是管理工作的核心，有人曾经对一些企业的高层管理者做了一项调查，要他们回答三个问题："你每天花时间最多的是哪些方面？""你认为你每天最重要的事情是什么？""你在履行你的职责时感到最困难的工作是什么？"结果绝大多数人的答案只有两个字"决策"。那么什么叫决策呢？决策是指组织或个人为实现一定目标，在认识客观环境和自身状况的基础上，从两个以上备选方案中选择一个满意方案并予以实施的过程，它是人类社会的一项重要活动，是管理者从事管理工作的基础。决策可以从以下四个方面去理解。

（1）决策的主体是管理者。既可以是单个的管理者，也可以是多个管理者组成的集体或小组。

（2）决策的目的是解决问题或利用机会。

（3）决策的本质是一个过程。这一过程由多个步骤构成，是一个确定目标，制定行动方案以及选择方案的完整过程。

（4）决策要有两个以上可行的备选方案。

二、决策的原则

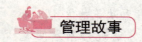

艾森豪威尔的英明决策

1944年6月4日，盟军集中45个师，1万多架飞机，各型舰船几千艘，即将开始规模宏大的诺曼底登陆作战。就在这关键时刻，在大西洋上的气象船和气象飞机却发来令人困扰的消息：今后三天，英吉利海峡将在低压槽控制之下，舰船出航十分危险。盟军最高统帅艾森豪威尔面对气候恶劣的英吉利海峡一筹莫展。盟军司令部的司令官们都知道，登陆战役发起的"D"日，对气象、天文、潮汐这三种自然因素条件也有要求。就在大家几乎束手无策时，盟军联合气象组的负责人、气象学家斯塔戈提出一份预报，有一股冷风正向英吉利海峡移动，在冷风过后和低压槽到来之前，可能会出现一段转好的天气。当时，联合气象组对6日的天气又作了一次较为详细的预报：上午晴，夜间转阴。这种天气虽不理想，但能满足登岸的起码条件。艾森豪威尔沉思片刻，果断做出最后决定："好，我们行动吧！"后来虽因天气不好，使盟军空降兵损失了60%的装备，汹涌的海浪使一些登陆战船沉没，轰炸投弹效果差，但诺曼底登陆作战一举成功，却是不可否认的事实。

从决策目标来看，案例中所体现的决策属于满意决策。满意决策是指在现实条件下求得满意目标的决策。就管理领域来看，由于管理内容的广泛性和目标的复杂性，绝对最优目标实际上是无法实现的。因此，决策通常都是满意决策，即相对"最优决策"。

故事启示：这个事例说明艾森豪威尔在选择登陆日时，并没有追求十全十美，他们选择的"D"日——6月6日并不理想，但6月6日的天气状况能满足登陆的起码要求，所以选择6月6日为"D"日，符合"满意准则"。反之，如果艾森豪威尔为找一个适合登陆的十全十美的好天气，而延期登陆，后果将不堪设想，诺曼底登陆很可能化为泡影，这将给战争带来难以估量的影响，战争结束时间将推迟，盟军会付出更多血的代价。从这个角度看，艾森豪威尔的决策无疑是正确的。

1. 满意原则

满意原则是针对"最优化"原则提出来的。"最优化"的理论假设是把决策者作为完全理性的人，决策是以"绝对理性"为指导，按最优化准则行事的结果。这里讲的"满意"决策，是指能够满足合理的目标要求的决策。

2. 层级原则

决策是根据职权分层进行的。实行层级决策，既有利于组织高层决策者集中精力抓好战略决策、例外决策，同时又可以提高下级单位和领导者的主动性。

3. 集体决策和个人决策相结合的原则

决策要有效地进行，必须做到科学化、民主化，实事求是，按客观规律办事。无论是集体决策，还是个人决策，都要建立在广泛的民主基础上，在民主的基础上实行集中，这是提高决策质量的保证。

4. 整体效用原则

决策者在做决策时，应正确处理组织内部各个单元之间、组织与社会、组织与其他组织之间的关系，在充分考虑局部利益的基础上，把提高整体效用放在首位，实现决策方案的整体满意。

管理小知识 | **决策的五大组成要素**

1）要确实了解问题的性质，如果问题是经常性的，那就只能通过一项建立规则或原则的决策解决。

2）要确实找出解决问题时必须满足的界限，换言之，应找出问题的"边界条件"。

3）仔细思考解决问题的正确方案是什么，以及这些方案必须满足哪些条件，然后再考虑必要的妥协、适应及让步事项，以期该决策能被接受。

4）决策方案要同时兼顾执行措施，让决策变成可以被贯彻执行的行动。

5）在执行过程中重视反馈，以印证决策的正确性及有效性。

三、决策的特征

1. 目标性

任何一项决策活动都要有明确而具体的目标。目标体现的是组织想要获得的结果。目标明确以后，方案的拟定、比较、选择、实施及实施结果的检查就有了标准与依据。

2. 可行性

方案的实施需要利用一定资源。如果缺乏必要的人力、物力、财力、技术和信息，那么再优秀的方案也是一纸空文，不会自动实现决策目标。因此，在决策的过程中，决策者不仅要考虑采取某种行动的必要性，而且还要注意实施条件的限制。

3. 选择性

决策的关键是选择。如果只有一个可以达到目标的决策方案，那么就无从谈起该方案的优劣好坏，也没有选择的余地。没有选择就没有决策。因此，要能有所选择，就必须拟订两个以上可行的备选方案。理论上，只要时间上允许，方案越多，可供选择的范围就越大，那么可供选择的方案就越优越。拟订达到目标的多个方案在决策中不仅是必需的，而且一般也是可行的。因为一般情况下，为了实现相同的目标，组织总是可以从事多种不同的活动。这些活动在资源配备、可能结果和风险程度等各个方面有所不同，因此可构成同一目标下的多种可能方案。

4. 满意性

选择活动方案的原则是满意原则，而非最优原则。最优原则往往只是理论上的幻想，因为它要求：决策者了解与组织活动有关的全部信息；决策者能正确地辨识全部信息的有用性，了解其价值并能据此制定出没有疏漏的行动方案；决策者能够准确地计算每个方案在未来的执行结果。然而，在管理过程中，这些条件是难以具备的。尽管管理者热切希望做到最佳，但是信息、时间的局限性限制了最佳。因此，他们通常采纳一个相对令人满意的，即在目前环境中是足够好的行动方案。

5. 过程性

组织中的决策并不是单项决策，而是一系列决策的综合，这是因为组织中的决策涉及方方面面，当令人满意的行动方案被选出后，决策者还要对其他一些问题（如资金筹集、结构调整和人员安排等）作出决策，以保证该方案的顺利实施。在这一系列决策中，每个决策本身就是一个过程。为了理论分析，将决策的过程划分为几个阶段，但在实际工作中，这些阶段往往是相互联系、交错重叠的，难以截然分开。

6. 动态性

决策是一个不断循环的过程，不仅包括决策的各个阶段的交叉与循环，而且也包括整个决策过程的循环。从这个意义上讲，决策没有起点，也没有终点，具有动态性。这是因为决策的主要目标之一就是使组织活动的内容适应外部环境的要求，而外部环境总是不断发生变化，决策者必须关注并研究这些变化，寻找机会，避开危险，并调整组织活动，达到组织与外界环境的动态平衡。这就要求组织决策活动具有动态性，以配合组织活动的动态性。

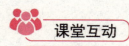
课堂互动

你上大学选择学校、专业是根据什么原则决策的？如果让你再选择一次呢？

四、决策在管理中的地位和作用

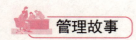
管理故事

"塑胶花大王"李嘉诚是如何炼成的

20世纪50年代中期,李嘉诚创立了"长江塑胶厂",起初主要是生产塑料玩具。不过,当时香港的塑料玩具市场已经趋于饱和了,长江塑胶厂生产出来的塑料玩具销售极为惨淡,积压日增,工厂经营困难,濒临倒闭的边缘。为了挽救危局,李嘉诚积极地寻找着出路。

一天,在阅读报纸之时,李嘉诚幸运地发现了一个商机。那是一则报道,内容讲的是本地的一家小塑料厂,正在生产制作塑料花,准备向欧洲销售。李嘉诚心中一动,马上思索起来,他想到了"二战"以后,欧美人民的生活水平虽然提高很快,但其经济实力还没有到广泛种植草皮和鲜花的程度。另一方面,欧美人对花草又有偏爱之情。李嘉诚由此做出预测,在一段时期内,塑料花在欧美必将得到大量使用,用于装饰各种场合。有需求就有市场,李嘉诚决定牢牢抓住这个难得的机会。于是,他立即做出决策:长江塑胶厂开始转型,放弃塑料玩具,主攻塑料花生产。

事实上,正是靠着这一充满魄力的重大决策,李嘉诚为自己赢得了第一桶金,经过几年发展后,李嘉诚就成了大名鼎鼎的"塑胶花大王",香港知名富豪之一。

故事启示:要使自己的产品具有市场竞争力,生意人就必须能够进行有效的科学预测,并在此基础上做出正确的决策,采取果断有利的行动,否则,就很容易贻误战机,导致巨大的失败。

1. 决策是管理的基础

决策是从各个选择方案中选择一个方案作为未来行动的指南。而在决策以前,只是对计划工作进行了研究和分析,没有决策就没有合乎理性的行动,因而决策是计划工作的核心。而计划工作是进行组织工作、领导工作和控制工作的基础。因此,从这种意义上说,决策是管理的基础。

2. 决策是各级、各类管理人员的首要职责

决策不仅仅是"上层管理人员的事"。上自国家的高级领导,下到基层的班组长,均要作出决策,只是决策的重要程度和影响范围不同而已。

3. 决策是管理工作成败的关键

决策是任何有目的的活动发生之前必不可少的一步。不同层次的决策有不同大小的影响。

五、决策的类型

根据不同的标准,可将决策分为以下几种类型。

1. 经营决策、管理决策与业务决策

根据决策的重要性和决策者的管理层次,将决策分为经营决策、管理决策和业务决策

（见图7-1）。

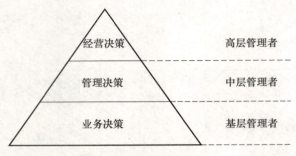

图7-1　管理者与决策类型

（1）经营决策，主要是指企业应对外部环境的各种变化时根据企业自身的特点作出的各种决策，因而经营决策又称为战略决策，涉及企业组织目标、方针的确定，组织机构的调整等，具有战略性、全局性和长期性的特点。正是由于这类决策的长远性和战略性，它往往是组织的高层管理者作出的。

（2）管理决策，是针对企业的具体部门和组织中的具体环节作出的决策，如生产计划和销售计划的制订、资金的筹措和设备的更新等。管理决策又称为战术决策，它是战略决策执行过程中的具体决策，具有战术性、局部性和中期性的特点，这部分决策主要是由中层管理者作出的。

（3）业务决策，是指企业运行中针对日常业务的各种决策，范围较窄且比较琐碎，如每天的产量、每天的工作流程和岗位责任、库存的控制和材料的采购等。业务决策具有琐碎性、短期性和日常性的特点，主要由基层管理者作出。

综上所述，基层管理者主要从事业务决策，中层管理者主要从事管理决策，高层管理者主要从事经营决策，如图7-1所示。但是这并不是一个绝对的划分标准，中高层管理者必须了解业务决策的实际操作和安排，只有这样才能更合理地制定组织的长远战略和执行方案。基层管理者也必须了解组织的经营决策和管理决策，只有这样才能将业务决策纳入更高的目标体系上。

2. 长期决策与短期决策

根据决策的时效性，可将决策分为长期决策与短期决策。

（1）长期决策，是影响组织长远目标和发展方向的决策，具有长远性、全局性和战略性的特点，因而又被称为战略决策，这类决策一般时效性较长，如组织的发展规划和远景目标等。

（2）短期决策，是为了实现长期决策而在具体的执行过程中采用的短期策略，这类决策一般时效性较短，如物资配置、日常生产控制等。

3. 程序化决策和非程序化决策

根据决策问题出现的重复程度不同，可将决策分为程序化决策和非程序化决策。

（1）程序化决策，是常规或例行性决策，在日常管理中以相同的形式重复出现的决策。常规、例行、重复、频繁、因果关系确定是其基本特征。例如，对于一些生产企业而言，当库存量少于20%时要求进货；对于一所学校，当学生增加80人时要求新开办一个班级。对于一些情况已经规定了明确的处理方法，形成了一个自动解决问题的机制。在这个管理过程中，管理者其实并不需要判断该不该作出决定，只需要明确什么时候作出这一决定，这一决定执行后的结果也相当明确。在组织的日常运营的基本操作中，很多流程性的事务都采用程序化决策，从而可以促使组织的基本运行有条不紊地进行。

（2）非程序化决策，是非常规或例外决策，这种决策在管理中很少重复出现、无先例可循，非常规、例外、新的、因果关系不确定是其主要特征。它一般用于解决组织所遇到的重大的、不经常出现的问题。非程序化决策带有一定的创造性。所以，非程序化的决策主体一般是组织的高层管理者。例如，突发事件的决策、组织结构变化、重大投资、开发新产品等问题的决策。

4. 个体决策和群体决策

根据决策的主体不同，可将决策分为个体决策和群体决策。

（1）个体决策，是指一项决定最终由个人独断作出的决定，即最终决策权属于个体的决策。

（2）群体决策，是指最终由群体共同讨论协商作出的决策，即最终决策权属于群体的一种决策。在决策中，每个群体成员在决策的表决权上地位是平等的，大家共同参与，各抒己见，最后综合分析，最终形成群体的决策意见。

5. 确定型决策、风险型决策和不确定型决策

根据决策所处的条件不同，可将决策分为确定型决策、风险型决策和不确定型决策。

（1）确定型决策，是指掌握了各可行方案的全部条件，可准确预测各方案的后果并从中选择一种最有利方案的决策。

（2）风险型决策，是指决策事件的某些条件是已知的，但还不能完全确定决策的后果，只能根据经验和相关资料估计各种结果出现的可能性。

（3）不确定型决策，是指决策事件未来可能出现的几种后果及概率都无法确定，只能依靠决策者的经验、直觉和估计做出决策。

六、决策过程

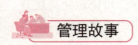
管理故事

拍头决策

《梦溪笔谈》记载：海州知府孙冕很有经济头脑，他听说发运司准备在海州设置三个盐场，便坚决反对，并提出了许多理由。后来发运使亲自来海州谈盐场设置之事，还是被孙冕顶了回去。当地百姓拦住孙冕的轿子，向他诉说设置盐场的好处，孙冕解释道："你们不懂得作长远打算。官家买盐虽然能获得眼前的利益，但如果盐太多卖不出去，三十年后就会自食恶果了。"然而，孙冕的警告并没有引起人们的重视。

他离任后，海州很快就建起了三个盐场。几十年后，当地刑事案件上升，流寇盗贼、徭役赋税等都比过去大大增多。由于运输、销售不通畅，囤积的盐日益增加，盐场亏损背了很多债，许多人都破了产。这时，百姓才明白，在这里建盐场确实是个祸患。

故事启示：一时的利益显而易见，人们往往趋利而不考虑后果。这种现象，古今皆然。看到什么行当赚钱，就一窝蜂而上，结果捷足先登者也许能获利，跟风者往往自食恶果。这

样的例子可以说是数不胜数。因此，作为一个企业的经营者，在制定一个经营决策的时候，一定要综合考虑各方面的因素，按照一定的决策程序进行决策，而不能被一时的利益蒙蔽了眼睛。一个团队的领导一定要学会发挥集体的力量，特别是做事关企业命运的决策的时候，万万不可因头脑一时发热，拍拍脑袋就制定个错误决策而毁掉自己经营一生的成果。

决策者要做出正确的决策，除了要掌握决策原则外，还必须遵循正确的决策程序。决策过程是指从问题提出到问题的解决所经历的过程。一个有效的决策过程，一般应包括以下几个决策步骤，具体如图7-2所示。

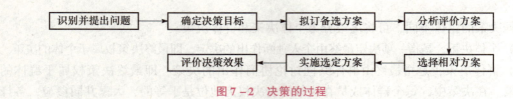

图7-2　决策的过程

1. 识别并提出问题

决策的首要步骤就是要发现问题。所谓问题，是指现实与既定目标之间存在的差距。如某企业产品的市场销售形势非常好，但企业生产效率极低，经过调查主要是关键工序作业能力很低，这就是问题所在，需要对关键工序的生产能力进行决策。只有确切地找出问题及产生问题的原因，才能确定决策的目标。识别并提出问题的前提是对组织所面临的外部环境和内部条件的分析，只有明确了组织自身，才可能识别问题并提出正确的决策问题。

明确决策所要解决的问题是首要任务，如果问题确定错了，那么，在以后的分析和选择方案中，无论如何努力，也无法达到预期的目标，解决不了问题。

问题找出之后，并非都应立即解决。因为企业的问题很多，这时就要分清问题的轻重缓急，对影响组织运营的重大问题首先进行决策。这些问题可能是涉及组织全局的战略问题，也可能是只涉及局部的程序性问题。识别问题并提出影响组织运营的重大问题，可以避免高层管理者被众多的一般性问题所缠绕，将主要精力放在急需解决的问题上，使组织运营有序。

2. 确定决策目标

只有明确了决策目标，才能避免决策的失误。所以，确定目标是决策的首要环节。

决策目标是指在一定的环境和条件下，在预测基础上希望达到的结果。在确定决策目标时，要注意以下几个问题。

（1）决策目标的确定要有针对性。

（2）要把目标建立在需要与可能相结合的基础上，即目标要有实现的可能性。

（3）要使目标明确、具体、尽可能数量化，便于用来衡量决策的实施效果。

（4）要明确目标的约束条件。确定目标，不仅要提出目标，而且对那些与实现目标有联系的各种条件，都应该加以分析。

3. 拟订备选方案

在决策目标确定后，就应拟订能够达到目标的各种备选方案。为了保证备选方案的质量，被选方案的拟订必须具备以下四个条件。

（1）能够保证经营目标的实现。

(2) 研究确定目标的经营环境和企业内部条件的利用。

(3) 多种备选方案之间必须有原则的区别，是相互排斥的。

(4) 所制订全部备选方案应包括所有的可能方案，不能漏掉一个方案。

因此，在实践中分析各种备选方案的利弊时，要做到合理化和直观化，即一方面在分析时要有逻辑性和系统性，文字简明、说理透彻；另一方面要尽可能采用形象直观的图表，直接表达各种备选方案的利弊与经济效益。

制订可行方案的过程可以分为以下四个步骤。

(1) 方案的初步设想。设想是一种创造性思维，为了实现组织的目标应大力鼓励组织全体员工提出设想，然后加工整理和归类补充完善从而得到各种不同的初步方案，以防漏掉了某些可能方案。

(2) 方案的设计。将有关专家集中起来进行集体讨论，对这些初步方案进行概括评价和选择，去掉那些不切实际、不能达到经营目的或不具备实施条件的方案，再补充修改成可行的备选方案。

(3) 方案的可行性分析。对每一个方案进行可行性分析，确定其合理性和可能性。

(4) 对可行方案的论证。对逐渐淘汰后剩下的一些各有特点的方案，还要进一步地进行设计和论证。

4. 分析评价方案

备选方案拟订后，就要对多个备选方案的优缺点进行比较和评价。方案评价是对方案进行分析和论证，以便挑选最有效、最恰当的解决问题的措施，成功的决策者通常使用四个标准来对备选方案的正反两方面进行评价，见图 7-3 所示。

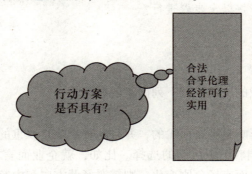

图 7-3 分析评价

(1) 合法性。必须确保备选方案是合法的，不违反任何国内、国际法律以及政府规定。

(2) 合乎伦理性。管理者必须确保备选方案合乎伦理道德，不会对任何利益相关者带来任何不必要的损害。要注意此时的管理者要避免备选方案对任何一方利益相关者造成损害，而不是有些利益相关者遭受损害而有些得到利益。

(3) 经济可行性。管理者必须确定备选方案在经济上是可行的。在组织现有的资源和条件下，备选方案必须能够实现才是可行的。通常对各种备选方案进行成本收益分析，以判断哪种方案可能带来最佳的经济回报。

(4) 实用性。方案最终必须赋予实施才能产生价值，从而管理者在考虑备选方案时，还要有前瞻性，看到组织是否具备实施备选方案的资源和能力，并确保备选方案的实施不会影响到其他目标的实现。

5. 选择相对方案

利用上述标准对各种方案进行排序和综合评价,最后由组织决策者选出或归纳出满意方案。

在决策的时候,要注意不要一味追求最优方案,由于环境的不断变化和决策者预测能力的局限性以及备选方案的数量和质量受到不充分信息的影响,决策者可能期望的结果只能是作出一个相对令人满意的决策。

6. 实施选定方案

决策方案完成以后,如果不能正确地贯彻执行,决策也可能遭受到失败。因此,方案的实施关系到将决策结果付诸实践的问题。实施方案是将决策方案传递给相关人员并督促他们执行的过程。

决策方案的实施需要组织员工的积极参与和支持,执行决策方案时,应将决策目标进行分解,分解到每个部门和个人,并明确责任和权力,建立相应的激励机制,以充分调动组织成员的积极性。

7. 评价决策效果

对决策效果的评价实际上是看所做出的决策在实施以后是否可以正确地解决问题。需要与当初所设定的目标进行对比,看是否出现了偏差。如果出现了偏差,就应对出现偏差的原因进行分析并采取相应的纠正措施,从而保证决策的效果。

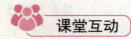

课堂互动

你以前做决策时是否按以上步骤进行?

七、影响决策的因素

在决策过程中,组织的决策受到下列因素的影响。

1. 环境

环境对组织决策的影响是不言而喻的,并且这种影响是双重的。

(1)环境的特点影响着组织活动的选择。比如,就企业而言,市场稳定,今天的决策主要是昨天决策的延续;而市场急剧变化,则需对经营方向和内容经常进行调整。

(2)对环境的习惯反应模式也影响着组织的活动选择。即使在相同的环境背景下,不同的组织也可能做出不同的反应。而这种调整组织与环境之间关系的模式一旦形成,就会趋向固定,限制着人们对行动方案的选择。

2. 过去的决策

今天是昨天的继续,明天是今天的延伸。历史总是要以这种或那种方式影响着未来。在大多数情况下,组织决策不是在一张白纸上进行初始决策,而是对初始决策的完善、调整或改革。组织过去的决策是目前决策过程的起点;过去选择的方案的实施,不仅伴随着人力、物力、财力等资源的消耗,而且伴随着内部状况的改变,带来了对外部环境的影响。"非零起点"的目前决策不能不受到过去决策的影响。过去的决策对目前决策的制约程度要受到它们与现任决策者的关系的影响。如果过去的决策是由现在的决策者制定的,而决策者通常要对自己的选择及其后果负管理上的责任，因此会不愿对组织活动进行重大调整，而倾向于仍把大部分资源投入到过去方案的执行中，以证明自己的一贯正确。相反，如果现在的主要决策者与组织过去的重要决策没有很深的渊源关系，则会易于接受重大改变。

3. 决策者对风险的态度

风险是指失败的可能性。由于决策是人们确定未来活动的方向、内容和目标的行动，而人们对未来的认识能力有限，目前预测的未来状况与未来的实际状况不可能完全相符，因此在决策指导下进行的活动，既有成功的可能，也有失败的风险。任何决策都是必须冒一定程度的风险。组织及其决策者对待风险的不同态度会影响决策方案的选择。愿意承担风险的组织，通常会在被迫对环境作出反应以前就已采取进攻性的行动；而不愿承担风险的组织，通常只能对环境作出被动的反应。愿冒风险的组织经常进行新的探索，而不愿承担风险的组织，其活动则要受到过去决策的严重限制。

4. 组织文化

组织文化制约着组织及其成员的行为以及行为方式。在决策层次上，组织文化通过影响人们对改变的态度而发生作用。任何决策的制定，都是对过去在某种程度上的否定；任何决策的实施，都会给组织带来某种程度的变化。组织成员对这种可能产生的变化会怀有抵御或欢迎两种截然不同的态度。在偏向保守、怀旧、维持的组织中，人们总是根据过去的标准来判断现在的决策，总是担心在变化中会失去什么，从而对将要发生的变化产生怀疑、害怕和抵御的心理与行为；相反，在具有开拓、创新气氛的组织中，人们总是以发展的眼光来分析决策的合理性，总是希望在可能产生的变化中得到什么，因此渴望变化，欢迎变化，支持变化。显然，欢迎变化的组织文化有利于新决策的实施，而抵御变化的组织文化则可能给任何新决策的实施带来灾难性的影响。在后一种情况下，为了有效实施新的决策，必须首先通过大量工作改变组织成员的态度，建立一种有利于变化的组织文化。因此，决策方案的选择不能不考虑到改变现有组织文化而必须付出的时间和费用的代价。

5. 时间

美国学者威廉·R·金和大·I·克里兰把决策类型划分为时间敏感决策和知识敏感决策。时间敏感决策是指那些必须迅速做出而尽量准确的决策。战争中军事指挥官的决策多属于此类，这种决策对速度的要求远甚于质量。例如，当一个人站在马路当中，一辆疾驶的汽车向他冲来时，关键是要迅速跑开，至于跑向马路的左边近些，还是右边近些，相对于及时行动来说则显得比较次要。

相反，知识敏感决策，对时间的要求不是非常严格。这类决策的执行效果主要取决于其质量，而非速度。制定这类决策时，要求人们充分利用知识，做出尽可能正确的选择。组织关于活动方向与内容的决策，即前面提到的战略决策，基本属于知识敏感决策。

这类决策着重于运用机会，而不是避开威胁；着重于未来，而不是现在。所以，选择方案时，在时间上相对宽裕，并不一定要求必须在某一日期以前完成。

但是，也可能出现这样的情况，外部环境突然发生了难以预料和控制的重大变化，对组织造成了重大威胁。这时，组织如不迅速作出反应，进行重要改变，则可能引起生存危机。这种时间压力可能限制人们能够考虑的方案数量，也可能使人们得不到足够的评价方案所需的信息，同时，还会诱使人们偏重消极因素，忽视积极因素，仓促决策。

八、决策方法

决策是一个包括多个步骤的过程，管理者在进行科学决策的过程中，通常都采用定性与定量相结合的方法。

教学视频
如何做好决策

1. 定性决策方法

定性决策方法，是指依靠决策者个人或集体的学识、经验、分析和判断能力来进行决策的方法。常用的定性决策方法主要有以下几种。

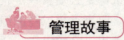
管理故事

头脑风暴法

有一年，美国北方格外寒冷，大雪纷飞，电线上积满冰雪，大跨度的电线经常被积雪压断，严重影响通信。过去，许多人试图解决这一问题，但都不能如愿。后来，电信公司经理应用奥斯本发明的头脑风暴法，尝试解决这一难题。他召开了一种能让头脑卷起风暴的座谈会，参加会议的是不同专业的技术人员，要求他们必须遵守以下原则：

第一，自由思考。即要求与会者尽可能解放思想，无拘无束地思考问题并畅所欲言，不必顾忌自己的想法或说法是否"离经叛道"或"荒唐可笑"。

第二，延迟判断。即要求与会者在会上不要对他人的设想品头论足，不要发表"这个主意好极了""这种想法太离谱了"之类的"棒杀句"或"扼杀句"。至于对设想的评判，留在会后组织专人考虑。

第三，以求质量。即鼓励与会者尽可能多而广地提出设想，以大量的设想来保证质量较高的设想存在。

第四，结合改善。即鼓励与会者积极进行智力互补，在增加自己提出设想的同时，注意思考如何把两个或更多的设想结合成一个更完善的设想。

按照这种会议规则，大家七嘴八舌议论开来。有人提出设计一种专用的电线清雪机，有人想到用电热来化解冰雪，也有人建议用震荡技术来清除积雪，还有人提出能否带上几把大扫把，乘直升机去扫电线上的积雪。对于这种"坐飞机扫雪"的设想，大家尽管觉得滑稽可笑，但在会上也无人提出批评。相反，有一位工程师在百思不得其解时，听到用飞机扫雪的想法后，大脑突然受到冲击，一种简单可行且高效率的清扫方法冒了出来。

他想，每当大雪过后，出动直升机沿着积雪严重的电线飞行，依靠旋转的螺旋桨即可将电线上的积雪扇落。他马上提出"用直升机扇雪"的新设想，顿时又引起其他与会者的联想，有关用直升机除雪的主意一下子又多了七八条。不到一个小时，与会的 10 名技术人员共提出 90 多条新设想。

会后，公司组织专家对设想进行分类论证，专家们认为设计专用的清雪机，采用电热或电池震荡等方法清理电线上的积雪，在技术上虽然可行，但研制费用大、周期长，一时难以见效。因"坐直升机扫雪"激发的几种设想，倒是大胆的新方案，如果可行，将是一种既简单又高效的好办法。经过现场试验，发现用直升机扇雪真能奏效，一个久悬未决的难题，终于在头脑风暴中得到了巧妙地解决。

故事启示：头脑风暴法是在群体决策过程中，可以激发创造性，产生尽可能多的设想的方法。

（1）头脑风暴法，又称智力激励法、BS法、自由思考法，是由美国创造学家阿历克斯·奥斯本于1939年首次提出、1953年正式发表的一种激发性思维的方法。此法经各国创造学研究者的实践和发展，至今已经形成了一个发明技法群，深受众多企业和组织的青睐。

头脑风暴法的特点是让与会者敞开思想，使各种设想在相互碰撞中激起脑海中的创造性风暴，是一种集体开发创造性思维的方法。

头脑风暴法的决策过程为：组织群体成员围桌而坐，主持者以明确的方式向所有参与者阐明问题，说明会议的规则，然后成员在一定时间内"自由"提出尽可能多的方案，不允许任何批评，并且所有方案都当场记录下来，留待稍后讨论和分析。参加人数一般为5~10人为宜，最好由不同专业或不同岗位者组成；会议时间应控制在1小时左右。

头脑风暴法的目的在于创造一种畅所欲言、自由思考的氛围，诱发创造性思维的共振和连锁反应，产生更多的创造性思维。

（2）德尔菲法，是在20世纪40年代由O·赫尔姆和N·达尔克首创，经过T·J·戈登和兰德公司进一步发展而成的。德尔菲这一名称起源于古希腊有关太阳神阿波罗的神话。传说中阿波罗具有预见未来的能力。因此，这种预测方法被命名为德尔菲法。1946年，兰德公司首次将这种方法用于进行预测，后来该方法被迅速广泛采用。

德尔菲法是采用背对背的通信方式征询专家小组成员的预测意见，经过几轮征询，使专家小组的预测意见趋于集中，最后做出符合市场未来发展趋势的预测结论。德尔菲法又名专家意见法，是依据系统的程序，采用匿名发表意见的方式，即专家之间不得互相讨论，不发生横向联系，只能与调查人员联系，通过多轮次调查专家对问卷所提问题的看法，经过反复征询、归纳、修改，最后汇总成专家基本一致的看法，作为预测的结果。这种方法具有广泛的代表性，较为可靠。

此法的具体步骤是：确定预测题目；选择专家；制定调查表；预测过程；作出预测结论。其特点是：具有匿名性、多轮反馈、统计性。

（3）哥顿法，是美国人哥顿于1964年提出的决策方法。这种方法与头脑风暴法原理相似，先由会议主持人把决策问题向会议成员作笼统的介绍，然后由会议成员（即专家成员）自由地讨论解决方案；当会议进行到适当时机时，决策者将决策的具体问题展示给小组成员，使小组成员的讨论进一步深化，最后由决策者吸收讨论结果，进行决策。

2. 定量决策方法

定量决策方法，是指利用数字模型进行优选决策方案的决策方法。根据数学模型涉及的问题的性质（或者说根据所选方案结果的可靠性），定量决策方法一般分为确定型决策方法、风险型决策方法和不确定型决策方法三种。

1）确定型决策方法

所谓确定型决策方法，指的是决策问题所处的环境是确定的，每一个方案只有一个结果，决策者只需从备选方案中选择经济效果最好的方案。例如，某公司决定向银行贷款，假设现有五家银行愿意提供此笔贷款，其利率分别为8%、7.5%、7%、6.5%、6%，该公司会向贷款利率最低的银行借钱，这就是一种确定型的决策。常用的确定型决策方法有线性规划法和量本利分析法。

（1）线性规划法。线性规划法是在一些线性等式或不等式的约束条件下，求解线性目标函数的最大值（或最小值）的方法。运用线性规划建立数学模型的步骤是：

① 确定影响目标大小的变量，列出目标函数方程；
② 找出实现目标的约束条件；
③ 找出函数达到最优的可行解，即为该线性规划的最优解。

例 7.1：某企业生产 A、B 两种产品，已知生产单位 A 产品需用钢材 9 kg，水泥 4 kg，劳动力 3 个，净产值 700 元；生产单位 B 产品需用钢材 4 kg，水泥 5 kg，劳动力 10 个，净产值 1 200 元。该企业有钢材 360 kg，水泥 200 kg，劳动力 300 个，问 A、B 各生产多少才能使企业净产值最大？

解：设 A 产品产量为 x_1，B 产品产量为 x_2，则有：

$$\begin{cases} 9x_1 + 4x_2 \leq 360 \\ 4x_1 + 5x_2 \leq 200 \\ 3x_1 + 10x_2 \leq 300 \end{cases}$$
$$x_1, x_2 \geq 0$$

目标函数是：

$$\max f(x_1, x_2) = 700x_1 + 1\,200x_2$$

求解得：$x_1 = 20$，$x_2 = 24$，最大净产值为 42 800 元，即安排生产 20 单位 A 产品、24 单位 B 产品时，企业获得的净产值最大。

（2）量本利分析法。量本利分析法是通过分析生产成本、销售利润和产品数量这三者的关系，掌握盈亏变化的规律，指导企业选择能够以最小成本生产最多产品并可使企业获得最大利润的经营方案。在使用这一方法时，关键的是找到企业保本或者说不亏损不赚钱的产量，此时企业的总成本等于总收入，所以量本利分析法也叫做保本分析或盈亏平衡分析。量本利之间的关系用平面坐标图表示出来，就是盈亏平衡分析图，如图 7-4 所示。

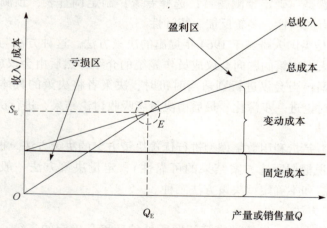

图 7-4　盈亏平衡分析图

大家知道：

销售收入 = 销售量 × 单价

生产成本 = 固定成本 + 可变成本 = 固定成本 + 产量 × 单位产品变动成本

用符号表示，设产量等于销售量，单位产品售价为 P，则盈亏平衡时有：

$$Q_E \times P = F + Q_E \times C_V$$
$$Q_E = F/(P - C_V)$$

Q_E 就是保本产量或盈亏平衡点产量,找出盈亏平衡点后,就可以在此基础上进行一系列相应的决策了。

例 7.2:某企业在某时期内经营 A 产品,预计该产品单位售价 21 元,单位变动成本 12.6 元,固定成本 21 000 元。试求盈亏平衡点的销售量。

解:盈亏平衡点销售量 $Q_E = F/(P - C_V) = 21\,000/(21 - 12.6) = 2\,500$(件)

2)风险型决策法

风险决策是一种随机决策,它一般需要具备下列条件:

(1)要有一个明确的目标。
(2)要有两个以上备选方案。
(3)客观存在着决策者无法控制的两种以上的自然状态。
(4)决策者能估算出不同自然状态出现的概率。
(5)不同方案在不同自然状态下的损益值可以计算出来。

风险型决策常用的方法是决策树法。决策树法是用树状图形表示出各备选方案的影响因素及不同自然状态下的损益值,综合损益值比较做出决策的方法。

决策树法的构成要素有:

(1)决策点。它是决策树的起点,用"□"表示。
(2)方案枝。每个方案枝表示一个备选方案。
(3)状态结点。它在方案枝的末端,用"○"表示。
(4)概率枝。它是从状态结点引出,表示各种自然状态出现的机会。
(5)结果结点。它在概率枝的末端,注有损益值,用"△"表示。

决策树法分为三个步骤:

第一步是绘制决策树;

第二步是计算期望净收益;

第三步是剪枝。

例 7.3:某企业生产一种产品,对未来 10 年的市场预测资料如下。

现有两个方案可供选择,即扩建原有车间,需投资 100 万元;合同转包,需投资 40 万元。两种方案在不同自然状态下的年收益值如表 7-1 所示。

表 7-1　不同自然状态下的年收益值　　　　　　　　　　万元

损益值　自然状态 方案	销路好 0.5	销路一般 0.3	销路差 0.2
扩建(投资 100 万元)	100	60	-10
合同转包(投资 40 万元)	80	40	0

要求:(1)绘制决策树;
(2)计算收益值;
(3)方案优先(剪枝)。

解:

(1)绘制决策树:

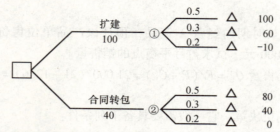

(2) 计算不同方案的综合收益值：

扩建方案：$E_1 = [100 \times 0.5 + 60 \times 0.3 + (-10) \times 0.2] \times 10 - 100 = 560$（万元）

合同转包方案：$E_2 = [80 \times 0.5 + 40 \times 0.3 + 0 \times 0.2] \times 10 - 40 = 480$（万元）

(3) 方案优先（剪枝）：

比较上面两种方案的计算结果，扩建原有车间的预期净收益为560万元，大于合同转包方案收益，所以扩建方案是最优方案。

3) 不确定型决策方法

所谓不确定型决策是指对未来的情况虽有一定的了解，但又无法确定各种情况可能发生的概率，对这种问题的决策，称为不确定型决策。这种决策方法在决策中很大程度上取决于决策者的风险价值观，一般地，根据决策者对待风险的态度和看法，可分为大中选大法（乐观法）、小中选大法（悲观法）、大中选小法（最小后悔值）等三种类型。下面通过一个例子来认识这三种不确定型决策方法。

例7.4： 某公司为扩大市场份额，决定推出新产品，由于资源有限，只能选择推出甲、乙、丙三种产品中的一种，每种产品都可能出现三种情况：销路好、销路一般和销路差。据估计，每种产品在不同情况下的收益如表7-2所示。问企业应选择推出哪种产品？

表7-2　每种方案在各种自然状态下的损益值　　　　　　　　　　　　万元

自然状态	甲产品	乙产品	丙产品
销路好	40	90	30
销路一般	20	40	20
销路差	-10	-50	-4

(1) 大中选大法（乐观法）。大中选大法是在乐观、冒险的原则下评选投资方案的一种方法。决策时，决策者对未来决策事件的发展状况比较乐观，争取好中最好。其具体做法是：每个备选方案在不同的自然状态下可能有几个盈利值，先确定每个备选方案的最大可能盈利值，然后再比较不同方案的最大盈利值，从中选择一个能获得最大盈利的方案。

在本例中，甲产品的最大收益为40万元，乙产品的最大收益为90万元，丙产品的最大收益为30万元。经过比较，乙产品的最大收益最大。因此，选择推出乙产品。

(2) 小中选大法（悲观法）。小中选大法采用悲观决策法评估所要选用的方案。决策者将每一种方案在各种自然状态下的收益值中的最小值选出，然后比较各种方案在不同的自然状态下所可能取得的最小收益，从各个最小收益中选出最大的对应方案。小中选大法虽然比大中选大法获取的利益要小，但同时风险也较小。

在本例中，甲产品的最小收益为 –10 万元，乙产品的最小收益为 –50 万元，丙产品的最小收益为 –4 万元。经过比较，丙产品的最小收益最大。因此，选择推出丙产品。

（3）最小后悔值法。管理者在选择了某方案后，如果将来发生的自然状态表明其他方案的收益更大，那么，管理者会为自己的选择而后悔。最小后悔值法就是最小最大后悔值法。采用这种方法，首先计算各方案在不同自然状态下的后悔值（某方案在自然状态下的后悔值 = 该自然状态下的最大收益 – 该方案在该自然状态下的收益），并找出各方案的最大后悔值，然后进行比较，选择最大后悔值最小的方案作为所选的方案。

在本例中，首先计算出各方案的最大后悔值，见表 7–3 所示。

表 7–3　三种产品的最大后悔值　　　　　　　　　　　　　　　　万元

自然状态	甲产品	乙产品	丙产品
销路好	90 – 40 = 50	90 – 90 = 0	90 – 30 = 60
销路一般	40 – 20 = 20	40 – 40 = 0	40 – 20 = 20
销路差	–4 – (–10) = 6	–4 – (–50) = 46	–4 – (–4) = 0
最大后悔值	50	46	60

从例题中可以看到，如果最后的自然状态是销路好而公司选择了甲产品，那就会比当初选乙产品少赚 50 万元，所以后悔值是 50 万元；而如果当初就选择了乙产品，则没有什么好后悔的，后悔值为 0。同理可以算出每种状态下每种方案的后悔值。将每种方案的最大后悔值标示出来，选择其中最小的一个，即选择推出乙产品，将来后悔的可能性最小。

通过上述三种方法，可以发现同样的问题作出了三个不同的决定，这就是不确定型决策方法的特点。

问题思考

1. 什么是决策？决策有哪些类型？
2. 决策的过程是怎样的？影响决策的因素有哪些？
3. 你在日常学习生活中应用过决策吗？什么是头脑风暴法？

技能训练

1. 单选题

（1）受决策者个性影响最大的决策类型是（　　）。
A. 确定型决策　　　　　　　　　　　　B. 不确定型决策
C. 多目标决策　　　　　　　　　　　　D. 程序型决策

（2）决策所涉及的问题一般与（　　）。
A. 将来有关　　　　　　　　　　　　　B. 过去有关
C. 现在有关　　　　　　　　　　　　　D. 过去、现在、将来都有关

(3) 现代组织活动的成功与否关键在于（　　）。
A. 信息的准确及时　　　　　　　　B. 是否做了充分的调查
C. 决策的正确与否　　　　　　　　D. 组织内部的管理质量
(4) 进行正确决策的前提是（　　）。
A. 了解组织的内部环境　　　　　　B. 组织制度的健全程度
C. 有良好的组织结构　　　　　　　D. 上述三方面都不是
(5) 决策树的构成要素是（　　）。
A. 概率枝、方案枝、决策点、状态结点
B. 方案、概率、期望值、自然状态
C. 决策点、方案枝、概率枝、自然状态
D. 方案、决策点、概率、状态结点

2. 判断题

(1) 没有目标，就没有决策。　　　　　　　　　　　　　　　　　　（　　）
(2) "决策贯穿于管理活动的全过程，决策程序就是全部管理过程"是现代决策理论的观点。　　　　　　　　　　　　　　　　　　　　　　　　　　　　　　（　　）
(3) 决策就是要选择一个最好的方案去实现组织的目标。　　　　　　（　　）
(4) 决策方案的后果有多种，每种都有客观概率，这属于非确定性决策。（　　）
(5) 决策过程的第一步是收集信息。　　　　　　　　　　　　　　　（　　）

案例讨论

案例1　准确决策与盲目投资

大平陶瓷厂是一家中型企业，由于种种原因，2013年停产近一年，亏损2 500万元，濒临倒闭。2014年年初，郑丙坤出任厂长。面对停水、停电、停工资的严重局面，老郑认真分析了厂情，果断决策：治厂先从人事制度改革入手，把科室及分厂的管理人员减掉四分之三，充实到生产第一线，形成一人多用、一专多能的治厂队伍。老郑还在全厂推行了"一厂多制"的经营方式；对生产主导产品的一、二分厂，采取"四统一"（统一计划、统一采购、统一销售、统一财务）的管理方法；对墙地砖分厂实行股份制改造；对特种耐火材料厂实行租赁承包。

改制后的企业像开足马力的列车急速运行，逐渐显示出规模跟不上市场的劣势，从而严重束缚了企业的发展。有人主张贪大求洋，贷巨款上大项目；有人建议投资上千万元再建一条大规模的辊道窑生产线，显示一下新班子的政绩。老郑根据职工代表大会的建议，果断决定将生产成本高、劳动强度大、产品质量差的86米明焰煤烧隧道窑扒掉，建成98米隔焰煤烧隧道，并对一分厂的两条老窑进行了技术改造，结果仅花费不足500万元，便使其生产能力提高了一倍。该厂已形成年产800万件卫生瓷、200万平方米墙地砖、5 000吨特种耐火材料三大系列200多个品种的生产能力。2015年，国内生产厂家纷纷上高档卫生瓷，厂内外也有不少人建议赶"潮流"。对此，郑厂长没有盲目决策，而是冷静地分析了行情，经过认真调查论证，认为中低档瓷的国内市场潜力很大，一味上高档产品不符合国情。于是，该厂新上了20多个中低档产品，这些产品一投入市场便成了紧俏货。新产品产值占总产值的比例已提高到60%以上。

与大平陶瓷厂形成鲜明对比的是，上佳陶瓷公司，该公司也是一家中型企业，20世纪90年代初，它曾是全省建材行业三面红旗之一。然而，近年来在市场经济大潮的冲击下，由于盲目轻率，导致企业重大决策失误，使这家原本红红火火的企业债台高筑。

2010年，该公司原计划投资1 200万元建立大断面窑生产线，但是为赶市场潮流，公司管理层不经论证就将其改建为辊道窑生产线，共投资1 700万元。由于该生产线建成时市场潮流已过，因此投产后公司一直亏损。在产销无望的情况下，只好重新投入1 000多万元再建大断面窑，使公司元气大伤，债台高筑，仅欠银行贷款就达3 000多万元。五年来，该公司先后做出失误的重大经营决策六项，资产损失近千万元。

大平陶瓷厂由衰变强和上佳陶瓷公司由强变衰形成了强烈的反差对比。

案例讨论：
1. 决策包括哪些基本活动过程？其中的关键步骤是什么？
2. 案例中两家企业形成鲜明对比的原因是什么？
3. 科学决策需要注意哪些问题？

案例2　如何决策

正奇公司是一家经营建筑材料的有限责任公司，公司资产1.5亿元。2008年经济危机过后，公司囤积了20 000吨钢材。经济危机之前每吨钢材的市场价是6 000元，经济危机之后每吨钢材的市场价是3 000元，而这批钢材的采购价是每吨5 000元。这些钢材积压了公司1亿元的资金，这让经济危机之后的公司经营艰难。为此，公司总经理张文召集销售经理李方、财务经理王伟、仓储经理房裕开会，商量钢材问题。以下是他们的谈话：

张文：经济危机过后，钢材的销售一直不好，我们的库存钢材占用了公司大量的资金和场地，我想了解一下大家对此事的看法。

李方：我觉得应该以现价尽快将钢材出售，盘活资金可以投资别的项目，使公司尽快解困。

王伟：我觉得现在将钢材出售会使公司亏损，得不偿失。

房裕：钢材卖不出去，占用大量的仓库，使公司的物流效率降低。

王伟：经济危机的影响很快就会过去，等到市场钢材价格涨上去再出售也不迟。

李方：经济学家们说经济危机之后经济会复苏，但是少则需要三年，多则五年甚至十年，我们耽误不起这么长时间。

会议上，大家不停地争论着，各个部门的领导都坚持自己的看法，一时间张文也拿不定主意了，现在做什么决定，将来都有可能后悔。

于是，张文决定让参加会议的每个部门细致地核算出现在市价出售钢材的亏损与待期出售的状况，以便作出最合理的决策。

案例讨论：
1. 根据所学的知识，你认为作出这个决策应采用什么样的决策方法？
2. 要作出合理的决策，管理人员需要具备哪些最主要的技能？

3. 联系日常生活，谈谈你所遇到的此类决策问题，并试找出最佳的解决方案。

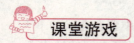

德尔菲决策法

1. 游戏目的

表明在决策（预测）过程中，结构化的方法对获得趋同观点的重要性。

2. 形式与时间

集体参与，约30分钟。

3. 游戏材料

一罐玉米或类似道具。

4. 游戏程序

在一个罐子里装上玉米（事先数好）。将罐子给大家看，并让大家估计玉米的数量。算出平均数、中间数和频数分布，并将结果告诉大家（有时也会告诉大家推导结论的基本原理）。将该过程重复3遍（或直到得出一个比较稳定的结果）。宣布正确答案，并请大家比较一下自己最初的估计和小组最后的结论，看哪个更准确。

5. 游戏讨论

（1）哪个更准确：个人原先的估计还是小组的决定？

（2）为什么小组往往更准确？

（3）为什么大家的答案会趋同？

（4）这种方法在你的工作中有何应用？

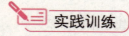

搜索一个其管理者最近刚做出一项重大决策的公司的网站，分析这项决策的内容是什么？为什么要做出这项决策？

实践训练

你是怎样决策的？

1. 实训目标

应用本任务所学的知识解决实际问题。

2. 实训内容

选择一个你最近所做出的对你具有重要影响的决策，比如说报考哪所大学，选择哪个专业，是否做一份兼职工作，做什么样的兼职工作等。利用本任务相关的知识，分析你的决策过程。

3. 实训要求

应按以下步骤进行：

第一步，分析指导你决策过程的有哪些准则。

第二步，列出你所考虑到的备选方案，这些方案都是可行的吗？有没有忽略一些其他的重要方案？

第三步，对于每种备选方案你拥有哪些信息？你是否考虑了每种方案的结果？

第四步，回想一下你选择方案的时候，受了本任务提到的哪些因素的影响？

第五步，评估你选择的方案的结果。分析这次决策对你今后做更好的决策是否有帮助。

任务 8
计 划

> 今天是昨天的计划的实现，或缺乏计划而造成的后果。明天的实现将成为今天的计划。
>
> ——迪克·卡尔森
>
> 计划工作是一座桥梁，它把我们所处的此岸和要去的彼岸连接起来，以克服中间的天堑。
>
> ——哈罗德·孔茨

任务简介

计划是管理的首要职能，是管理职能中一个最基本的职能。计划是任何一个组织成功的核心，它存在于组织各个层次的管理活动中。管理者的首要职责就是做好计划，就是组织企业员工进一步理解企业目标以及有效地实现企业目标的方法。

本任务主要介绍了计划的概念和作用、计划的类型、计划的编制过程和编制方法，目标管理的概念、特点、作用和目标管理的过程。通过此任务的学习，能够理解计划在管理实践中的重要性，能够运用所学的知识制订合理的计划，能够根据目标管理的程序为组织制定并实施一个完整的目标管理。

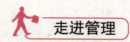

走进管理

为何如此不同

曾经有人做过这样一个实验：组织三组人，让他们沿着公路步行，分别向十公里外的三个村子行进。

甲组不知道去的村庄叫什么名字，也不知道有多远，只告诉他们跟着向导走就是了。这个组刚走了两三公里的时候就有人叫苦了，走到一半时，有些人就几乎愤怒了，他们抱怨为什么让大家走这么远，何时才能走到。有的人甚至坐在路边，不愿再走了。越往后人的情绪越低，七零八落，溃不成军。

乙组知道去哪个村庄，也知道它有多远，但是路边没有里程碑，人们只能凭经验估计大致要走两小时左右。这个组走到一半时才有人叫苦,大多数人想知道他们已经走了多远了,比较有经验的人说:"大概刚刚走了一半的路程。"于是大家又簇拥着向前走,当走到四分之三的路程时,大家又振作起来,加快了脚步。

丙组最幸运。大家不仅知道所去的是哪个村子,它有多远,而且路边每公里有一块里程碑。人们一边走一边留心看里程碑。每看到一个里程碑,大家便有一阵小小的快乐。这个组的情绪一直很高涨。走了七、八公里以后,大家确实都有些累了,但他们不仅不叫苦,反而开始大声唱歌、说笑,以消除疲劳。最后的两三公里,他们越走情绪越高,速度反而加快了。因为他们知道,要去的村子就在眼前了。

上述实验表明,要想带领大家共同完成某项工作,首先要让大家知道要做什么,即要有明确的目标(走向那个村庄);其次要指明行动的路线,提出实现目标的可行途径,即计划方案。这些都是有效开展工作的前提,确定目标及实现目标的途径即是计划的职能的核心任务。

知识梳理

计划是组织对未来活动的事先安排,是使组织通向未来活动方向的渠道,而未来的活动方向是由决策制定的,所以计划其实是对决策的组织实施过程。计划按照决策目标将活动方案划分为一系列具体的任务,再将每一项任务落实到具体的组织人员上,从而保证了决策目标的实现。

一、计划的含义

计划是关于组织未来一段时间内的目标和实现目标的途径与安排。它是未来组织活动的指导性文件,提供从目前通向未来目标的道路和桥梁。

计划工作有广义和狭义之分。广义的计划工作是指制订计划、执行计划和检查计划三个紧密衔接的工作过程。狭义的计划工作则是指制订计划,即根据组织的外部环境、内部条件,通过科学的调查预测,权衡客观的需要和主观的可能,提出在一定时期内组织所需达到的具体目标及实现目标的途径。

二、计划的内容

做 个 计 划

曾有这样一个人,每天都要去偷邻居的鸡,有人告诉他说:"这样的行为,不符合君子之道。"那人回答说:"那就减少一点好了,以后每月偷一只鸡,等到明年的时候,就完全不偷了。"

故事启示:吸烟有害身体,怎么办呢?戒掉吧,每天少抽点;企业的管理机制有问题,一步一步来解决。可是事情到了最后怎么样?烟依然还在抽,企业的问题还是没有彻底解决,一步一步来嘛!

明智的管理者在制定一项政策的时候，总是会记得这样一件事：制定一个日程安排表，不实现目标决不罢休。

计划使我们的思想具体化而体现出我们期望做什么，什么时候做好，谁去做什么事，以及如何做。

在世界经济一体化、全球化不断加快的今天，改革和经济发展带来了机遇，同时也带来了风险。世界范围内争夺市场和资源的竞争日趋激烈。处在这样的年代，计划工作的一项重要任务就是在充分利用机会的同时，根据组织目标进行科学的筹划和周密的安排，使风险降到最低限度。

管理者的计划工作就是把计划作为一种特定的管理行为，其内容包括规划组织在未来一段时间内所要实现的目标以及实现这些目标的途径即计划方案，因此，计划既涉及做什么，也涉及怎么做。其具体内容概括为"5W1H"，即计划必须清楚地确定和描述下述内容，如表8-1所示。

表8-1 计划工作内容

（1）做什么（What）？	即明确计划工作的具体任务和要求
（2）为什么做（Why）？	即明确计划工作的原因，并论证可行性
（3）谁去做（Who）？	规定由哪些部门和人员负责实施计划
（4）何时做（When）？	规定计划中各项工作的开始和完成时间
（5）何地做（Where）？	规定计划的实施地点或场所
（6）怎样做（How）？	即执行计划的工作中所运用的方法与采取的措施和手段

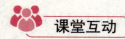

你从小学至大学做过好多学习计划，为什么一些计划没有实现？是什么原因造成的？

三、计划的性质

1. 首位性

计划工作是一座桥梁，给组织提供了通向未来目标的明确道路，给组织、领导和控制等一系列管理工作提供了基础。例如，一个企业如果没有生产经营计划，则它的任何组织管理、资产管理、控制管理等都会成为漫无目的的行为，无法称得上是管理。

自我管理——
制定计划

2. 目的性

计划工作是为实现组织目标服务的。在组织中，每一个计划及其派生计划的制订的最终目的都是为了促进组织整体目标和各阶段目标的实现。如果没有计划，行动就必然成为纯粹杂乱无章的行动，只能产生混乱。计划工作具有强烈的目的性，它以行动为载体，引导着组织的经营运转。

3. 普遍性

虽然计划工作的特点和广度由于管理人员所处的部门、层级的不同而有所不同,但是计划工作是全体管理人员的一项职能。高层管理人员计划组织的总方向时,各级管理人员必须随后据此拟订各自的计划,从而保证组织总目标的实现。

4. 效率性

计划的经济效益可用计划的效率来衡量。计划效率是指制订计划与执行计划时所有的产出与所有的投入之比。如果一个计划能够达到目标,但它需要的代价太大,这个计划的效率就很低,因此它不是一份很好的计划。在制订计划时要时时考虑计划的效率,不但要考虑经济方面的利益和耗损,还要考虑非经济方面的利益和耗损。

5. 创新性

计划工作总是针对需要解决的新问题和可能发生的新变化、新机会而做出的决定,因而它是一个创新性的管理过程。计划类似于一项产品或工程的设计,它是对管理活动的设计。正如一种新产品的成功在于创新一样,成功的计划也依赖于创新。

四、计划的作用

管理故事

一个传奇老先生

国外某老先生从事的职业是一家飞机制造厂的飞机试飞员。在他60多岁光荣退休之后,报纸、电台等媒体纷纷前往采访。这是一个传奇式的人物,据说跟他一起从事这个行当的伙伴们有的因事故而殉职了,有的由于发生事故而身患残疾,而这位老先生,尽管经历了很多次事故和意外,但都化险为夷。媒体记者问他有什么诀窍比别人做得更好:

"为什么别人在各种各样的灾难面前躲不过去,而你却能化险为夷呢?"这位老先生解释道:"我有一个习惯,就是我在每次执行任务之前都会做脑操。我会设想可能出现的各种情况,假如出现某种不测的时候,我应当如何应对;假如发生某种意外的时候,我如何处理才是最佳的选择。每次执行任务之前,我都会闭上眼睛进行这样的冥想。所以在很多次执行任务过程中,尽管碰到了意外,但对我来讲,却是意料之中的事。"

故事启示:这个例子多少能说明管理计划所起的作用。在组织面临不确定性和风险的时候,经过周密的计划可以把这种不确定性和风险降到最低程度。

1. 计划是管理活动的依据和方向

计划给管理者和组织的其他成员指明了组织发展的方向。未来的不确定性和环境的变化使得行动如同大海航行,而计划则像航海灯塔,它使组织的所有成员知道自己的位置和前进的方向,指引人们直接驶向目的地。如果没有计划,那就可能导致方向不明、位置不清、控制无效等状况的出现,其结果可能是走了许多弯路,浪费了众多的资源,而根本实现不了组织的目标。

2. 计划是降低风险的重要手段

计划没有变化快。当今世界正处于一种剧烈变化之中,社会在变革,技术在变革,人们的价值观念也在不断变化。如果不预先估计到这些变化，就可能导致组织的失败。计划是预期这种变化并设法消除变化对组织造成不良影响的一种有效手段。计划是针对未来的，这就使计划制订者不得不对将来的变化进行预测，通过计划工作，提高组织的预见性和主动性，使高层领导高瞻远瞩，有计划地、科学地安排各项任务，把将来的风险降到最低程度。

3. 计划是合理调配资源、提高效率的有效方法

计划工作要对各种方案进行技术分析，在此基础上选择最适当的、最有效的方案来达到组织目标，因此能够避免在今后的生产经营活动中由于缺乏依据而进行轻率判断、盲目拍板所造成的损失。通过计划工作，确定正确可行的目标，并制定最佳的实施方案，对未来行动作出科学的筹划，才能更合理地分配资源，最大限度地发挥各种资源的作用，并降低成本。

4. 计划是管理者实现有效控制的标准

计划工作和控制工作是分不开的——它们是管理的一双孪生子。未经计划的活动是无法控制的，因为控制就是纠正脱离计划的偏差，以保持组织活动的既定方向。计划是为控制工作提供标准的，没有计划指导的控制是毫无意义的。另外，控制职能的有效行使往往需要根据客观条件的变化拟订新的计划或修改原计划，而新计划或修改过的计划又被作为连续进行的控制工作的基础。

总之，组织成功与否在于是否运用计划。如果一个组织将计划工作放在首位，那么工作将得到有效的协调且能按时完成，员工的行为就会避免重复，部门之间可以实现有效合作与协调，员工的潜能可以得到充分发挥，成本得到控制，最终将提高工作质量。

五、计划的类型

按照不同的分类标准，计划可以分成不同类别，如表 8–2 所示。但是，各种计划的划分并不是彼此分割的，而是整个计划体系中的有机组成部分。

表 8–2 计划的类型

分类标准	类型
时间的跨度	短期计划：期限在 1 年以内的计划（包括 1 年）
	中期计划：5 年以下的计划（1 年以上，5 年以下）
	长期计划：5 年以上的计划
内容的广度	战略计划：是由高层管理者制订的，是指重大的、带全局性的谋划
	战术计划：是由中层管理者制订的，是战略计划如何实现的细节计划
	作业计划：是由基层管理者制订的，是具体行动计划，是必须执行的命令性计划
执行者约束力	指令性计划：是由上级下达的具有行政约束力的计划，是一种强制的计划
	指导性计划：是一种不带强制性的，是由上级下达的具有参考作用的计划
职能空间	业务计划：是组织的主要计划，其内容涉及"物、供、产、销"
	财务计划：是关于如何筹资和使用资本，以便有效地促进组织业务活动的计划
	人事计划：是为保证企业的生存和发展而提供相应人力资源的长期和短期的安排

续表

分类标准	类型
活动的内容	综合性计划：是对业务经营过程中各方面活动所做的全面规划和安排
	专业性计划：是涉及组织内部某个方面或某些方面活动的活动计划
	项目性计划：是组织针对某个特定课题所制订的计划

六、计划的表现形式

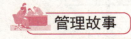 管理故事

企业的宗旨

海尔的企业宗旨："海尔是海，真诚到永远。"

中国石化的企业宗旨："公司利润最大化、股东回报最大化。"

万科的企业宗旨："建筑无限生活。"

广汽本田的企业宗旨："我们竭尽全力提供超越顾客期待的商品，赢得顾客与社会信赖。"

国家电网的企业宗旨："服务党和国家工作大局、服务电力客户、服务发电企业、服务经济社会发展。"

计划是对未来行动的谋划，可见，计划是面对未来的，而不是过去的总结，也不是现状的描述；同时，计划也与行动有关，是面向行动的，而不是空泛的议论，也不是学术的见解。面向未来和面向行动是计划的两大显著特征。正因如此，计划的表现形式也是多种多样的，如表8-3所示。

表8-3 计划的表现形式

层次	表现形式	具体内容
抽象↓具体	宗旨	是指组织要从事什么样的事业，成为什么性质的组织
	目标	目标是组织在一定时期内要达到的具体成果
	战略	策略是指为实现组织目标而采取的一系列措施、手段或技巧
	政策	政策是指在决策或处理重要问题时，用来指导和沟通思想与行动方针的明文规定
	规则	规则是根据具体情况采取或不采取某个特殊的或特定的行动
	程序	程序规定了如何处理那些重复发生的问题的方法和步骤
	规划	规划是指为实现既定目标、策略、政策等而制订的综合性计划
	预算	预算是用数字形式表示的计划，如成本预算、销售费用预算、广告预算等

七、计划的编制过程

计划编制本身也是一个过程,为了保证编制的计划合理,能够实现决策的组织落实,计划编制必须采用科学的方法,如图8-1所示。

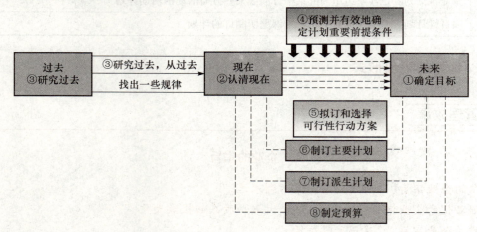

图8-1 计划编制过程

任何计划工作,其工作步骤都是相同的,管理者在编制各类计划时,都应遵循以下步骤。

1. 估量机会

首先管理者应对环境中的机会做一个扫描,确定能够取得成功的机会。管理者应该考虑的内容包括:组织期望的结果,存在的问题,成功的机会,把握这些机会所需的资源和能力,自己的长处、短处和所处的地位。

2. 确定目标

计划工作的第一步,是在估量机会的基础上,确定组织的目标。目标是指期望的成果,即组织预期在一定的时期内达到的数量和质量指标。目标是计划的灵魂,也是组织行动的方向,主要计划要根据企业目标规定各个主要部门的目标,而主要部门的目标又依次控制下属各部门的目标。企业计划中的目标制定要注意:一是高低适中;二是尽可能指标量化;三是目标要具体明确。计划中的企业目标一般包括:盈利性指标、增长性指标、竞争性指标、人事类指标、财务类指标等。

3. 确定前提条件

计划工作的第二步是确定一些关键性的计划前提条件。所谓计划工作的前提条件就是计划工作的假设条件,换言之,即计划实施时的预期环境。负责计划工作的人员对计划工作的前提了解越清楚、越深刻,计划工作就越有效。由于将来预期的环境是极其复杂的,要把将来环境的每个细节都做出假设是不切合实际的,因此前提条件应限于那些对计划贯彻实施影响最大的假设条件。

按照企业的内外环境,可将计划工作的前提条件分为外部前提条件和内部前提条件;也可以按可控程度,将计划工作前提条件分为不可控的、部分可控的和可控的三种前提条件。外部前提条件多为不可控的和部分可控的,而内部前提条件大多是可控的。不可控的前提条件越多,不确定性越大,因此必须认真做好市场调研和预测工作。

4. 拟订各种可行方案

计划工作的第三步是拟订各种可行性方案。拟订可行的行动计划要求拟订尽可能多的计划方案，以便在评估和选定计划方案时有比较和鉴别，为最优方案的选定提供前提条件。通常，最显眼的方案不一定就是最好的方案。在过去计划方案上稍加修改和略加推演也不会得到最好的方案。这一步工作一定要发扬民主，广泛发动群众，充分利用组织内外专家，集思广益，拓展思路，大胆创新，拟订出多种备选方案以供选择。

5. 评价备选方案

计划工作的第四步是评价行动计划，评价行动计划是按照前提和目标来权衡各种因素，比较各个方案的利弊，进行可行性的论证。评价实质上是一种价值判断，它一方面取决于评价者所采用的标准；另一方面取决于评价者对各个标准所赋予的权数。评价时一般采用总体的效益观点来衡量计划，评价方法分为定性和定量两类。

6. 选择方案

计划工作的第五步是选定方案。这是在前四步工作的基础上做出的关键一步，也是决策的实质性阶段——选择阶段。为了保持计划的灵活性，选择的结果往往可能会选择两个甚至两个以上方案，并且决定首先采取哪个方案，并将其余的方案也进行细化和完善，作为后备方案。

7. 拟订派生计划

派生计划就是总计划下的分计划，计划工作的第六步是拟订派生计划，总计划要靠派生计划来保证。比如，商品流通企业在制订了某一年度的"商品流通计划"后，企业内部各业务职能部门就要相应拟订商品采购计划、商品销售计划、财务计划、人事和培训计划等分计划。

8. 编制预算

在做出决策和确定计划后，计划工作的最后一步就是把计划转变成预算，使计划数字化。编制预算，一方面是为了计划的指标体系更加明确；另一方面是使企业更易于对计划执行进行控制。定性的计划往往在可比性、可控性和进行奖惩方面比较困难，而定量的计划具有较硬的约束。

管理小知识　　**计划与执行**

1）做事以前，一定要先想一想，做好计划，绝不贸然行事。

2）在计划阶段，要多参考别人的意见，借用别人的经验与智慧，做好必要的协调工作，绝不可以闭门造车。

3）工作之前，一定要先明确的制定或确认目标，把握正确的方向。

4）做计划时，要从人、事、时、物、地各方面来收集相关事实、信息、详细分析研判，作为制定计划的参考。

5）不单凭直觉判断事情，凡事要以科学的精神实事求是。

6）要尽力让下属了解状况，与大家信息共享，不要存在"反正叫你去做就对了"的观念。

八、计划的编制方法

计划工作效率的高低和质量的好坏在很大程度上取决于所采用的计划方法。计划方法很多,这里主要介绍滚动计划法、甘特图法和网络计划技术三种方法。

1. 滚动计划法

滚动计划法是按照"近细远粗"的原则制订一定时期内的计划,然后按照计划的执行情况和环境变化,调整和修订未来的计划,并逐期向后移动,把短期计划和中期计划结合起来的一种计划方法。

由于在计划工作中很难准确地预测将来影响组织生存与发展的经济、政治、文化、技术、产业、顾客等各种变化因素,而且随着计划期的延长,这种不确定性就越来越大。因此,如机械地按几年以前编制的计划实施,或机械地、静态地执行战略性计划,则可能导致巨大的错误和损失。滚动计划法可以避免这种不确定性带来的不良后果。具体做法是用近细远粗的办法制订计划,如图 8-2 所示。

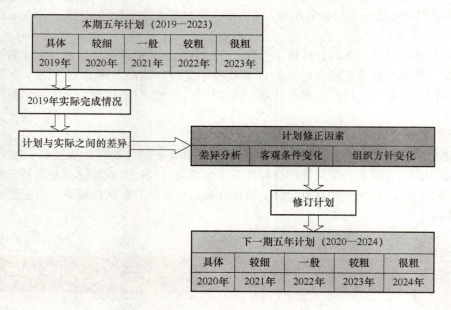

图 8-2 滚动计划的制订流程

2. 甘特图法

甘特图主要用于对各项工作进度计划的管理。它是由美国效率工程师甘特首先制作出来的,通过它可以直观地看出各项工作计划进度与实际进度的情况。例如,制订质量改进工作的进度计划;人员技术培训的进度计划;车辆和设备的大修进度计划等。它是以横线来表示每项活动的起止时间。甘特图的优点是简单、明了、直观,易于编制,因此到目前为止仍然是小型项目中常用的工具。即使在大型工程项目中,它也是高级管理层了解全局、基层安排进度时有用的工具,如图 8-3 和图 8-4 所示。

3. 网络计划技术

网络计划技术是 20 世纪 50 年代后期在美国产生和发展起来的。这种方法包括各种以网络为基础判定的方法，如关键路径法、计划评审技术、组合网络法等。1956年，美国杜邦公司研究创立了网络计划技术的关键线路方法（缩写为CPM），并试用于一个化学工程上，取得了良好的经济效果。1958年，美国海军武器部在研制"北极星"导弹计划时，应用了计划评审方法（缩写为PERT）进行项目的计划安排、评价、审查和控制，获得了巨大成功。

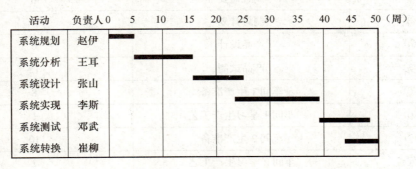

图 8-3 软件开发甘特图

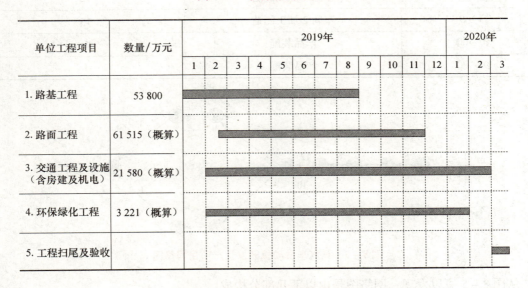

图 8-4 工程施工计划甘特图

20世纪60年代初期，网络计划技术在美国得到了推广，一切新建工程全面采用这种计划管理新方法，并开始将该方法引入日本和西欧等其他国家。

随着现代科学技术的迅猛发展、管理水平的不断提高，网络计划技术也在不断发展和完善。目前，它已广泛地应用于世界各国的工业、国防、建筑、运输和科研等领域，已成为发达国家盛行的一种现代生产管理的科学方法。

网络图是网络计划技术的基础，任何一项任务都可分解成许多步骤，根据这些工作在时间上的衔接关系，用箭线表示它们的先后顺序，画出一个各项工作相互关联并注明所需时间的箭线图，这个箭线图就叫网络图。如表8-4和图8-5所示，某企业开发生产汽车发动机项目。

表8-4 某汽车发动机开发生产项目网络计划作业划分

作业编号	作业名称	作业时间/周
→①	提出任务	0
①→②	调查需要	6
②→③	制订计划	3
③→④	产品设计	6
④→⑤	产品试制	12
③→⑥	车间1生产准备	8
⑤→⑥	车间1学习生产工艺	1
③→⑦	车间2生产准备	10
⑤→⑦	车间2学习生产工艺	2
⑥→⑧	车间1加工制造	12
⑦→⑨	车间2加工制造	15
⑧→⑩	产品装配	1
⑨→⑩	产品装配	1

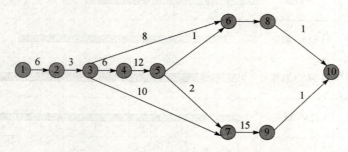

图8-5 某汽车发动机开发生产项目网络图

从图8-5可以发现,网络图是由以下几部分构成。

(1)工序。工序用"→"表示,是一项工作或活动的过程,有人力和物力参加,经过一段时间才能完成。箭头线上数字是完成该项工作所需的时间。

(2)事项。事项用"○"表示,是前后两个工序间的连接点。事项既不消耗资源,也不占用时间,只表示前道工序结束、后道工序开始的瞬间。一个网络图中只能有一个始点事项和一个终点事项。

(3)路线。网络图中网络始点事项出发,沿箭线方向前进,连续不断地到达终点事项为止的一条通道就是路线。比较各路线的路长,可以找出一条或几条最长的路线,这种路线被称为关键路线。关键路线上的工序被称为关键工序。关键路线的路长决定了整个计划任务所需的时间。关键路线上各工序完工时间提前或推迟都直接影响着整个活动能否按时完工。确定关键路线,据此合理地安排各种资源,对各工序活动进行进度控制,是利用网络计划法的主要目的。

九、目标和目标管理

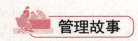

保险销售员的故事

有个同学举手问老师："老师，我的目标是想在一年内赚 100 万！请问我应该如何计划我的目标呢？"老师便问他："你相不相信你能达成？"他说："我相信！"老师又问："那你知不知到要通过哪行业来达成？"他说："我现在从事保险行业。"老师接着又问他："你认为保险业能不能帮你达成这个目标？"他说："只要我努力，就一定能达成。"

"我们来看看，你要为自己的目标做出多大的努力，根据我们的提成比例，100 万的佣金大概要做 300 万的业绩。一年：300 万业绩。一个月：25 万业绩。每一天：8 300 元业绩。"老师说。"每一天：8 300 元业绩。大概要拜访多少客户？"

老师接着问他，"大概要 50 个人。""那么一天要 50 人，一个月要 1 500 人；一年呢？就需要拜访 18 000 个客户。"

这时老师又问他："请问你现在有没有 18 000 个 A 类客户？"他说没有。"如果没有的话，就要靠陌生拜访。你平均一个人要谈上多长时间呢？"他说："至少 20 分钟。"老实说："每个人要谈 20 分钟，一天要谈 50 个人，也就是说你每天要花 16 个多小时在与客户交谈上，还不算路途时间。请问你能不能做到？"他说："不能。老师，我懂了。这个目标不是凭空想象的，是需要凭着一个能达成的计划而定的。"

故事启示：目标不是孤立存在的，目标是计划相辅相成的，目标指导计划，计划的有效性影响着目标的达成。所以在执行目标的时候，要考虑清楚自己的行动计划，怎么做才能更有效地完成目标，是每个人都要想清楚的问题，否则，目标定的越高，达成的效果越差！

（一）目标概念

1. 目标含义

目标是一个组织各项管理活动所指向的终点，每一个组织都应有自己的目标。尽管不同的组织有不同的目标，但有一点共同的，那就是追求效率。所谓目标是组织在一定时期内通过努力争取达到的理想状态或期望获得的成果。

2. 目标的作用

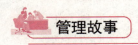

摸高比赛

管理学家们曾经专门做过一次摸高试验，试验内容是把 20 个学生分成两组进行摸高比赛，看哪一组摸得更高。对于第一组学生，不规定任何目标，由他们自己随意定摸高的高度；第二组规定每个人首先定一个标准，比如要摸到 1.60 米或 1.80 米。试验结束后，把两组的成绩全部统计出来进行评比,结果发现规定目标的第二组的平均成绩要高于没有规定目标的第一组。

故事启示:通过这个摸高试验证明,目标对于激发人的潜力有很大作用。

(1) 导向作用。目标的确立为组织的发展指明了方向,也为组织中管理者和员工的日常工作提供了指引。例如,某企业提出十年后实现销售收入五亿元的奋斗目标,就为该企业当前和今后各方面的管理工作规定了一个方向,从而促使企业各项管理工作必须始终围绕这一目标进行,不能有丝毫松懈。

(2) 激励作用。激励作用具体表现在两个方面:一是使组织可以充分调动各种资源和全部力量,用最少的投入实现组织目标;二是组织的总目标通过层层分解,使组织内每个成员都了解具体目标,并将自己的期望目标与组织目标相联系,达成一致时,就会成为组织成员努力实现目标的巨大动力。

(3) 凝聚作用。当组织目标符合组织的现时特点,同时又和组织成员个人目标和谐一致,充分体现组织成员的共同利益时,目标就能够起到凝聚作用。激发成员的工作热情、献身精神和创造力,能极大地提高劳动生产率。

(4) 考核作用。目标是评价组织成员工作好坏的标准,是组织奖勤罚懒、鼓励先进、促进落后,你追我赶地完成组织目标的手段。

3. 制定目标的要求

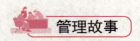 管理故事

父子打猎

有一位父亲带着三个孩子,到沙漠去猎杀骆驼。他们到了目的地,父亲问老大:"你看到了什么?"老大回答:"我看到了猎枪、骆驼,还有一望无际的沙漠。"父亲摇摇头说:"不对。"父亲以同样的问题问老二。老二回答说:"我看见了爸爸、大哥、弟弟、猎枪,还有沙漠。"父亲又摇摇头说:"不对。"父亲又以同样的问题问老三。老三回答:"我只看到了骆驼。"父亲高兴地说:"你答对了。"

故事启示:这个故事告诉人们,制定目标并能产生效果,秘诀就是"明确"二字,成功的目标,必须是明确的。进一步说,目标要具体化、量化。对于企业而言,一个时期的战略目标必须是明确、具体的;对于一个团队来说,行动的目标也必须是明确的、具体的,只有这样,才能让全体成员明确下一步努力的方向,才能对全体成员产生巨大的激励作用。有了明确、具体的目标,不管具体到哪一个阶段,也不管在实现目标的进程中遇到了什么意外的情况或问题,都能够保证企业或者团队成员调查自己的工作任务和努力程度,保证能始终朝着既定的目标前进。

组织在制定自己的目标时,应充分了解组织的实际情况和外部条件,从实际出发,定出合适的目标。千万不能凭主观愿望,好高骛远、好大喜功,使目标脱离实际,失去应有的作用。但也不能过于保守,不敢创新。因此,在确定目标时应满足以下几点要求。

（1）目标应尽量简化，简单明确，使组织人员了解、掌握。这是一条基本原则，越是总体性的目标，就应越简明。

（2）目标应尽可能量化，能够用具体指标表示的应用具体指标表示。

（3）目标应尽可能形象化，形象化的目标生动，容易深入人心，好记好理解。

（二）目标管理

目标管理（MBO）是美国管理专家彼得·德鲁克1954年在其名著《管理实践》中最先提出来的，现已被世界各国广泛应用。目标管理应用最为广泛的是在企业管理领域。

德鲁克认为，并不是有了工作才有目标，而是相反，有了目标才能确定每个人的工作。所以"企业的使命和任务，必须转化为目标"，如果一个领域没有目标，这个领域的工作必然被忽视。因此管理者应该通过目标对下级进行管理，当组织最高层管理者确定了组织目标后，必须对其进行有效分解，转变成各个部门以及各个人的分目标，管理者根据分目标的完成情况对下级进行考核、评价和奖惩。

1. 目标管理的含义

目标管理是以目标为导向，以人为中心，以成果为标准，而使组织和个人取得最佳业绩的现代管理方法。目标管理亦称"成果管理"，俗称责任制。目标管理是指组织的管理者和员工共同参加目标的制定，在工作中员工实行自主控制并努力完成工作目标，管理者实行最终成果控制的一种现代管理思想与管理方法。

2. 目标管理特点

目标管理与传统管理方式相比有鲜明的特点，可概括为：

（1）重视人的因素。目标管理是一种参与的、民主的、自我控制的管理制度，也是一种把个人需求与组织目标结合起来的管理制度。在这一制度下，上级与下级的关系是平等、尊重、依赖、支持的，下级在承诺目标和被授权之后是自觉、自主和自治的。

（2）建立目标锁链与目标体系。目标管理通过专门设计的过程，将组织的整体目标逐级分解，转换为各单位、各员工的分目标。从组织目标到经营单位目标，再到部门目标，最后到个人目标。在目标分解过程中，权、责、利三者已经明确，而且相互对称。这些目标方向一致，环环相扣，相互配合，形成协调统一的目标体系。只有每个人员完成了自己的分目标，整个企业的总目标才有完成的希望。

（3）重视成果。目标管理以制定目标为起点，以目标完成情况的考核为终结。工作成果是评定目标完成程度的标准，也是人事考核和奖评的依据，成为评价管理工作绩效的唯一标志。至于完成目标的具体过程、途径和方法，上级并不过多干预。所以，在目标管理制度下，监督的成分很少，而控制目标实现的能力却很强。

3. 目标管理过程

由于各个组织活动的性质不同，目标管理的步骤可以不完全一样，但一般来说，可以分为以下四步。

（1）建立一套完整的目标体系。实行目标管理，首先要建立一套完整的目标体系。这项工作总是从企业的最高主管部门开始的，然后由上而下地逐级确定目标。上下级的目标之间通常是一种"目的—手段"的关系；某一级的目标，需要用一定的手段来实现，这些手段就成为下一级的次目标，按级顺推下去，直到作业层的作业目标，从而构成一种锁链式的目标体系。

制定目标的工作如同所有其他计划工作一样，非常需要事先拟订和宣传前提条件。这是一些指导方针，如果指导方针不明确，就不可能希望下级主管人员会制定出合理的目标来。此外，制定目标应当采取协商的方式，应当鼓励下级主管人员根据基本方针拟定自己的目标，然后由上级批准。

（2）明确责任。目标体系应与组织结构相吻合，从而使每个部门都有明确的目标，每个目标都有人明确负责。然而，组织结构往往不是按组织在一定时期的目标而建立的，因此，在按逻辑展开目标和按组织结构展开目标之间，时常会存在差异。其表现是，有时从逻辑上看，一个重要的分目标却找不到对此负全面责任的管理部门，而组织中的有些部门却很难为其确定重要的目标。这种情况的反复出现，可能最终导致对组织结构的调整。从这个意义上说，目标管理还有助于搞清组织机构的作用。

（3）组织实施。目标既定，主管人员就应放手把权力交给下级成员，而自己去抓重点的综合性管理。完成目标主要靠执行者的自我控制。如果在明确了目标之后，作为上级主管人员还像从前那样事必躬亲，便违背了目标管理的主旨，不能获得目标管理的效果。当然，这并不是说，上级在确定目标后就可以撒手不管了。上级的管理应主要表现在指导、协助。提出问题，提供情报以及创造良好的工作环境等方面。

（4）检查和评价。对各级目标的完成情况，要事先规定出期限，定期进行检查。检查的方法可灵活地采用自检、互检和责成专门的部门进行检查。检查的依据就是事先确定的目标。对于最终结果，应当根据目标进行评价，并根据评价结果进行奖罚。经过评价，使得目标管理进入下一轮循环过程。

4. 目标管理的优点

（1）管理强化，水平提高。目标管理能够提升管理水平。以最终结果为导向的目标管理，它迫使各级管理人员去认真思考计划的效果，而不仅仅是考虑计划的活动。为了保证目标的实现，各级管理人员必然要深思熟虑实现目标的方法和途径，考虑相应的组织机构和人选以及需要怎样的资源和哪些帮助。许多经理认为，有一套目标体系、有一套评价标准，就激励和控制来讲，没有比这更能推动有效管理了。

（2）成果导向，结构优化。目标管理能促使管理人员根据目标去确定组织的任务和结构。目标作为一个体系，规定了各层次的分目标和任务，那么，在允许的范围内，组织机构要按照实现目标的要求来设置和调整，各个职位也应当围绕所期望的成果来建立，这就会使组织结构更趋合理与有效。为了取得成果，各级管理人员必须根据他们期望的成果授予下属人员相应的权力，使其与组织的任务和岗位的责任相对应。

（3）任务承诺，责任明确。目标管理促使各级管理人员和工作人员去承担完成任务的责任，从而让各级管理者和工作人员不再只是执行指标和等待指导，而成为专心致志于自己目标的人。他们参与自己目标的拟订，将自己的思想纳入计划之中，他们了解自己在计划中所拥有的自主处置的权限，能从上级领导那里得到多少帮助，自己应承担多大的责任，他们就会把管理工作做得更好。

（4）监督加强，控制有效。目标管理能使责任更明确，它会使控制活动更有效。控制就是采取措施纠正计划在实施中出现与目标的偏离，确保任务的完成。有了一套可考核的目标评价体系，监督就有了依据，控制就有了准绳，也就解决了控制活动最主要的问题。

5. 目标管理的局限

目标管理有许多优点，但它也有其缺陷和不足。

（1）目标难确定。真正可考核的目标是很难确定的，尤其是要让各级管理人员的目标都具有正常的"紧张"和"费力"程度，即"不跳够不到""跳一跳够得到"的合理程度，是非常困难的。而这个问题恰恰是目标管理能否取得成效的关键。为此，目标设置要比展开工作和拟订计划做更多的研究。

根据先进性、可行性、可量化、可考核等要求确定管理目标体系，会对各级管理人员产生一定的压力。为了达到目标，各级管理人员有可能会出现不择手段的行为。为了防止选择不道德手段去实现目标的可能性，高层管理人员一方面要确定合理的目标；另一方面还要明确表示对行为的期望，给道德的行为以奖励，给不道德的行为以惩罚。

（2）目标短期化。几乎在所有实行目标管理的组织中，确定的目标一般都是短期的，很少有超过一年的。其原因是组织外部环境的可能性变化，使各级管理人员难以作出长期承诺所致。短期目标的弊端在管理活动中是显而易见的，短期目标会导致短期行为，以损害长期利益为代价，换取短期目标的实现。为防止这种现象的发生，高层管理人员必须从长远利益来设置各级管理目标，并对可能出现的短期行为作出某种限制性规定。

（3）目标修正不灵活。目标管理要取得成效，就必须保持目标的明确性和肯定性，如果目标经常改变，说明计划没有深思熟虑，所确定的目标是没有意义的。但是，如果目标管理过程中，环境发生了重大变化，特别是上级部门的目标已经修改，计划的前提条件或政策已变化的情况下，还要求各级管理人员继续为原有的目标而奋斗，显然是不明智的。然而，由于目标是经过多方磋商确定，要改变它就不是轻而易举的事，常常修订一个目标体系与制定一个目标体系所花费的精力和时间是差不多的，结果很可能不得不中途停止目标管理的进程。

问题思考

1. 你对计划概念是怎样理解的？
2. 一项计划应包括哪些内容？
3. 什么是目标管理？简述目标管理的优缺点。

技能训练

1. 单选题

（1）在管理的基本职能中，属于首位的是（　　）。
  A. 计划　　　　　　B. 组织　　　　　　C. 领导　　　　　　D. 控制

（2）计划职能的主要作用是（　　）。
  A. 确定目标　　　　　　　　　　　B. 管理
  C. 确定实现目标的手段　　　　　　D. A 和 C

（3）能把整个计划中的各项工作之间的内在联系和制约关系清晰的表示出来，特别适合于复杂的大项目，这是哪种计划方法的优点？（　　）
  A. 滚动计划法　　　B. 网络计划技术　　　C. 预算　　　　　　D. 情景计划法

(4) 使长期、中期和短期计划相互衔接，保证能根据环境的变化及时进行调节，这是哪种计划方法的优点？（　　）

A. 滚动计划法　　　B. 网络计划技术　　　C. 预算　　　D. 情景计划法

(5) 计划过程的第一步是（　　）。

A. 确定目标　　　B. 寻找机会　　　C. 评价方案　　　D. 用预算方式固定计划

2. 判断题

(1) 所谓计划工作就是制定组织未来发展的计划。（　　）

(2) 所有组织的各种管理活动都是从计划开始。（　　）

(3) 计划的首位性是指相对其他管理职能，计划是最重要的，其他职能是次要的。（　　）

(4) 目标管理也是一种计划方法，主要是因为目标也是计划的一种表现形式。（　　）

(5) 所谓量本利分析方法属于确定型决策方法的一种。（　　）

案例讨论

案例1　怎样制订公司的目标与计划

15 年前，远大公司的总经理张诚志靠贩运水泥起家，凭苦干、借机遇，发展到今天已是一个拥有几千万元资产的民营大企业。总公司现拥有一家贸易分公司、建筑装饰分公司和房地产分公司，共有员工 300 多人。

自公司成立以来，公司的管理全靠张总个人的经验，从来没有通盘的目标与计划。

近年来，公司的日子愈发不好过了。由于成本上升，市场竞争加剧，建筑装饰分公司的创利逐年减少，处于略有盈余的维持状态。贸易分公司也只是靠以前的家底维持公司的日常运营，大笔生意几乎没有了。房地产分公司更是一年不如一年，由于房地产市场疲软，公司手里积压的几十套房产成为公司巨大的负担。

但公司也有一些发展的机会，如做小型柴油机的代理商；开拓市中心商业街工程，虽投入较大，但利润可观。

总之，摆在张总面前的困难很多，但机会也不少。新的一年到底该干什么？以后的 5 年、10 年又该怎样发展？该怎样制订公司的目标与计划？张诚志总经理现在正苦苦思考着这些问题。

案例讨论：

1. 远大公司是否应制订公司中长期的发展计划？为什么？

2. 如果你是张总，你该如何制订公司的发展计划？

案例2　宏大集团目标管理方法

宏大集团公司是一家拥有 20 家子公司和分公司的大型集团企业，集团公司对分公司的管理方式是独立经营，集中核算。

有一位分公司的张经理最近听了关于目标管理的讲座，很受启发和鼓舞，计划在分公司内推行目标管理。在一次部门经理会议上他详细叙述了这种方法的实际应用与发展情况，指出了在公司推行这种方法的好处，提出计划在公司实施目标管理，并要求下属人员考虑他的建议。一段时间后，又在一次部门经理会议上，大家对实施目标管理进行了讨论。财务经理提出，集团总公司对分公司下一年的目标没有明确指示，生产经理也提出，总公司对分公司的目标也无明确要求，分公司要做什么也不清楚，等等。听到这些后，张经理说："这些都无关紧要，不会影响我们实施目标管理。其实，目标没什么神秘的，我们分公司计划明年的销售额达到500万，税后利润达到8%，投资收益率达到15%，正在进行的新产品项目很快就能投产，我们以后还会有更进一步的明确目标，如今年年底前完成我们的新市场开发工作，保持员工流动率在15%以下……"。张经理越说越兴奋，"下个月，你们每个人要把这些目标转换成自己部门可考核的目标，并能用数字表达，这些数字加起来就构成我们分公司的总目标了"。部门经理听到这里，对自己的领导提出这些可考核的目标及如此明确和自信的陈述感到惊讶，一时无语。

案例讨论：
（1）什么是目标管理？其特点是什么？
（2）张经理设置目标的方法是否妥当？你认为应该如何做。

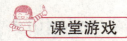
课堂游戏

目标决定了距离

1. 游戏目的
（1）让学生明白设定目标的重要性。
（2）挑战自己，以发掘自己的潜能。

2. 游戏内容
（1）人数：6人以上。
（2）时间：5~10分钟。
（3）场地：地面平坦的场地。
（4）道具：一根绳子（约5米长）。

3. 游戏步骤
（1）将学生按照身高、体重、性别分成实力相当的A、B两组。
（2）在地面（要求平整）上将绳子拉直，要求学生在距离绳子40厘米左右站立。
（3）让所有学员下蹲，用手握住脚踝，以此姿势向前跳，规定只能跳一次。
（4）对A组的学生向前跳的距离不做任何规定。
（5）要求B组学生必须跳过地面上的这根绳子。

4. 问题讨论
（1）观察一下两组跳跃的平均距离有什么差距，为什么会有差距？
（2）讨论设定合适的挑战目标对团队的发展有什么好处？

📶 网络冲浪

通过搜索引擎,查找有关企业是如何进行有效的目标管理的?分析目标管理给该企业带来了什么价值?

✏️ 实践训练

如何制订计划

1. 实训目标

应用本任务所学的计划知识,解决实际问题。

2. 实训内容

假如你最近买了一套 120 平方米的商品房,想要装修,你将怎样计划一个很好的装修方案?包括装修风格、标准、档次、预期花费、工期、装修人员选择等。

3. 实训要求

首先,通过网络查询相关资料,了解一下房子装修的基本情况;其次,根据 5W1H 提问,了解装修计划应包括哪些细节内容;最后,要求每人编写一份简单的装修计划书。

任务 9
组 织

> 没有组织就没有管理，而没有管理也就没有组织。管理部门是现代组织的特殊器官，正是依靠这种器官的活动，才有职能的执行和组织的生存。
> ——彼德·德鲁克
>
> 组织是一群相互依赖共同争取资源的联盟，单一企业的生存决定彼此间的依赖关系。
> ——吴思华

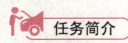 任务简介

　　管理人员一旦确定了基本目标和方向，制订了明确的实施计划和步骤之后，就必须通过组织结构的设计为计划和决策的有效实施创造条件。因此，设计、构建和维持一种合理的组织结构，并为人员配备做好准备，就是管理中的组织职能，它是实现管理目标的重要保证。

　　本任务主要介绍组织的基本概念、组织结构设计的依据和原则、组织结构常见的基本形式；组织变革的动因和阻力及变革方式等内容。通过此任务的学习，能初步具备一定的组织结构设计的能力，能够熟悉各种组织结构的具体形式，熟悉组织变革的阻力及克服方法。

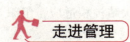 走进管理

小饭馆的困境

　　张可经营着一家小饭店，除自己之外，另雇用了甲、乙、丙、丁四个人。虽然是一家小饭店，日常的工作也不少，如采买、烹饪、招待客人等，靠一个人是干不过来的。于是张可就请了几个帮手，这样一来，不仅使饭店生意运转起来，而且还带来许多便利，例如，以往张可有事，必须关门才能去办事，现在则不必关门了。再如，现在可以分配甲、乙去做厨师，丙去接待客人，丁去采买，张可则机动，调剂忙闲不均的情况，一切都可以顺利地运转起来，再不会出现顾此失彼的情况了。有了这样一些基本条件，饭店比以前做得更好，获得了更多的盈利。

　　这种变化也给张可带来新的问题，即如何调度和使用这四个下属。

最开始，张可是通过直接命令的方式管理的，即分别向每一个下属分派任务，每一件事情都是由张可来指挥和调度。这样过了一阵子之后，张可发现，他在店里的时候，一切都还可以，但当他有事出去时，工作就会发生混乱。于是他考虑，能不能找出一套框架或规则来，做到即使他不在，工作也能顺利进行呢？

知识梳理

组织是人类社会最常见、最普遍的现象。各级政府部门、企业、医院、学校、各党派和政治团体，这些都是组织。从管理活动看，组织工作是管理的基本职能之一。管理者的主要任务之一就是使组织不断发展、完善，使之更加富有成效。

一、组织的含义

所谓组织，就是为了达到某些特定的目标，经由分工合作、不同层次的权力和责任制度而构成的人的集合。例如，行政机关、企业、学校、医院、部队等实体都是组织。组织作为人的集合不是简单的毫无关联的人相加，它是人们为了实现一定的目的，有意识地协同劳动而产生的群体。它包括以下内容：

（1）目标是组织存在的前提，没有目标的人的集合不能称其为组织。组织所作的各种努力，都是为了最终达到组织目标。例如，通过从事生产、流通和服务等活动而获得利润是企业的目标之一；医院的目标是为患者提供诊治服务获得经效益和社会效益；大学的目标是为国家培养各类高级专业人才。

（2）分工与合作是组织运营并发挥效率的基本手段和前提。为了使组织有效运行，必须根据组织目标的需要，按照科学原则设计出组织的层次结构，即将组织划分成不同层次的职能部门，这些部门都将承担组织的部分特定工作，这就是所谓的职能分工。这种分工可以使不同性质的任务同步进行，大大提高工作效率。另外，为按时、高效、高质量地实现组织的总目标，各个层次的职能部门需要协调工作、相互配合，进行有效的合作。

（3）组织必须具有不同层次的权力和责任制度。与组织的不同层次结构相适应，组织需赋予其不同层次的权力和责任，为达到组织目标提供必要的保证。

二、组织的类型

在不同的环境中，从内外部不同的方面和角度，按照不同的标准，组织可以划分为不同的类型。

1. 正式组织与非正式组织

（1）正式组织，是指在组织设计中，为了实现组织的总目标而成立的功能结构，这种功能结构或部门是组织的组成部分并有明确的职能。例如，医院、学校、部队和企业中的销售总部、生产部门、财务部门等都是正式组织。组织设计的主要任务就是规划设计正式组织，确定这些部门的功能及其相互关系。正式组织的基本特征是设立的程序化、解散的程序化和运作的程序化。

（2）非正式组织，是指由于地理位置关系、兴趣爱好关系、工作关系、亲朋好友关系而自然形成的群体，这种群体不是经过程序化而成立的。例如，学校、医院、机关或企业中的业余足球队、业余合唱团、同乡会、同学联谊会等都是非正式组织。非正式组织的作用具有两面性，它是现实中不可忽视的群体，其优点是参加非正式组织的个人有表达思想的机会，能提高士气，可以促进人员的稳定，有利于沟通，有利于提高人员的自信心，能减少紧张感。如果利用得好，它可以为组织目标的实现发挥重要作用。但是，当组织中非正式组织的目标与组织的目标不一致或冲突时，非正式组织又会成为组织目标实现的障碍，可能会出现集体抑制上级的政策或目标的情况。

  课堂互动

你身边存在非正式组织吗？请你列举几个非正式组织？

2. 实体组织与虚拟组织

（1）实体组织，就是一般意义上的组织。是为了实现某一共同目标，经由分工与合作及不同层次的权力和责任制度而构成的人群集合系统。

（2）虚拟组织，是指两个以上的独立的实体，为迅速向市场提供产品和服务，在一定时间内结成的动态联盟，如图9-1所示。它不具有法人资格，也没有固定的组织层次和内部命令系统，而是一种开放的组织结构，因此可以在拥有充分信息的条件下，从众多的组织中通过竞争招标或自由选择等方式精选出合作伙伴，迅速形成各专业领域中的独特优势，实现对外部资源整合利用，从而以强大的结构成本优势和机动性，完成单个企业难以承担的市场功能，如产品开发、生产和销售。

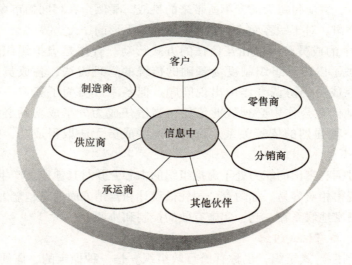

图9-1　虚拟组织示意

虚拟组织中的成员可以遍布在世界各地，彼此也许并不存在产权上的联系，不同于一般的跨国公司，相互之间的合作关系是动态的，完全突破了以内部组织制度为基础的传统的管理方法。

特别是网络的发展推动了虚拟组织的发展。其实，网络本身也是虚拟组织的一种形式，它是一系列预先认证合格的合作伙伴，同时，作为辅助工具，网络又推动了各个领域中合作的开展和众多虚拟组织的形成。

真正吸引顾客的是虚拟组织天衣无缝的合作。如购买了福特汽车的顾客不会了解是一个虚拟设计工作室在负责福特汽车的款式设计，它通过电子手段将世界各地的设计人员组合在一起，这些人员实际上分属福特的7个设计中心。另外，越来越多的航空公司，如美国航空公司与英国航空公司，西北航空公司与荷兰皇家航空公司，联合航空公司与汉莎航空公司正在整合他们的飞行业务，以便向乘客提供更多的飞行航线。对于顾客来说，一体化实现以后，他们在面对的好像只是一家航空公司。

虚拟组织的特征：

① 虚拟组织具有较大的适应性，在内部组织结构、规章制度等方面具有灵活性。虚拟组织是一个以机会为基础的各种核心能力的统一体，这些核心能力分散在许多实际组织中，它被用来使各种类型的组织部分或全部结合起来以抓住机会。当机会消失后，虚拟组织就解散。所以，虚拟组织可能存在几个月或者几十年。

② 虚拟组织共享各成员的核心能力。虚拟组织是通过整合各成员的资源、技术、顾客市场机会而形成的。它的价值就在于能够整合各成员的核心能力和资源，从而降低时间、费用和风险，提高服务能力。如波音777型客机开发小组的某些成员具有互补性核心能力，某些成员具有协同操作能力，而另一些成员则能提供进入非波音公司市场的途径。

现在，建立这样一个特殊工作团体并非难事，把实现既定目标所需要的理想资源整合到一起，又不改变团体成员的生活方式，像组成体育运动队中的全明星队那样集中了各代表队中最优秀的运动员，去应付每天的变革所带来的挑战。显然，在相同的市场机会下，虚拟组织会优于各成员公司。对于顾客而言，整合的特征是无形的、无边界的。

③ 虚拟组织中的成员必须以相互信任的方式行动。合作是虚拟组织存在的基础。但由于虚拟组织突破了以内部组织制度为基础的传统的管理方法，各成员又保持着自己原有的风格，势必在成员的协调合作中出现问题。但各个成员为了获取一个共同的市场机会结合在一起，他们在合作中必须彼此信任，当信任成为分享成功的必要条件时，就会在各成员中形成一种强烈的依赖关系。否则，这些成员无法取得成功，顾客们也不会同他们开展业务。

有些企业通过拥有突出的能力处于虚拟组织的中心，并对其他成员产生有力的影响，使虚拟组织的协调变得相对容易。如耐克公司凭借设计和营销方面的卓越能力，将负责生产的亚洲的合作伙伴紧密地联系在一起，实施有效的控制和协调。

3. 机械式组织与有机式组织

（1）机械（刚性）式组织，也称官僚行政组织。是一种稳定的、僵硬的结构形式，它追求的主要目标是稳定运行中的效率。机械式组织注重对任务进行高度的劳动分工和职能分工，以客观的不受个人情感影响的方式挑选符合职务规范要求的合格的任职人员，并对分工以后的专业化工作进行严密的层次控制，同时制定出许多程序、规则和标准。个性差异和人性判断被减少到最低限度，提倡以标准化来实现稳定性和可预见性，规则、条例成为组织高效运行的润滑剂，组织结构特征是趋向刚性。

（2）有机式（弹性）组织，也称适应性组织。是低复杂性、低正规化和分权化的。有机式组织是一种松散、灵活的具有高度适应性的形式。它因为不具有标准化的工作和规则条例，所以是一种松散的结构，能根据需要迅速地作出调整。

三、组织工作的内容

捆在一起又被拆散的箭

一个即将离世的老人把三个儿子召唤到病榻前："亲爱的孩子，你们试试能否把这捆箭折断？我还要给你们讲讲它们捆在一起的原因是什么。"长子拿起这捆箭，使出了吃奶的力气也没折断。父亲说："把它交给力气大的人才行。"他把箭交给了老二，二儿子接着使劲折，也是白费力气。小儿子想来试试也只是徒劳，一捆箭一根也没折断，还是老样子。

"没力气的人，"父亲说，"你们瞧瞧，看看你们父亲的力气如何？"三个儿子以为父亲在说笑，都笑而不答，但他们都误会了。老人拆开这捆箭，毫不费劲地一一折断。

"你们看，"他接着说，"这就是团结一致的力量。孩子们，你们要团结，用手足情意把你们拧成一股绳。这样，任何人、任何困难都打不垮你们。"这是他在患病期间说话说得最多的一次。

说完后，老人感到自己就要撒手归西了，对孩子们说："孩子们，记住我的话，你们要始终团结，在临终前我要得到你们的誓言。"三个儿子一个个都哭成了泪人，他们向父亲保证会照他的话去做。父亲满意地闭上了双眼。

三兄弟清理父亲的遗物时，发现父亲留下了一笔丰厚的财产，但留下的麻烦也不少，有个债主要扣押财产，另一个邻居又因为土地要和他们打官司。开始时，三兄弟还能协商处理，问题很快解决了。然而这兄弟之情是如此短暂，虽有共同的血统，但各自的利益促使他们分离。欲望、妒忌和法律问题困扰着三兄弟，他们争吵着分家，法官不得不在许多事情上对他们一一给予处罚。

债主和邻居重新翻案，一个说错判要重新起诉，另一个则由于前次诉讼不合手续又提出申诉。不团结的兄弟们内部分歧更大了，互相使坏，最后他们丢失了全部的家产。当想起捆在一起又被拆散的箭和父亲的教诲时，他们都后悔莫及。

故事启示：公司是由部门组成的，部门是由个人组成的。完成任务时，需要一个部门的全体成员通力合作。个人的力量在很多时候其实是微不足道的，而管理者就要充分发挥团体的长处，让大家都团结在一起，形成一个坚固的团体，去解决遇到的问题。

组织工作作为一项管理职能是指在组织目标已经确定的情况下，将实现组织目标所必需进行的各项业务活动加以分类组合，并根据管理宽度原理，划分出不同的管理层次和部门，将监督各活动所必需的职权授予各层次、各部门的主管人员以及规定这些层次和部门间的相互配合关系。它的目的就是要通过建立一个适于组织成员相互作用、发挥各自才能的良好环境，从而消除由于工作或职责方面所引起的各冲突，使组织成员都能在各自的岗位上为组织目标的实现作出应有的贡献。其组织工作职能的内容包括四个方面：

（1）根据组织目标设计和建立一套组织机构和职位系统；
（2）确定职权关系，从而把组织上下左右联系起来；
（3）与管理的其他职能相结合，以保证所设计和建立的组织结构有效运转；
（4）根据组织内外部要素的变化，适时地调整组织结构。

管理小知识 组织管理的原则

1）除非特殊状况，交代事项只对下一级的直属部属，而不跨级指挥。
2）除非事先已协调有共识或遇紧急状况，否则不指挥其他平行单位的员工。
3）接受上级跨级指挥时，必定要及时回报直属上司，让其了解状况。
4）交办员工工作或任务分配时，能多花点时间沟通，了解他对工作的想法同时让他了解工作的重要性与意义，想办法唤起他内心执行的意愿。
5）交代部属工作时，尽量思考如何给予下属更多的空间发挥。
6）下达指示时，着重要求目标的完成，对过程不需要太多的限制。

四、组织管理

组织管理就是通过建立组织结构，规定职务或职位，明确责权关系，以使组织中的成员互相协作配合、共同劳动，有效实现组织目标的过程。组织管理是管理活动的一部分，也称组织职能。其工作内容主要包括以下四个方面：

（1）确定实现组织目标所需要的活动，并按专业化分工的原则进行分类，按类别设立相应的工作岗位；
（2）根据组织的特点、外部环境和目标需要划分工作部门，设计组织机构和结构；
（3）规定组织结构中的各种职务或职位，明确各自的责任，并授予相应的权力；
（4）制定规章制度，建立和健全组织结构中纵横各方面的相互关系。

组织管理，应该使人们明确组织中有些什么工作，谁去做什么，工作者承担什么责任，具有什么权力，与组织结构中上下左右的关系如何。只有这样，才能避免由于职责不清造成的执行中的障碍，才能使组织协调地运行，保证组织目标的实现。

五、组织结构的设计

1. 组织结构含义

组织结构是指组织成员为了完成工作任务、实现组织目标，在职责、职权等方面的分工、协作体系。它是由组织的目标和任务以及环境的情况所决定的。它对组织内部的正式指挥系统、沟通系统具有直接的决定作用，对组织中人的社会行为等也有影响。因此，恰当地认

公司组织架构怎么制定

识和设计组织结构，对实现组织目标是十分重要的。

2. 组织结构的内容

（1）职能结构，是指完成组织目标所需的各项业务工作及其比例和关系，如一个企业有管理、技术、生产、经营等不同的职能。各项工作任务都为实现企业的总目标服务，但各部分权责关系却不同。

（2）层次结构，是指组织的纵向结构，即各管理层次的构成。如大学的纵向层次分为：校级—院级—系部（职能部门）。而系部下面又设教研室，教研室下面又设教研组。这样就形成了一个自上而下的纵向的组织结构。

（3）部门结构，是指组织的横向结构，即各管理和业务部门的构成，如大学设置的院办、人事处、财务处、教务处等职能部门。

（4）职权结构，是指各层次、各部门在权力和责任方面的分工及相互关系，如校级领导负责决策，各处处长负责执行与指挥；各职能层次、部门之间的协作关系、监督与被监督关系等。

3. 组织设计的目的

一个组织的组织结构（机构）的设置，是根据这个组织的目标，对组织的人力、物力和财力等各种管理要素进行合理配置，加强组织协调，提高组织效率，实现组织目标，是组织设计的基本目的。

一个组织（企业）采用不同的组织结构，会得到完全不同的组织效果。优秀的组织结构，能够做到机构精简、高效，职能分工合理而明确，既高效又统一；既发挥了个人的积极性、创造性，又能保持高度的和谐和统一。反之，不良的组织结构，机构臃肿、人浮于事、效率低下。组织内因为职责不清、职能重叠而扯皮，形成有权无责而滥用权力，有责无权而消极怠工。因此，凡成功的企业，都有运行畅通的组织；相反，失败的企业大都存在着不良的组织结构设计。

4. 组织设计的程序

组织结构设计是一个复杂的工作过程。无论是在新组建的组织中进行组织结构的设计，还是对原有组织的组织结构进行调整和完善，组织结构设计的基本程序是一致的，只是设计内容各有偏重。一个完善的组织结构设计程序如表9－1所示。

表9－1　组织结构设计程序

程　序	基本内容
① 根据组织目标进行任务划分、归类，为每一类任务确定关键管理岗位	在组织目标确定后，通过对组织目标的解剖和分析，确定出达成目标的总任务。根据任务的性质、工作量、完成的途径和方式将总任务进行划分。划分后的子任务应具体、明确，并尽可能地确定出这些子任务的相互关系和顺序，然后将相近的或联系紧密的子任务归类。再根据每一类任务的性质、工作量、完成的途径和方式确定相应的关键管理岗位，并分析这些关键管理岗位所需人员的条件和素质

程　序	基本内容
② 选择合适的组织结构形态，建立不同层次的部门	划分清楚活动和岗位之后，根据需要和习惯，选择设计组织的具体结构形态，然后对应于每一类任务建立相应的不同层次的部门或机构。如企业，若选择直线职能型结构，可以在企业设置车间，在车间之下可以设置班组等 划分职能部门时，要注意避免部门之间职能的重复和遗漏，部门之间的工作量分配要尽量平衡。此外，还需要对纵向、横向部门的相互联系、工作流程、信息传递方式等作出规定，使组织机构形成一个既严密而又具有活力的整体
③ 确定管理跨度、规定岗位权责	所谓管理跨度，就是一个上级直接指挥的下级数量。在组织结构的每一个层次上，根据任务的特点、性质以及授权情况，决定出相应的管理跨度，因此，便确定了关键岗位的数量。关键岗位确定之后，需对每一个岗位职务的权责作出详细规定。如管理者任务的性质、具体工作范围与内容、需要承担的责任、拥有的决策权和管辖权、与上级和下级的关系、与横向部门管理者的关系、任职基本条件、工作绩效的考核标准和奖惩条款等
④ 配备部门的主要管理人员	在完成了以上步骤之后，便需要按照关键岗位的任职条件，选拔配备相关的管理人员，并对普通职员作出相应的分配和安排。特别是限定清楚直线人员与参谋人员的配备
⑤ 组织结构的不断修正与完善	组织设计完成之后，便进入了运行状态。在运行过程中，会暴露出许多漏洞和矛盾，因此，必须根据出现的情况对组织结构作出及时调整，使组织结构在运行过程中得到不断修正和完善

5. 组织设计的原则

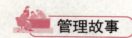
管理故事

巨龙九头

德国皇帝刚统一德国时，势力正值巅峰，自认为是当今世界唯一的霸主。一天，土耳其国王派使者来谒见。德国皇帝的心中很疑惑："土耳其也是强国，那么他的使者来是为什么呢？是想和我结盟还是想和我一起征服？还是……"皇帝进入大厅时，土耳其的使者正笑容满面地坐在那里，他身材矮小，没有佩带武器，穿着也十分普通。皇帝盛气凌人地问道："你觉得我们德国如何？"使者很恭敬地回答道："贵国想必有很多豪杰，路上看到了许多非常坚固的城堡。"

皇帝不禁洋洋得意起来："我们德国，共有二十四个诸侯，他们各自拥有十个英雄豪杰，每个英雄豪杰也都有城邑。这些英雄豪杰都有单凭一个人打败敌军一个师团的能力。"土耳其使者依然笑容可掬地说："我在穿越贵国的森林时，看到了一条恐怖的九头巨龙，可否容我在此一述。"皇帝感到很奇怪："有这种事？说来听听。"使者说："那天我经过一片森林时，遇到了一条九头怪龙。龙向我冲来，当是我就吓昏了。醒来后却发现自己还活着。看到这种情形,我的恐惧感消失得无影无踪,于是就睨视着互相噬咬的九头龙,慢慢走出了森林。""皇帝阁下,有九个头的龙,姑且还为一个小小的我而互相打斗呢?会不会为抓只小羊而争斗不休呢?尊敬的皇帝阁下,你说是不是这么回事呢?"使者说完,笑容满面地告辞,留下愕然的德国皇帝怔怔地坐在豪华的宫殿里。

故事启示:一件事由一个部门负责,每个部门都有着不同的职责,这才是一个有机的整体。公司的高层都不止一个,谁都可以发号施令,却让员工无所适从,事情因此也就无法处理。这是管理上的一大忌讳。

组织所处的环境、拥有的技术、制定的战略、发展的规模不同,所需的职务和部门及其关系也不同,但任何组织在进行机构和结构设计时,都需要遵守一些共同的原则,如图9-2所示。

应当指出,以上这些基本原则,是组织设计一般的、共同的原则,具有普遍性。但是,依据这些原则设计出来的组织模式则不应当是千篇一律,而应当互不相同,各具特色。现代组织结构理论的精髓,不是在于提供了那些普遍适用的共同原理,而是从组织具体的环境、战略、技术、人员素质、规模及生命周期等因素出发,具体运用这些普遍原理。

六、组织结构的类型

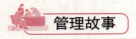
管理故事

企业的组织类型

伴随着我国的对外开放,某地区生产传统工艺品的企业,逐渐发展壮大起来。销售额和出口额近十年来平均增长15%以上。员工也由原来的不足200人增加到了2 000多人。企业还是采用过去的类似直线型的组织结构,企业一把手王厂长既管销售,又管生产,是一个多面全能型的管理者。最近企业发生了一些事情,让王厂长应接不暇。其一,生产基本是按订单进行,由厂长传达生产指令。碰到交货时间紧,往往是厂长带头和员工一起挑灯夜战。虽然按时交货,但质量不过关,产品被退回,并被要求索赔。其二,以前企业招聘人员人数少,所以王厂长一人就可以决定了。现在每年要招收大中专学生近50人,还要牵涉人员的培训等,以前的做法就不行了。其三,过去总是王厂长临时抓人去做后勤等工作,现在这方面工作太多,临时抓人去做,已经做不了做不好了。凡此种种,以前有效的管理方法已经失去作用了。

故事启示:可以看出该企业明显采用的是直线制组织结构形式,但随着该企业规模不断扩大、业务量大增且复杂的情况下,一个人来承担管理职能,很难进行有效的管理。

由于行业不同、规模不同、组织内外环境不同,组织结构类型也不尽相同。目前,常见的组织结构主要有以下几种。

1. 直线制

直线制是一种最早的和最简单的组织形式,它最初产生于手工作坊,当时老板和工场主都是实行个人管理,对生产、技术、销售、财务等各项事务都亲自处理。因此,这种组织形式没有职

目标统一原则 → 组织结构的设计和组织形式的选择必须有利于组织目标的实现。任何一个组织都是由它的特定目标决定的，组织中的每一部分应该都与既定的组织目标有关，否则，它就没有存在的意义。因此，组织设计中要以事为中心，因事设立机构、岗位，做到人与事高度地配合，即事事有人做，而非"人人有事做。"

精干高效原则 → 精干高效是组织结构设计的重要原则，在服从由组织目标所决定的业务活动的前提下，应力求减少管理层次，精简管理机构和人员。"一个和尚挑水喝，两个和尚抬水喝，三个和尚没水喝。"机构精简、人员精干才能为组织成员提供施展才华的舞台，实现管理的高效，否则，机构臃肿、人浮于事，势必导致浪费人力，滋长官僚主义、办事拖拉、效率低下。

指挥一致原则 → 指挥一致就是要求按一致性目标任务设置组织机构，其目的是使组织的各层次及各层次上的所有机构都在统一命令系统之下，追求同一目标，以使组织在运行中能够步调一致，精干高效。
指挥一致在纵向管理上纵向统一。纵向统一指组织层次间上下层的集中统一，命令一致。为此，不同层次之间的上下级关系要明确，上下级之间的上传下达按层次进行，在指挥和命令上严格实行"一元化"的层次联系，避免发生多头领导，多元指挥的情况。
指挥一致在横向管理上为横向统一。横向统一是指同一层次的不同专业部门之间通过联系和协调而实现的配合一致。联系是指同层次部门间意见交换、工作配合及有关目标达成所需的共同行动。协调是指同一目标的解释和同一命令执行中的矛盾解决、沟通和求同存异的配合行动。

幅度控制原则 → 幅度控制原则是指一个上级直接领导与指挥下属的人数应该有一定的控制限度，有效的管理幅度一般为6～7人。管理幅度并不是越大越好，毕竟每个人的知识和能力都是有限的。但是，随着计算机技术的发展和信息时代的到来，运用信息技术处理信息的速度大大加快，每个管理者对知识和信息的掌握以及实际运用的能力都有普遍的提高，这使得管理幅度有可能大幅度地提高。

责权对等原则 → 责权对等原则就是使每个职位的职责同授予该职位的职权一致起来，避免有责无权、责大权小或者有权无责、权大责小等现象的出现，以保证职责的履行。有权无责或权大责小容易产生瞎指挥、滥用权力的官僚主义；有责无权或责大权小会严重挫伤工作人员的积极性。因此，上下级的责权分配与关系调整是贯彻责权对等原则的关键。

图 9-2　组织设计的原则

能机构，从最高管理层到最低管理层，实现直线垂直领导，直线制组织结构形式如图9-3所示。

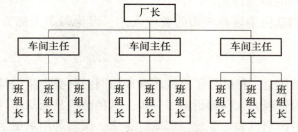

图9-3 直线制组织结构形式

直线制的优点：
(1) 结构简单，沟通迅速；
(2) 权力集中，指挥统一；
(3) 垂直联系，责任明确。

直线制的缺点：
(1) 缺乏横向的协调关系；
(2) 没有职能机构，管理者负担过重；
(3) 权力过于集中，易于造成滥用职权；

适用范围：小规模企业。

2. 职能制

组织的职能制结构是在各级直线指挥人员或行政领导人员之下，按专业分工设置相应的职能机构，这些职能机构受上一级直线指挥人员的领导，并在各自的业务范围内有权向下级直线指挥人员下达命令。因此，下一级直线指挥人员或行政领导人员，除了要服从上级直线指挥人员的指挥外，还要服从上级职能机构的指挥。这种结构形式如图9-4所示。

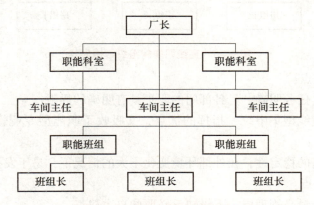

图9-4 职能制组织结构形式

职能制的优点：
(1) 职能部门分工细密，专业分工明确；
(2) 便于发挥职能专长，激发人员发挥专长的能力；
(3) 减轻了各级行政领导人员的工作负担。

职能制的缺点：

(1) 出现多头领导，容易造成管理上的混乱；
(2) 职能部门之间的协调性差；
(3) 不利于在管理队伍中培养全面的管理人才，因为每个人都力图向专业的纵深方向发展自己。

3. 直线职能制

直线职能制组织结构是一种综合了直线制和职能制两种类型组织特点而形成的组织结构形式。它的产生使组织管理大大向前迈进了一步，这种结构是当前国内各类组织中最常见的一种组织结构，是各级国家机关、学校、部队、企业、医院等组织最常用的结构形态。

在各级直线指挥人员或行政领导人之下，按专业分工设置相应的职能机构，这种职能机构是行政领导的业务助手和参谋，它们不能直接向下级部门下达命令，而只能进行业务指导，职能部门拟订的计划、方案以及有关指令，统一由直线指挥人员或行政领导下达，因此，下一级直线指挥人员或行政领导人，只会接受上级直线指挥人员的命令。直线职能制组织结构形式如图9-5所示。

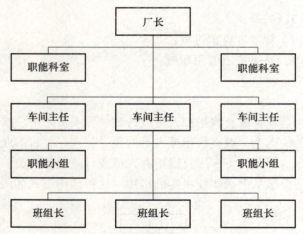

图9-5 直线职能制组织结构形式

直线职能制的优点：
(1) 分工细密，任务明确，且各部门的职责具有明确的界限；
(2) 既保持了直线型集中统一指挥的优点，又吸收了职能型专业管理的长处，从而大大提高了管理的效率；
(3) 它具有较高的稳定性，在外部环境变化不大的情况下，易于发挥组织的集团效率。

直线职能制的缺点：
(1) 权力集中于最高管理层，下级缺乏必要的自主权；
(2) 各部门之间横向联系较差，容易产生脱节矛盾；
(3) 各参谋部门与指挥部门之间的目标不统一，容易产生矛盾；
(4) 信息传递路线较长，反应较为迟钝，适应环境变化较难。

4. 事业部制

事业部制是指以某个产品、地区或顾客为依据，将相关的研究开发、采购、生产、销售等部门结合成一个相对独立单位的组织结构形式。它表现为，在总公司领导下设立多个事业部,各事业部有各自独立的产品或市场,在经营管理上有很强的自主性,实行独立核算,是一种分权式管理结构。事业部制又称 M 型组织结构,即多单位企业、分权组织或部门化结构,其组织结构形式,如图 9-6 所示。

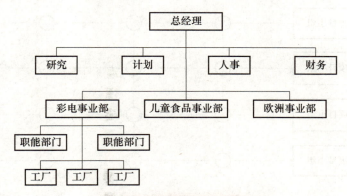

图 9-6 事业部制组织结构形式

事业部制的优点:
(1) 提高了管理的灵活性和适应性;
(2) 有利于最高层管理者摆脱日常行政事务,从而有利于集中精力作好组织的战略决策和长远规划;
(3) 它是培养管理人才的最好组织结构类型。

事业部制的缺点:
(1) 对事业部的管理人员水平要求较高;
(2) 增加了管理层次,结构重叠,管理人员增多,管理成本较高;
(3) 各事业部之间的相互交流和支援困难;
(4) 各事业部容易忽略企业的总体利益,产生本位主义,容易引起总体协调的困难。

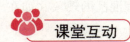

事业部制与直线职能制在框架形式上非常相似,你认为两者的本质差别是什么?

5. 矩阵制

矩阵制结构由纵、横两个系列组成,一个是职能部门系列;另一个是为完成某一临时任务而组建的项目小组系列。纵横两个系列交叉,即构成矩阵。项目小组是由一群具有不同背景、不同技能、不同知识,分别选自不同部门的人员所组成,其组织结构如图 9-7 所示。

一个组织可以有多个项目小组,每一个项目小组由项目负责人,在组织的最高主管直接领导下进行工作。这种组织结构形式的特点是打破了传统的组织中一个成员只有一个上司的命令统一原则,使一个成员属于两个甚至两个以上的部门。

矩阵型组织结构的特征:
(1) 矩阵型组织结构是由纵、横两套管理系统组成的。一个是按职能部门划分的垂直

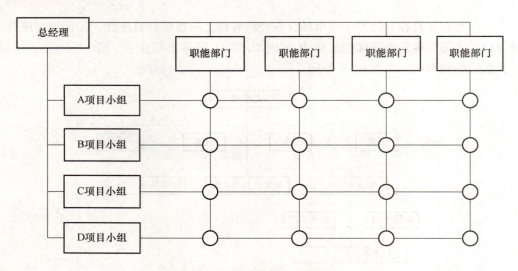

图 9-7 矩阵型组织结构

领导系统,另一个是为完成特定任务而组建的跨职能部门项目划分的横向领导系统的结构。

(2) 结构类型是固定的,人员是变动的,任务完成后跨职能部门项目组就解散。

矩阵型组织结构的主要优点:

(1) 机动、灵活,可随项目的开发与结束进行组建或解散;

(2) 有利于发挥各方面专业人员的综合优势;

(3) 加强了不同部门之间的配合和信息交流。

矩阵型组织结构的主要缺点:

(1) 在资源管理方面存在复杂性;

(2) 稳定性差和权责不清(这主要是因为项目组的成员均是不同部门抽调来的,容易产生临时感觉,常常会对工作产生不利影响);

(3) 双重领导可能使执行人员无所适从,容易产生责权不清、管理混乱的现象(如在人员绩效评定和奖惩方面常常会因为这种双重领导受到影响)。

矩阵型组织结构的适用条件:

非常适用于横向协作和攻关项目,特别适用于开发与实验项目为主的组织,如科学研究,尤其是应用型研究单位等。

6. 委员会组织

委员会也是一种常见的组织形式,它是由来自不同部门,具有不同经验、知识和背景的人员组成,跨越专业和职能界限执行某方面管理职能的一种组织结构。委员会组织的作用是完善个人管理的不足,并预防过分集权化,使各方的利益得到协调和均衡。大到国家,小到企业、大学等,委员会组织随处可见。例如,我国的人大常委会、国务院学位委员会、公司中的董事会和监事会、高等学校的学术委员会等。

委员会组织结构的主要优点:

(1) 委员在委员会中的权力是平等的。根据委员会的章程,各个委员有权提出有关方案,有权就相关问题平等地发表意见,并具有投票权,有关决议的形成与通过以少数服从多数的投票方式来进行。因而,委员会具有权利义务平等、民主、集体决策的特点。

(2) 由于各个委员具有不同的经验、知识和背景，对决策的问题可以提出多方面的建议和看法，可以使决策方案更合理、更有效，可以减少决策失误。

(3) 委员会的委员一般都是相关方面的优秀代表，如专家、技术人员、管理人员、基层代表等，因而组建委员会是吸收下级参与决策的好方式，它可以大大增加决策的民主性、代表性和权威性。

委员会组织结构的主要缺点：

(1) 责任不清、缺乏个人行动。个人同意集体的决议并不意味着他的观点完全同决议一致，个人对集体作出的决议或建议，并不承担个人责任，当决策出现失误时，无法追究委员的个人责任。

(2) "从众效应"使通过的决议或方案折中调和的成分很大，有时实质性的内容难以在决议中保留。

七、组织的变革

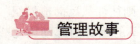
管理故事

将军的马

有一位勇猛的将军，在他年轻的时候，特别喜欢饮宴，每次他都喝得酩酊大醉，一边东摇西晃，一边同女人调笑。他总是到离家有一段距离的一个村子里享受他的放荡生活，通常一周光顾一次。他的青春年华就这样一天天虚度，自己的武艺也渐渐荒废。

终于，有一天早上，将军的母亲狠狠地训斥了他一顿，责怪他不该像一个花花公子那样无所事事。母亲情真意切的话令他猛醒，将军感到惭愧万分，向母亲发誓说他再也不会去那个村子了。从此，他开始拼命训练，立志一心向善，成为一个品行优秀的人。

一天傍晚，在进行了整日的野外训练之后，将军又累又乏，伏在他的爱驹上睡着了。马儿本来应该驮他回家，但这天恰好是周末，也就是以前他去那个村子玩乐的时间。受过主人"良好调教"的马儿，竟带他往他的"乐土"去了。当将军醒来时，他发现自己违背了对母亲所发的誓言。他又到了他不该到的地方。想到自己的失信，将军忍不住掉下泪来。他凝视着自己的马，这是他孩提时就伴随他的亲密伴侣，是他除了亲人以外的至爱。经过长久的沉默，他拔出剑来，杀了这匹马。

故事启示：你是否杀了自己的马？变革是痛苦的，无论一场变革可能为你带来多大的好处，它都会使你失去一些古老的、你所熟悉的、让你感到舒服的东西。旧习惯的根除并不那么容易。

这个故事的另一个寓意是，任何时候，当一家公司寻求改变旧有的东西时，它必须准备放弃旧方式所带来的种种好处。很多公司坚持用旧的流程，是因为旧流程能够产生结果。如果你想改变这些流程，切记，你注定会失去旧流程的某些成果。所以，在采取变革行动之前，必须仔细地计算这样做的成本。

组织变革是指运用行为科学和相关管理方法，对组织的权力结构、组织规模、沟通渠道、角色设定、组织与其他组织之间的关系以及对组织成员的观念、态度和行为,成员之间的合作精神等进行有目的的、系统的调整和革新,以适应组织所处的内外环境、技术特征和组织任务等方面的变化,提高组织效能。

1. 组织变革的动因

在全球化和信息化日益发展的今天,由于组织面对的是一个动态的、变化不定的环境,为了组织的生存和发展,必须设法使其适应这样的环境。促使组织变革的动因可分为外部环境因素和内部环境因素两方面。

(1) 外部环境因素,是指单个组织无法控制的环境。外部环境的变化将同时作用于同一环境下运行的所有组织。从对企业组织系统的影响看,引起组织变革的外部环境主要有:宏观经济环境的变化、社会资源的变化、竞争观念的改变等。因此,组织外部环境的发展变化是组织变革的重要动因。

(2) 内部环境因素,是指组织中人员思想和行为的变化、组织运行和成长中的矛盾。组织中人员的思想和行为有积极向上、开拓创新的,这些思想和行为是促进组织变革的原动力。相反,组织中人员的思想和行为若变为消极、不满、怠工、冲突,则往往从反向迫使组织不得不进行变革。因此,组织中人员的思想和行为的变化是组织变革的重要内部动因之一。组织在运行和成长中,会出现各种矛盾,如组织结构庞大臃肿,运行机制僵化,缺乏弹性,对外界环境的变化反应迟钝,决策缓慢或决策失误,组织内部不协调,指挥失灵等。伴随着这些矛盾的解决,组织的结构也将被调整。

2. 组织变革的内容

(1) 对人员的变革。人员的变革是指员工在态度、技能、期望、认知和行为上的改变。

(2) 对结构的变革。结构的变革包括权力关系、协调机制、集权程度、职务与工作再设计等其他结构参数的变化。

(3) 对技术与任务的变革。技术与任务的改变包括对作业流程与方法的重新设计、修正和组合,包括更换机器设备,采用新工艺、新技术和新方法等。

3. 组织变革的类型

(1) 战略性变革。战略性变革是指组织对其长期发展战略或使命所做的变革。

(2) 结构性变革。结构性变革是指组织需要根据环境的变化适时对组织的结构进行变革,并重新在组织中进行权力和责任的分配,使组织变得更为柔性灵活、易于合作。

(3) 流程主导性变革。流程主导性变革是指组织紧密围绕其关键目标和核心能力,充分应用现代信息技术对业务流程进行重新构造。这种变革会使组织结构、组织文化、用户服务、质量、成本等各个方面产生重大的改变。

(4) 以人为中心的变革。以人为中心的变革是指组织必须通过对员工的培训、教育等引导,使他们能够在观念、态度和行为方面与组织保持一致。

总之,在具体的管理实践中,对于一个具体组织而言,应视其具体情况来选择变革类型,其组织变革常常是上面几种类型交替与混合的过程。

4. 组织变革的阻力

(1) 个体对待组织变革的阻力。主要是因为其固有的工作和行为习惯难以改变、就业安全需要、经济收入变化、对未知状态的恐惧以及对变革的认识存有偏差等而引起。

(2) 群体对变革的阻力。可能来自群体规范的束缚,群体中原有的人际关系可能因变革而受到改变和破坏等。

（3）组织层次对组织变革的阻力。它包括现行组织结构的束缚、组织运行的惯性、变革对现有责权关系和资源分配格局所造成的破坏和威胁以及追求稳定、安逸和确定性甚于革新和变化的保守型组织文化等，这些都是可能影响和制约组织变革的因素。

另外，外部环境对组织变革也会产生一定的阻力。

5. 组织变革阻力的克服方法

（1）企业的人力资源要为组织变革服务。员工的个性与其对待变革的态度有着密切的关系，因此，企业在招聘的过程中，就应该引入心理测评，通过测评招聘一些有较强适应能力，敢于接受挑战的员工。其次，在组织变革的过程中，企业要加强对员工的培训，提高员工的知识水平和技能水平，使得企业的人力资源素质和企业变革同步推进。最后，在企业的日常经营过程中，企业应该树立一种团体主义的文化，培养员工对组织的归属感，形成一种愿意与企业同甘共苦的企业文化。

（2）加强与员工的沟通，让员工明白变革的意义。在变革实施之前，企业决策者应该营造一种危机感，让员工认识到变革的紧迫，让他们了解变革对组织、对自己的好处，并适时地提供有关变革的信息，澄清变革的各种谣言，为变革营造良好的氛围。在变革的实施过程中，要让员工理解变革的实施方案，并且要尽可能地听取员工的意见和建议，让员工参与到变革中来。与此同时，企业还应该时刻地关注员工的心理变化，及时与员工交流，在适当的时候可以作出某种承诺，以消除员工的心理顾虑。

（3）适当地运用激励手段。在组织变革的过程中适当运用激励手段，将达到意想不到的效果。一方面，企业可以在变革实施过程中，提高员工的工资和福利待遇，使员工感受到变革的好处和希望。另一方面，企业可以对一些员工予以重用，以稳住关键员工，消除他们的顾虑，使他们安心地为企业工作。

（4）引入变革代言人。变革代言人即通常所谓的咨询顾问。在变革的过程中，一些员工认为变革的动机带有主观性质，他们认为变革是为了当局者能更好地谋取私利。还有一些员工认为变革发动者的能力有限，不能有效地实施变革。而引入变革代言人就能很好地解决上述问题。一方面，咨询顾问通常都是由一些外部专家所组成的，他们的知识和能力不容置疑。另一方面，由于变革代言人来自第三方，通常能较为客观地认识企业所面临的问题，较为正确地找到解决的办法。

（5）运用力场分析法。力场分析法是卢因于1951年提出来的，他认为：变革是相反方向作用的各种力量一种能动的均衡状态，对于一项变革，企业中既存在变革的动力，又存在变革的阻力，人们应该通过分析变革的动力和阻力，找到变革的突破口。

问题思考

1. 如何正确理解组织的含义？
2. 简述组织设计的基本程序及基本原则。
3. 组织结构的基本形式有哪些？它们各自有什么优缺点？
4. 试述组织变革的内在动因。

技能训练

1. 单选题

(1) 矩阵型组织结构的主要缺点是（   ）。
A. 易产生隧道视野　　　　　　　　　　B. 双重领导，权贵不一致
C. 部门间协调难　　　　　　　　　　　D. 易产生本位主义

(2) 事业部制的管理原则是（   ）。
A. 实行专业化管理
B. 集中政策，分散经营
C. 高度集权，全能管理
D. 统一指挥并发挥职能机构和人员的作用。

(3) 在组织结构中分权程度最高的是（   ）。
A. 直线型　　　　B. 职能型　　　　C. 直线职能型　　　　D. 事业部制型

(4) 关于组织的概念和本质，你认为哪种说法是不正确的？（   ）
A. 只有一个人的组织是不存在的　　　　B. 不追求经济效益的组织是不存在的
C. 没有共同目标的组织是不存在的　　　D. 不需要管理与领导的组织是不存在的

(5) 面对动态变化、竞争加剧的世界经济，管理者必须注意考虑环境因素的作用，以便充分理解与熟悉环境，从而能够做到有效地适应环境并（   ）。
A. 进行组织变革　　　B. 保持组织稳定　　　C. 减少环境变化　　　D. 推动环境变革

2. 判断题

(1) 管理与组织具有相同的含义。　　　　　　　　　　　　　　　　　　　　（   ）
(2) 组织结构一经建成便保持不变。　　　　　　　　　　　　　　　　　　　（   ）
(3) 职权和职责必须相等。　　　　　　　　　　　　　　　　　　　　　　　（   ）
(4) 频繁的组织结构变动是组织成功的关键。　　　　　　　　　　　　　　　（   ）
(5) 组织是两人或两人以上有意识加以协调的活动或效力系统。　　　　　　　（   ）

案例1　某玩具厂的组织

某民营玩具生产企业的产品主要销往国际市场，伴随着我国对外开放政策的实施，其市场不断扩大，销售额和出口额以年均20%的速度增长，企业的生产经营规模也在不断扩大，员工由最初不足200人增加到目前近2 000人。与生产经营规模不断发展不同的是，该企业的组织结构没有做任何调整，仍然沿用最初建立时的类似直线型的组织结构，李厂长是绝对的领导，对企业的生产、销售、财务和人事等各项工作全面负责，且在许多具体问题上亲力亲为。但是，最近一段时间，企业遇到了一些事情，让李厂长应接不暇。第一，玩具生产是

按合同订单执行，生产指令由厂长向各部门、各车间下达，遇到订单紧急的情况，往往是厂长带头，全体员工加班加点赶任务。这种赶任务、赶工期的现象，难免会出差错，个别情况下，玩具质量不达标，产品被客户退回，严重的甚至赔款。第二，伴随着企业规模的扩大和业务量的增加，企业急需招聘专业的管理人员和技术人员，并且需要对新系统进行培训。而以往的人员招聘、培训方式也需要做相应的调整。第三，企业的后勤管理没有专门的机构及人员，传统的做法是厂长临时派人去做，现在事情多了，头绪多了，传统做法落后了。凡此种种，以前运行良好的组织机构、管理方法等都失去了作用。面对现状，李厂长时常有力不从心的感觉，他也在不断思考应该如何解决现有的问题，以便能更好地适应企业不断发展的需要。

案例讨论：
1. 该企业目前采用的是何种组织结构？这种组织结构有何特点？
2. 你认为现有的组织结构能否支持企业的发展？企业的组织结构应做哪些调整？

案例2　东方公司

东方公司是一家新兴企业，六年以前以房地产业务起家，公司初创时只有几个人，资产1 500万元，发展到现在已有1 300余人，5.8亿元资产，业务拓展以房地产开发为主，集娱乐、餐饮、咨询、汽车维护、百货零售等业务的多元化经营格局。

随着公司的不断发展，人员开始膨胀，部门设置日益复杂。如总公司下设五个分公司和一个娱乐中心，娱乐中心下设嬉水、餐饮、健身、保龄球、滑冰等项目。另外，总公司所属的房屋开发公司、装修公司、汽车维修公司和物业公司又都自成体系。管理层次也不断增加，总公司有三层，各分公司又均有三级以上的管理层，最突出的是娱乐中心，管理层次多达七级。职能部门重叠设置，总公司有人力资源部，而下属公司也相应地设立了人力资源部门，管理混乱。事实证明，多元化经营的复杂业务格局，原有的直线职能制已不适应公司的发展了。

此外，财务管理也很混乱，各个分部独立核算后，都有自己的账户，总公司可控制的资金越来越少。因此，有必要在财务上实行集权。

但是，组织变革意味着利益的重新分配，可能引起管理层的震荡。因此，东方公司的领导层面临考验。

案例讨论：
1. 通过案例，你认为东方公司面临的主要问题是什么？
2. 东方公司应进行怎样的组织变革？变革后的组织结构形式具有什么特点？

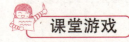
课堂游戏

向前传递

1. 游戏目的

通过游戏使学生明白扁平式组织结构能够减少信息的失真。

2. 游戏道具
每组一张小纸片，上面写着一条"消息"（见附注）。

3. 游戏时间
30 分钟。

4. 游戏步骤
（1）将全班同学分成若干小组，确定每小组传递消息的第一人和最后一人。

（2）把纸片发给每小组的第一人，第一人看完后，将纸片交给老师。

（3）消息由每小组的第一人依次向小组其他成员传递，直至最后一人。

（4）最后一人将听到的消息写在纸上交给老师。如果只有 2~3 个小组，可以让每小组最后一人在黑板上写上听到的消息，然后再让小组其他 1~2 位小组成员在黑板上写上自己听到的消息，最后让每组第一人修改距他位置最近的小组成员所写的消息。

（5）如果是纸条，则老师念完纸条的内容，再念正确的答案；如果是写在黑板上，可以大声说出每小组相同消息的不同版本。

5. 游戏规则
（1）每次传递时只允许将消息说一遍。

（2）轻轻地将自己理解的消息告诉你旁边的人，并依次传递下去，只有当轮到小组某个成员时，他（她）才可以听。

（3）听到消息后，必须完全按照自己的理解告诉下一名成员。

附注：

消息一

我将于 7 月 2 日到 8 月 4 日外出度假，因此我希望这段时间能够停送报纸。我记得你们可以在周六晚上送出周日的报纸，因此我也希望为我安排提早投递周日的报纸。

消息二

我想将我的私人账户转为两人共有，我还想知道你们对小额商业贷款的新规定。此外，少于 10 000 美元的短期商业贷款的利率是多少？

消息三

我有意于 7 月 6 日带队参观博物馆，成员包括十名儿童、三位老人和四个年龄超过 18 岁的成年人，这四个成年人中有一人是学生。请问分别买票享受老年人和学生折扣同购买团体票相比较，哪种方法更划算呢？

消息四

我想订购两束玫瑰，分别送往两个地方。一束送给我的母亲，她居住在奥克兰；另一束送给我的姐姐，她则住在奥林达。玫瑰一定要新鲜——甜心玫瑰送给我的母亲，纯银玫瑰送给我的姐姐。

WiFi 网络冲浪

通过网络查找有关企业的网站，了解企业的组织结构形式，并分析该企业为什么要采取这种组织结构类型？

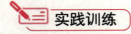 实践训练

院系组织结构

1. 实训目标

应用本任务所学的知识分析实际问题的能力。

2. 实训内容

根据你的了解,画出你所在学院或系部的组织结构示意图,并做以简单的文字说明。

3. 实训要求

每个学生要根据本任务所学的相关知识,独立完成组织结构示意图。

任务 10
领 导

> 领导不是某个人坐在马上指挥他的部队，而是通过别人的成功来获得自己的成功。
> ——杰克·韦尔奇
>
> 一个企业的 CEO 和一个国家的领导人一样，不同时期需要不同风格的 CEO 和领导人。
> ——刘克丽

 **任务简介**

在整个管理过程中，领导工作这一职能，是计划工作、组织工作以及控制工作等各个职能的纽带，是实现组织目标的关键。领导职能的功效就是对组织中的全体成员辅以指导和领导，进行沟通联络，运用恰当的激励手段对下属施加影响，以统一组织成员的意志，从而保证组织目标的实现。

本任务主要介绍领导的内涵、领导者的素质和作用；领导与管理的关系；领导的方式及其理论；同时介绍领导艺术等相关知识。通过此任务的学习，能够初步运用领导理论来分析和处理管理中的实际问题，学会运用领导艺术进行日常管理工作。

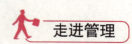 **走进管理**

买 鹦 鹉

一个人去买鹦鹉，看到一只鹦鹉前标着：此鹦鹉会两门语言，售价二百元。另一只鹦鹉前则标道：此鹦鹉会四门语言，售价四百元。该买哪只呢？两只都毛色光鲜，非常可爱。这人转啊转，拿不定主意。结果突然发现一只老掉了牙的鹦鹉，毛色暗淡散乱，标价八百元。这人赶紧将老板叫来：这只鹦鹉是不是会说八门语言？店主说：不。这人奇怪了：那为什么又老又丑，又没有能力，会值这个数呢？店主回答：因为另外两只鹦鹉叫这只鹦鹉老板。

这个故事告诉我们，真正的领导人，不一定自己能力有多强，只要懂信任、懂放权、懂珍惜，就能团结比自己更强的力量，从而提升自己的身价。相反，许多能力非常强的人却因为过于追求完美，事必躬亲，觉得什么人都不如自己，最后只能做最好的公关人员、销售代表，却成不了优秀的领导者。

知识梳理

一、领导的内涵

1. 领导的含义

"领导"从字面上理解，有两种词性，一是名词，意思为担任领导工作的人，即领导者的简称；二是动词，意思为率领并引导。关于领导的含义，国内外专家学者做过不同的解释。本书则把领导定义为：领导就是指挥、带领、引导、鼓励和影响组织中每个成员（个体）和全体成员（群体）为实现群体或组织既定目标而努力的过程。这一定义有三方面的含义：

（1）领导是一种过程，而不是某一个体；

（2）领导的本质是人际影响，即领导者拥有影响追随者的能力或力量，这种能力或力量包括组织赋予领导者职位和权力，也包括领导者个人所具有的影响力；

（3）领导的目的是使群体或组织目标的实现。

2. 领导的权力

权力是一种影响他人行为的潜力，权力代表了一种资源，领导者通过这种资源影响其下属的行为。组织中存在着五种权力类型：法定权力、奖赏权力、强制权力、专长权力和感召权力。

（1）法定权力。这种权力来自领导者在组织中担任的职务，来自下级传统的习惯观念，即下级认为领导者拥有的职务权力是合理、合法的，得到了社会的公认，他必须接受领导者的影响。

（2）强制权力。强制权力又叫惩罚权力，这种权力建立在下级的恐惧感上。下级认识到，如果不按照上级的指示办事，就会受到上级的惩罚。惩罚包括物质处罚、批评、调职，甚至开除等。

（3）奖赏权力。下级认识到，如果按照上级的指示办事，上级会给予一定的奖赏，满足自己的某些需要。奖赏包括物质奖赏和精神奖赏两方面。

（4）专长权力。由于领导者具有某种专业知识和特殊技能，因而赢得同事和下级的尊敬和服从。

（5）感召权力。这种权力是领导者的个性特征，如具有某种特殊气质、形象或拥有某种荣誉、声望以及特殊经历等，其个性特征为下属所接受、尊重和仰慕，从而使下属竭力仿效之。

在上述五种权力中，法定权力、强制权力和奖赏权力属于职位权，而专长权力和感召权力则是由个人的才干、素养等决定的，属于个人权力。要想成为一个有效的领导者，仅有职位权力是不够的，还必须具有个人权力。表10-1所示为五种权力的来源。

表 10-1　五种权力的来源

权力来源＼权力种类	法定权力	奖赏权力	强制权力	专长权力	感召权力
领导者方面	职位	职位	职位	个人专长	个人魅力
下属方面	习惯观念	欲望	恐惧	尊敬	信任

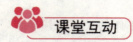 课堂互动

请问你在没有学习领导内涵之前,是怎样理解领导的?

二、领导者素质

领导者素质是指在先天禀赋的生理和心理基础上,经过后天的学习和实践锻炼而形成的在领导工作中经常起作用的那些基础条件和内在要素的总和。包括品德、知识、才能、情操、身体等诸要素在一定时间和条件下的内在状态。

良好的领导者素质,是领导者承担领导责任、履行领导职能的基本条件。作为决策者,素质好,才能高瞻远瞩,不失时机地作出英明正确的决策;素质差则优柔寡断或蛮横专断,使决策失误。作为指挥者,素质好,能够调动起广大人民群众的积极性和创造性;素质差则指挥不灵,调动不力,影响广大群众积极性的发挥,甚至产生内耗。作为带头人,素质好,可以成为被领导者的楷模,产生巨大的吸引力、凝聚力和影响力;素质差则会失去民心,涣散斗志,产生离心力。由此可见,领导者的素质如何不仅是影响领导效能的主观条件,而且也是组织和事业发展的关键。毛泽东同志曾经说过:政治路线确定之后,干部就是决定的因素。特别是在改革开放的新形势下,新事物、新问题层出不穷,对领导者的素质提出了更新、更高的要求。现代领导者必须具有战略的眼光、改革的魄力、系统的观念、综合的能力、创新的精神以及甘为人民公仆的思想境界等基本素质,这是我们的事业兴旺发达的基本保证。因此,现代领导者应当具备的基本素质的内容主要有:

1. 政治思想素质

政治思想素质是领导者在政治上和思想上应当具备的基本素质。领导者应当具备的政治素质主要有:系统学习、熟悉和掌握马列主义、毛泽东思想、邓小平理论和"三个代表"重要思想,学会运用马克思主义的立场、观点和方法分析问题,认识问题,指导自己的领导实践活动;能够把握正确的政治方向,坚持正确的政治理想和信念,时刻关心国际社会的风云变幻,关心社会主义事业的发展进程,关心党和国家的前途命运;坚持全心全意为人民服务,不谋私利,廉洁奉公;献身改革开放和现代化事业,艰苦奋斗,在困难、压力面前具有顽强的进取心和坚韧性,能够百折不挠,奋发进取。

2. 道德品质素质

道德品质素质是对领导者道德风范和个人品质的要求,主要内容有:大公无私、公道正派的高尚情操;坚持真理、修正错误的无畏勇气;勤政为民、任劳任怨的服务态度;热爱集

体、乐于助人的团队精神；忠诚老实、讲究信用的诚信品德；尊重他人、谦逊容人的宽宏气度；好学上进、积极开拓的创新精神。领导者应该自重、自省、自警、自励，模范遵守党和政府对公民提出的关于社会公德、家庭美德、职业道德方面的各种规范与要求。

3. 文化知识素质

文化知识素质是指领导者从事领导工作必备的知识储备和知识结构，主要内容有：掌握广泛的人文社会科学和自然科学知识，先进的科学技术知识；掌握与领导工作密切相关的政治、经济、法律以及组织领导和管理方面的知识；掌握必要的专业知识，力求成为业务上的内行。

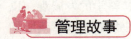

管理故事

独具慧眼的诺基亚总裁

现在，手机已是我们每个人的必备品，你有没有发觉差不多每3部手机，就有一部是诺基亚？事实上诺基亚已占了全球市场的37%，比紧随其后的摩托罗拉多了两倍。在高科技企业普遍不景气的时势下，创造了持续盈利的奇迹。

1989年，德国柏林墙被推倒那晚，诺基亚今天的行政总裁J·奥利拉正在法国旅行，他跟女儿说："欧洲版图要改写了！"而就是他，不久就有机会参与改写了芬兰在世界经济版图上的位置。

在柏林墙倒塌的两个月后，奥利拉接手了诺基亚当时规模还很小而且利润微薄的部门——生产手提电话。但奥利拉对全球经济发展很乐观，而且准确意识到未来的手机将会更轻、更便宜，加上那时候全欧洲统一用GSM网络。他看到了趋势。

"只要你的方向正确，一个小国的企业也可以在世界市场干出成绩。"他相信。在1992年他当上诺基亚行政总裁时，随即采用ALL—Out-Strategy的政策，放弃其他非核心业务，如：电视机及各类电子产品，只专注在电讯业的发展，并使其占集团业务的比例由17%急升至90%。

一如其所料，手机很快由电讯产品变为了个人化的产品，继而诺基亚在各地建立了庞大的研究部门以调查不同地区顾客的口味，进而开发多功能电话：有多媒体功能，可上网又可收发资料，更可照相……

奥利拉领导诺基亚由芬兰走向全世界，全凭他个人独到的眼光。

故事启示：一个优秀的企业家，必须具备敏锐的观察能力、准确的分析能力、卓越的领导能力。在机会来临的时候，一定要能够将眼光放长，眼界放宽，在第一时间捕捉住，看准趋势，并敢于全力出击。正所谓：伟大的决策，必先要有与之相关的知识，进而要有与众不同的见识，但接下来还必须要有敢于冒险的胆识。

4. 领导能力素质

领导能力素质是知识和智慧的综合体现。现代领导者应当具备的领导能力包含多方面的内容。主要包括：统观全局的战略思考能力；兼听多谋的研究探讨能力；权衡利弊的果断决策能力；团结大众的组织指挥能力；通权达变的协调交往能力。

（1）科学判断形势的能力。各级领导者要善于进行理论思维和战略思维，坚持用马克思主义的宽广眼界全面观察和审视世界，既从历史发展的角度去观察和审视问题，又密切注视世界政治、经济、科技、文化、军事、外交等方面的变化，善于在普遍联系中把握世界发展的大局，从事物的不断变化中掌握事物发展的规律，以便能更深刻、更全面地认识当代中国和外部世界，正确把握时代的发展要求，更主动、更自觉地把握本国、本地区、本部门的发展状况。

（2）驾驭市场经济的能力。各级领导者要善于学习和把握市场经济的内在要求和运行特点，坚持按照客观规律办事，自觉运用市场经济的规则和要求来规范经济行为，促进社会主义市场经济健康运行和快速发展；要善于抢抓机遇，应对挑战；要坚持科学的发展观，以改革为动力，切实解决建设实践中出现的新情况、新问题，千方百计加快发展步伐，不断增强我国的综合国力和民族凝聚力，实现全面建设小康社会的奋斗目标。

（3）应对复杂局面的能力。各级领导者要始终坚持以国家和民族利益为重，采取更加灵活机动的战略战术，有理有利有节，巧妙周旋，积极应对国际上的各种复杂形势，努力争取更加有利的国际环境，集中力量办好自己的事情；要正确认识和处理各种社会矛盾，善于协调不同群体之间的关系；要注重研究新形势下社会生活中的新情况、新问题，科学分析人民内部矛盾新的表现形式、特点和发展趋势，提高协调和处理各种矛盾的能力和水平；要建立科学有效的工作机制，妥善处置各种突发事件，努力把矛盾和问题解决在基层和萌芽状态层，善于协调处理不同群体之间及群体内部的利益关系，充分调动各方面的积极性和创造性，形成战胜各种困难和风险的强大合力。

（4）依法执政的能力。各级领导者必须增强法制观念；牢固树立权力必须接受人民和法律的监督与制约的观念，在法律面前人人平等的观念，违犯法律就应受到法律制裁的观念，坚持在宪法和法律的范围内活动，绝不谋求凌驾于法律之上和超越于法律之外的特权；必须善于把坚持党的领导、人民当家做主和依法治国统一起来，进一步改革和完善党的执政方式，善于把执政的方式纳入位制的轨道，从法律和制度上保证党的路线方针政策的贯彻实施。

（5）总揽全局的能力。各级领导者必须坚持不懈地贯彻执行党的路线方针政策，要把党的工作的主要精力放在抓方向、议大事、管全局上，集中精力研究和解决带全局性、战略性和前瞻性的重大问题，牢牢把握正确的前进方向和经济社会发展的主动权必须坚持"总揽全局、协调各方"的原则，充分发挥党的领导核心作用，并通过建立健全科学化、规范化、制度化的机制，规范党同人大、政府、政协和人民团体的关系，支持各方独立负责、步调一致地开展工作，要统筹协调好中央与地方的关系，充分调动中央和地方两个积极性；必须做到既要全面贯彻中央的路线方针政策，又要科学、清醒地认识本地区本部门的发展基础、优势条件、制约因素等，切实做好"结合"的文章，正确处理当前与长远、局部与全局的关系，善于把本地区的经济社会发展置于国内外宏观形势和全国工作的大局中来思考、来谋划，创造性地开展工作。

5. 心理身体素质

心理素质是指领导者的心理过程和个性特征方面表现出来的根本特点，是领导者进行领导活动的心理基础，它对领导者行为起调节作用。领导者的心理素质主要包括：强烈的事业心和责任心；积极的自尊心和自信心；顽强的意志；良好的性格和气质等。身体素质是指领导者其他素质赖以存在和发挥作用的物质载体。在身体素质方面，领导者需要具备健康意识、健康知识、健康能力和健康体魄。

> **管理小知识**
>
> **管理者十大素质**
>
> 1) 处事冷静，但不优柔寡断。
> 2) 做事认真，但不求事事"完美"。
> 3) 关注细节，但不拘泥于小节。
> 4) 协商安排工作，绝少发号施令。
> 5) 关爱下属，懂得惜才爱才。
> 6) 对人宽容，甘于忍让。
> 7) 严于律己，以行动服人。
> 8) 为人正直，表里如一。
> 9) 谦虚谨慎，善于学习。
> 10) 不满足于现状，但不脱离现实。

三、领导与管理的关系

领导是管理的重要组成部分，但领导又可以从管理中独立出来。领导偏重于决策与用人，管理偏重于执行决策，组织力量完成组织目标。二者既有密切不可分的联系，又有较为鲜明的区别，如图10-1所示。

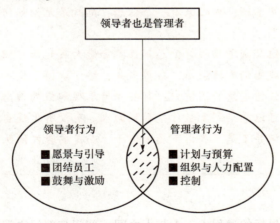

图10-1 领导与管理的关系

1. 领导与管理的共性

（1）从行为方式看。领导和管理都是一种在组织内部通过影响他人的协调活动，实现组织目标的过程。

（2）从权力的构成看。两者也都是组织层级的岗位设置的结果。

2. 领导与管理的区别

领导和管理，在工作的动机、行为的方式等方面存在着很多的差异。

（1）管理是建立在合法的、有报酬的和强制性权力基础上的对下属的命令行为。领导则更多的是建立在个人影响权和专长权以及模范作用的基础上。

(2) 管理侧重于管理者的职责，更强调管理工作的科学性和规范性。领导侧重于对人的指挥和激励，更强调领导者的影响力、艺术性和非程序化管理。

四、领导的作用

1. 指挥作用

有人将领导者比作乐队指挥，一个乐队指挥的作用是通过演奏家的共同努力而形成一种和谐的声调和正确的节奏。由于乐队指挥的才能不同，乐队也会作出不同反应。领导者不是站在群体的后面去推动群众中的人们，而是站在群体的前列去促使人们前进并鼓舞人们去实现目标。

2. 激励作用

领导者为了使组织内的所有人都最大限度地发挥其才能，以实现组织的既定目标，就必须关心下属，激励和鼓舞下属的斗志，发掘、充实和加强人们积极进取的动力。

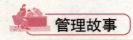
管理故事

乐观的拿破仑

拿破仑在一次与敌军作战时，遭遇顽强的抵抗，队伍损失惨重，形势非常危急。拿破仑也因一时不慎掉入泥潭中，被弄得满身泥巴，狼狈不堪。

可此时的拿破仑浑然不顾，内心只有一个信念，那就是无论如何可也要打赢这战斗。只听他大吼一声，"冲啊！"

他手下的士兵见到他那副滑稽模样，忍不住都哈哈大笑起来，但同时也被拿破仑的乐观自信所鼓舞。一时间，战士们群情激昂、奋勇当先，终于取得了战斗的最后胜利。

故事启示：无论在任何危急的困境中，都要保持乐观积极的心态。尤其作为一个商界的领导人物，你的自信，可以感染到无数你接触到的人。有没有乐观自信的态度也直接影响到一场交易的成败与否。领导不是只告诉下属如何干，而是要激发团队产生一定抱负，并朝着目标勇往直前。

3. 协调作用

在组织实现其既定目标的过程中，人与人之间、部门与部门之间发生各种矛盾和冲突及在行动上出现偏离目标的情况是不可避免的。因此，领导者的任务之一就是协调各方面的关系和活动，保证各方面都朝着既定的目标前进。

4. 沟通作用

领导者是组织的各级首脑和联络者，在信息传递方面发挥着重要作用，是信息的传播者、监听者、发言人和谈判者，在管理的各层次中起到上情下达、下情上达的作用，以保证管理决策和管理活动顺利地进行。

由此可见，领导的作用是带头、引导、指挥、服务，是帮助下属尽其所能以达到目标。领导不是在群众的后面推动或鞭策，而是在群众的前面促进、鼓励群众达成组织的目标。

五、领导理论

领导理论就是研究关于领导的有效性的理论。领导理论的研究成果可分为三个方面，即领导特性理论、领导行为理论和领导权变理论。其中，领导特性理论侧重研究领导的品质、素养，目的是说明优秀的领导者应具备的素质；领导行为理论重点分析领导者的行为和领导风格对其组织成员的影响，目的是找出或发现最佳的领导行为和风格；领导权变理论则着重研究影响领导行为和领导有效性的环境因素，目的是说明在什么情况下，哪一种领导方式是最有效的。

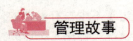 管理故事

沙漠狂风夜

沙漠戈壁，日夜温差竟是这么大。中午，野狗们还被晒得伸着舌头直喘气哩，入夜，狂风骤起，温度一下子降到零下十几度，野狗们一个个冻得直打哆嗦。

照这样下去，不用等到天亮，大家非冻死不可。

一只年纪较大的野狗顶着寒风站起来，召集大家向一个地方集中。

在这只老狗的指挥下，野狗们一个紧跟着一个排成一队，把头埋在两爪之间，让身子尽量紧贴在地面上。那只年纪较大的狗则爬到队伍的最前面，迎着刺骨的寒风趴下来，用自己的身体掩护着后面的伙伴。

狂风卷着沙粒不停地打在他的脸上、头上、身上，像鞭子抽一样疼痛难忍，但他一动也不动地坚持着。他知道，身后的同伴们都靠他挡风御寒。他多坚持一分钟，伙伴们就多一分安全。

半个小时过去了，他几乎就快要被冻僵了。这时，一只健壮的狗从队伍的末尾爬到队伍的最前面，把头夹在两爪之间，顶着狂风趴下来。他接替年纪较大的狗，为伙伴们避挡着刺骨的寒风。

半个小时又过去了，又一只狗爬到队伍的最前面，把头夹在两腿之间趴下来，替换下趴在最前面的那一只狗。

肆虐的狂风呼号了一整夜，野狗们为伙伴挡风御寒地交替也持续了一整夜。他们一个接一个爬到队伍的最前头，任凭风鞭不断地抽打，没有一个往后退的，没有一个怕死怕苦的。

太阳升起来了，又一个温暖的白昼降临大地。野狗们抖抖身上的风沙跳起来。

沙漠狂风夜，野狗无一伤亡。

故事启示：身先士卒的老狗赢得了同伴的拥护和爱戴，并齐心协力渡过了难关。身为一名企业领导，如果你能做到为了员工的利益奋不顾身，那当你需要他们的时候，他们也会不惜代价地为你付出。无形中，你在自己的四周就筑起了一个强大的力场。

1. 领导特性理论

领导特性理论，又称为领导特质理论，着重研究领导者个人特性对领导有效性的影响。领导特性理论集中回答这样的问题：领导者应该具备哪些素质？怎样正确地挑选领导者？领

导特性理论分为传统特性理论和现代特性理论两种观点。

（1）传统特性理论，认为领导者的特性来源于生理遗传，是先天俱有的，且领导者只有具备这些特性才能成为有效的领导者。传统特性理论又称"伟人"理论，因为这些理论的重点是要确定社会、政治以及军事等方面的领导者，如杰斐逊、林肯、甘地等，具有哪些与生俱来的、区别于普通人的特质和特征。

（2）现代特性理论，认为领导者的特性和品质是在实践中形成的，是可以通过教育训练培养的。

现代特性理论认为：领导者的特性和品质并非全是与生俱来的，而可以在领导实践中形成，也可以通过训练和培养的方式予以造就。主张现代特性理论的学者提出了不少富有见地的观点。美国普林斯顿大学教授威廉·杰克·鲍莫尔针对美国企业界的实际情况，提出了企业领导者应具备的十项条件，如表10-2所示。

表10-2 企业领导者应具备的十项条件

十项条件	具体内容
（1）合作精神	即愿与他人一起工作，能赢得人们的合作，对人不是压服，而是感动和说服
（2）决策能力	即依赖事实而非想象进行决策，具有高瞻远瞩的能力
（3）组织能力	即能发掘部属的才能，善于组织人力、物力和财力
（4）精于授权	即能大权独揽，小权分散
（5）善于应变	即机动灵活，善于进取，而不墨守成规
（6）敢于求新	即对新事物、新环境和新观念有敏锐的感受能力
（7）勇于负责	即对上级、下级的产品用户及整个社会抱有高度的责任心
（8）敢担风险	即敢于承担企业发展不景气的风险，有创造新局面的雄心和信心
（9）尊重他人	即重视和采纳别人的意见，不盛气凌人
（10）品德高尚	即品德上为社会人士和企业员工所敬仰

2. 领导行为理论

领导方式是领导者在活动中表现出来的、比较固定的和经常使用的行为方式和方法的总和，又称为领导者工作作风，它表现出领导者的个性。如有的领导在工作中胆小怕事，左请求、右汇报；有的领导工作起来大胆泼辣又主观武断、粗暴、专断独行，等等。领导方式既是个性的表现，又影响着他所领导的工作群体的作风，从而影响工作群体的工作效率。

基于权力运用的领导风格理论，集中研究领导者的工作作风和领导行为对领导有效性的影响。其主要有以下两种方式。

（1）勒温的领导风格理论。美国著名心理学家勒温1939年提出了领导风格理论，他以权力定位为基本变量，通过各种实验，把领导者在领导过程中表现出来的工作作风分为专制型、民主型和放任型的领导风格。

① 专制型领导，只注重工作的目标，仅仅关心工作的任务和工作的效率。但他们对团队的成员不够关心，被领导者与领导者之间的社会心理距离比较大，领导者对被领导者缺乏

敏感性，被领导者对领导者存有戒心和敌意，容易使群体成员产生挫折感和机械化的行为倾向。

② 民主型领导，注重对团体成员的工作加以鼓励和协助，关心并满足团体成员的需要，营造一种民主与平等的氛围，领导者与被领导者之间的社会心理距离比较近。

在民主型领导的带领下，团体成员有较强的工作动机，责任心也比较强，团体成员自己决定工作的方式和进度，工作效率也比较高。

③ 放任型领导，采取的是"无政府主义"式的领导方式，对工作和团体成员的需要都不重视，无规章、无要求、无评估，工作效率低，人际关系淡薄。

三种领导风格的特征如表 10-3 所示。

表 10-3 三种领导风格的特征

项目名称	专制型	民主型	放任型
权力分配	权力集中于领导者个人手中	权力在团体之中	权力分散在每个员工手中，采取无为而治态度
决策方式	领导者独断专行，所有的决策都由领导者自己做出，不重视下属成员的意见	让团队参与决策，所有的方针政策由集体讨论做出，领导者加以指导、鼓励和协助	团队成员具有完全的决策自由，领导者几乎不参与
对待下属的方式	领导者介入到具体的工作任务中，对员工在工作中的组合加以干预，不让下属知道工作的全过程和最终目标	员工可以自由选择与谁共同工作，任务的分工也由员工的团队来决定。让下属员工了解整体的目标	为员工提供必要的信息和材料，回答员工提出的问题
影响力	领导者以权力、地位等因素强制性地影响被领导者	领导者以自己的能力、个性等心理品质影响被领导者，被领导者愿意听从领导者的指挥和领导	领导者对被领导者缺乏影响力
对员工评价和反馈的方式	采取"个人化"的方式，根据个人的情感对员工的工作进行评价。采用惩罚性的反馈方式	根据客观事实对员工进行评价，将反馈作为对员工训练的机会	不对员工的工作进行评价和反馈

(2) 利克特的四种领导方式。美国行为科学家利克特与密歇根大学社会研究所的同事合作，对领导行为方式进行研究，形成了领导方式系统理论。他们认为，领导者与下属的沟通方式是影响领导风格的重要因素，也是判断领导风格的标准。在这个假设的基础上，1967年提出了领导的四系统模型，即把领导方式分成四类系统。

① 专制—权威式领导。这种方式的特征是领导者非常专制，很少信任下属，采取使人恐惧与惩罚的方法，偶尔兼用奖赏来激励人们，采取自上而下的沟通方式，决策权也只限于最高层。

② 开明—权威式领导。这种方式的特征是领导者对下属怀有充分的信任和信心；采取奖赏和惩罚并用的激励方法；允许一定程度的自下而上的沟通，向下属征求一些想法和意见；授予下级一定的决策权，但牢牢掌握政策性控制。

③ 协商式领导。这种方式的特征是领导者对下属抱有相当大的但又不是充分的信任和信心，他常设法采纳下属的想法和意见；采用奖赏，偶尔用惩罚和一定程度的参与；从事于上下双向沟通信息；在最高层制定主要政策和总体决策的同时，允许低层部门做出具体问题决策，并在某些情况下进行协商。

④ 群体参与式领导。这种方式的特征是领导者对下属在一切事务上都抱有充分的信心和信任，总是从下属处获取设想和意见，并且积极地采纳；对于确定目标和评价实现目标所取得的进展方面，组织群体参与，在此基础上给予物质奖赏；更多地从事上下级之间与平级之间的沟通；鼓励各级组织做出决策，或者本人作为群体成员同下属一起工作。

第四种方式在设置和实现目标方面是最有效率的，而且通常也是最富有成果的。专制—权威式和开明—权威式的领导方式要向协商式和群体参与式的领导方式转变。

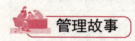

领 导 风 格

赵兰是西南百货的总会计师，在公司工作20年，待人和蔼，在公司名望较高，要求下属对自己的工作有很好的理解，年初被提拔为商业厅副厅长张颖毕业于一流大学会计系，在外企有七年总会计师的经验，被西南百货挖来接任赵兰的职位。但是在张颖就职后遇到很多问题，例如在她向下属要数据时，下属问她为什么要这些数据，她很不理解，认为她需要什么样的数据不需要告诉下属，这是她的权力。另一件事是一位下属提供的数据有误，使她在经理会上很丢面子，然后她当众批评了这位下属。总之，张颖感觉下属不是很配合自己的工作，而且由于下属的不配合导致与其他部门的协调上出现了很多问题

故事启示：由于领导风格的不同导致了上述的结果，赵兰是参与式的领导风格，张颖的领导风格是集权式的，而下属需要的是参与式的领导风格。

(3) 领导行为四分图理论（见图10-2）。1945年美国俄亥俄州立大学商业研究所发起了对领导行为研究的热潮。一开始，研究人员设计了一个领导行为描述调查表，列出了1 000多种刻画领导行为的内容，通过逐步概括和归类，最后将领导行为的内容归纳为两个方面，即以人为中心和以工作为中心。

以人为中心，是指注重建立领导者与被领导者之间的友谊、尊重和信任的关系。包括尊重下属的意见，给下属以较多的工作自主权，体察他们的思想感情，注意满足下属的需要，平易近人，平等待人，关心群众，作风民主。

以工作为中心，是指领导者注重规定他与工作群体的关系，建立明确的组织模式、意见交流渠道和工作程序。包括设计组织机构，明确职责、权力、相互关系和沟通办法，确定工作目标和要求，制定工作程序、工作方法和制度。

领导者的行为可以是上述两个方面的任意组合，即可以用两个坐标的平面组合来表示，

如图 10-2 所示。由这两方面可形成四种类型的领导行为，这就是所谓的领导行为四分图。

以人为中心和以工作为中心，这两种领导方式不应是相互矛盾、相互排斥的，而应是相互联系的。一个领导者只有把这两者相互结合起来，才能进行有效的领导。

（4）管理方格图理论。在美国俄亥俄州立大学提出的四分图理论的基础上，美国心理学家布莱克和莫顿提出了管理方格图理论。他们将四分图中以人为中心改为对人的关心度，将以工作为中心改为对生产的关心度，将关心度各划分为九个等分，形成 81 个方格，从而将领导者的领导行为划分成许多不同的类型。在评价管理人员的领导行为时，就按他们这两方面的行为寻找交叉点，这个交叉点就是其领导行为类型。纵轴的积分越高，表示他越重视人的因素；横轴上的积分越高，就表示他越重视生产。

布莱克和莫顿在管理方格图中列出了五种典型的领导行为，如图 10-3 所示。

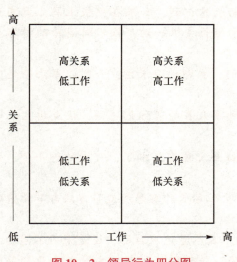

图 10-2　领导行为四分图

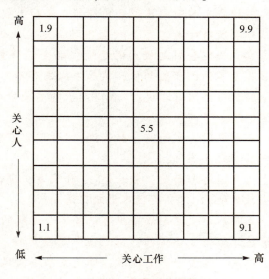

图 10-3　管理方格图

（1.1）为贫乏型管理。采取这种领导方式的管理者希望以最低限度的努力来完成组织的目标，对职工和生产均不关心，这是一种不称职的管理。

（1.9）为俱乐部型管理。管理者只注重搞好人际关系，以创造一种舒适的、友好的组织气氛和工作环境，而不太注重工作效率，这是一种轻松的领导方式。

（9.1）为任务型管理。管理者全神贯注于任务的完成，很少关心下属的成长和士气。在安排工作时，尽力把人的因素的干扰减少到最低程度，以求得高效率。只关心生产不关心人。

（9.9）为团队型管理。管理者既重视人的因素，又十分关心生产，努力协调各项活动，使它们一体化，从而提高士气，促进生产。这是一种协调配合的管理方式。

（5.5）为中间型管理。管理者对人和生产都有适度的关心，保持完成任务和满足人们需要之间的平衡，既有正常的效率完成工作任务，又保持一定的士气。

到底哪一种领导方式最好呢？布莱克和莫顿组织了很多研讨会。绝大多数参加者认为（9.9）型最佳，也有不少人认为（9.1）型好，其次是（5.5）型。

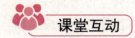

你身边熟悉的领导是什么领导方式?

3. 领导权变理论

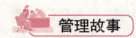

船长的智慧

一艘载有不同国籍游客的游船在海面上航行,突然发生触礁,船很快就要沉没了,船长必须要所有的游客穿上救生衣跳海逃生。但是船长意识到,如果在甲板上马上宣布这个消息,一定会引起极大的恐慌,船会沉得更快。船长灵机一动,将不同国籍的游客分别召集至不同的船舱部位,然后依次发布不同的命令。

船长对德国游客说:"我以船长的名义命令你们,立即跳海求生,否则以军法论处!"德国游客跳了海。

来到中国游客面前,船长说:"你们家有父母和妻儿在等着你们照顾,快点逃生吧!"中国游客跳了海。

在英国游客面前,船长说:"你们看,那么多妇女儿童都落水了,可爱的绅士们,快点去救救他们吧!"英国人也跳了海……

故事启示:这个故事里有很多不合逻辑的地方,但船长的智慧和处事方法却非常清晰地表达了流行于各国的"变色龙"管理风格。

但是,作为一个管理者,你是要求不同风格的下属尽量适应自己,还是采用不同的方式去区别对待不同的下属,让他们发挥各自的优势?联想到一些部门主管或企业领导的"一言堂"作风,他们近乎偏执地迷信自身的判断力,从上而下地贯穿一成不变的所谓个人管理风格,这将无法顺应当今人力素质异化程度不断加深的趋势。从人力资源与管理有效的角度去审视"变色龙"的话,"变色龙"管理风格也会带来意想不到的效果。

领导权变理论主要研究与领导行为有关的情境因素对领导效力的潜在影响。该理论认为,在不同的情境中,不同的领导行为有不同的效果。

(1)菲德勒模型。美国当代著名心理学和管理专家弗雷德·菲德勒在大量研究的基础上提出了有效领导的权变理论。他认为不存在一种"普遍适用"的领导方式,任何形态的领导方式都可能有效,其有效性完全取决于领导方式与环境是否适应。或者说,领导和领导者是某种既定环境的产物,即

$$S = f(L、F、E)$$

式中,S 代表领导方式;L 代表领导者特征;F 代表被领导者特征;E 代表环境。

即领导方式是领导者、被领导者、环境的函数。

菲德勒的领导权变理论是比较有代表性的一种权变理论。该理论认为各种领导方式都可

能在一定环境内有效,这种环境是多种外部与内部因素的综合作用体。

菲德勒将权变理论具体化为三个方面,即职位权力、任务结构和上下级关系。

① 职位权力。这是指领导者所处的职位具有的权力和权威的大小。一个具有明确的并且高的职位权力的领导比缺乏这种权力的领导者更容易得到他人的追随。

② 任务结构。即工作任务的明确程度和部下对任务的负责程度。任务清楚,工作的质量就比较容易控制,也更容易为组织成员规定明确的工作职责。

③ 上下级关系。指领导者受到下级爱戴、尊敬和信任以及下级情愿追随领导者的程度。

菲德勒模型利用上面三个权变变量来评估情境。领导者与成员关系或好或差,任务结构或高或低,职位权力或强或弱,三项权变变量总和起来,便得到八种不同的情境或类型,每个领导者都可以从中找到自己的位置。

菲德勒相信影响领导成功的关键因素之一是个体的基本领导风格,因此他为发现这种基本风格而设计了最不喜欢同事(LPC)调查问卷,问卷由16组对应形容词构成。作答者要先回想一下自己共过事的所有同事,并找出一个最不喜欢的同事,在16组形容词中按1~8等级对他进行评估。如果以相对积极的词汇描述最不喜欢同事(LPC得分高),则作答者很乐于与同事形成良好的人际关系,就是关系取向型。相反,如果对最不喜欢同事看法很消极,则说明作答者可能更关注生产,就是任务取向型。菲德勒运用LPC问卷将绝大多数作答者划分为两种领导风格,也有一小部分处于两者之间,很难勾勒。菲德勒的LPC调查问卷单,如图10-4所示。

图10-4　LPC调查问卷单

菲德勒模型的下一步是根据三次环境变量进行评估,领导者与被领导者关系或好或差,任务结构或高或低,职位权力或强或弱。他认为,领导者与被领导者关系越好,任务的结构化程度越高。职权越强,则领导者拥有的控制力和影响力越高;反之,领导者的控制力越低。总之,三项权变变量总和,就可以得到八种不同的情境或类型,每个领导者都可以从中找到自己的位置,如图10-5所示。

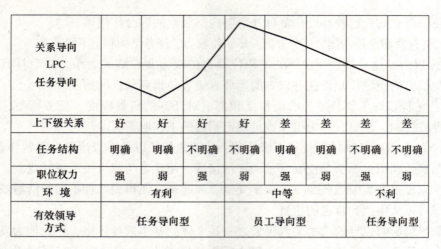

图 10-5 菲德勒模型图

由上图可看出，任务导向型领导者在非常有利（图 10-5 中第 1、2、3 类情境）或非常不利的情境（图 10-5 中第 8 类）下工作更有利；关系导向型领导者在中间状态（图 10-5 中第 4、5、6、7 类情境）中会干得更好。

（2）领导生命周期理论。该理论是由美国管理学者保罗·赫塞和肯尼斯·布兰查德创立的情景领导理论，是一个重视下属的权变理论，也是一个广受推崇的领导模型。

这一理论把下属的成熟度作为关键的情景因素，认为依据下属的成熟度水平选择正确的领导方式，决定着领导者的成功。

① 基本概念。成熟度，是指个体对自己的直接行为负责任的能力和意愿。它包括工作成熟度和心理成熟度。

• 工作成熟度，是下属完成任务时具有的相关技能和技术知识水平。

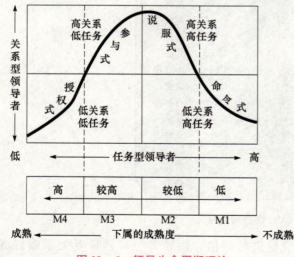

• 心理成熟度，是下属的自信心和自尊心。

② 理论模型。纵坐标表示以关心人为主的关系型领导者行为；横坐标表示以关心工作任务为主的工作型领导者行为；第三维坐标是下属的成熟度。如图 10-6 所示。

随着下属成熟度由低向高的变化，其适合的有效领导方式会出现抛物线形变化。随着下属由不成熟向逐渐成熟过渡，领导行为应按高任务低关系——高关系高任务——低任务高关系——低任务低关系逐步推移，这种推移变化就形成了领导方式的生命周期。领导生命周期理论说明，现实中没有一成不变的某种普遍、最好的领导方式，只有对特定情况最为合适的领导方式。

图 10-6 领导生命周期理论

四种典型的领导模型如下。

① 命令型领导方式（高工作—低关系）。在这种领导方式下，由领导者进行角色分类，并告知人们做什么、如何做、何时以及何地去完成不同的任务。它强调指导性行为，通常采用单向沟通方式。适用于下属成熟度低的情况。

② 说服型领导方式（高工作—高关系）。在这种领导方式下，领导者既提供指导性行为，又提供支持性行为。领导者除向下属布置任务外，还与下属共同商讨工作的进行，比较重视双向沟通。适用于下属较为不成熟的情况。

③ 参与型领导方式（低工作—高关系）。在这种领导方式下，领导者极少进行命令，而是与下属共同进行决策。领导者的主要作用就是促进工作的进行和沟通。适用于下属比较成熟的情况。

④ 授权型领导方式（低工作—低关系）。在这种领导方式下，领导者几乎不提供指导或支持，通过授权鼓励下属自主做好工作。适用于下属高度成熟的情况。

（3）路径—目标理论。领导方式的路径—目标理论是由罗伯特·豪斯和伦斯·米切尔提出的一种领导权变理论，如图10-7所示。该理论认为，领导者的工作是帮助下属达到他们的目标，并提供必要的指导和支持以确保各自的目标与群体或组织的总体目标相一致。"路径—目标"是指有效领导者通过明确指明实现工作目标的途径来帮助下属，并为下属清理各项障碍和危险，从而使下属的工作更加顺利地进行。

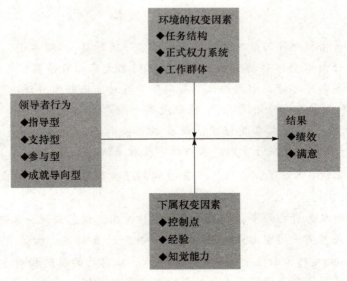

图10-7 路径—目标理论

路径—目标理论认为，领导者的行为被下属接受的程度，取决于下属是将这种行为视为获得满足的即时源泉，还是作为未来获得满足的手段。在以下条件下，领导者行为具有激励作用：一是它使下属的需要满足与有效的工作绩效联系在一起；二是它提供了有效的工作绩效所必需的辅导、指导、支持和奖励。为了检验这些陈述，他们提出了四种领导行为。

① 指导型领导。领导者对下属需要完成的任务进行说明，包括对他们有什么希望，如何完成任务，完成任务的时间限制等。指导性领导者能为下属制定出明确的工作标准，并将

规章制度向下属讲得清清楚楚。指导不厌其详,规定不厌其细。

② 支持型领导。领导者对下属的态度是友好的、可接近的,他们关注下属的福利和需要,平等地对待下属,尊重下属的地位,能够对下属表现出充分的关心和理解,在部下有需要时能够真诚帮助。

③ 参与型领导。领导者邀请下属一起参与决策。参与型领导者能同下属一道进行工作探讨,征求他们的想法和意见,将他们的建议融入团体或组织将要执行的那些决策中去。

④ 成就导向型领导。领导者鼓励下属将工作做到尽量高的水平。这种领导者为下属制定的工作标准很高,寻求工作的不断改进。除了对下属期望很高外,成就导向型领导者还非常信任下属有能力制定并完成具有挑战性的目标。

路径—目标理论证明:当领导者弥补了员工或工作环境方面的不足,就会对员工的绩效和满意度起到积极的影响。但是,当任务本身十分明确或员工有能力和经验处理它们而无需干预时,如果领导者还要花费时间解释工作任务,则下属会把这种指导型行为视为累赘多余甚至是侵犯。

六、领导艺术

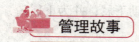管理故事

说服别人为自己做事

教官向一班学员讲授领导与管理,他给学员出了一道题目:"现在由你来领导本班,要让大家全部自动走出教室,切记!要大家心甘情愿!"第一位学员不知道怎么办才好,回到座位。第二位学员对全班的学员说:"教官要我命令你们都出去,听到没有?"全班没有一个人走出教室。第三位学员是这么做的:"大家都听好了,现在教室要打扫,请各位离开!"但仍然还有一部分学员在教室内。第四位学员看了纸片上的题目一眼后,微笑着对大家说:"好了,各位,午餐时间到了,现在下课!"不出数秒,全教室的人都走光了。

领导的心思你别猜——领导权变理论

故事启示:让别人为自己做事,而且是要他心甘情愿,该怎么说、如何说,都是一门艺术。用权威来压人或者用一些理由来说服,都不会收到什么效果。古语有云:"与人方便,与己方便。"其实这就是对上面这个故事的最好注解。让自己的目的和对方的一些意愿或者切身利益结合起来,用这个来说服别人,结果一般都是双赢的。

领导艺术是领导者个人素质的综合反映,是因人而异的。黑格尔说过:"世界上没有完全相同的两片叶子。"同样也没有完全相同的两个人,没有完全相同的领导者和领导模式。有多少个领导者就有多少种领导模式。

1. 领导艺术含义

所谓领导艺术是为达到某一领导目标,在一定知识和实践基础上,在领导过程中表现出的一种非模式化、富有创造性的才能与技巧。可以说,领导艺术是领导者的一种特殊才能。

这种才能表现为创造性地灵活运用已经掌握的科学知识和领导方法，是领导者的品格、智慧、学识、作风、能力、胆略、经验和方法的综合体现。

领导艺术有规律可循，这些规律就是领导行为模式。领导模式就是领导方法。哪位领导者在错综复杂的矛盾中抓住了主要矛盾，他就能把领导艺术演绎得出神入化。

2. 领导艺术分类

领导艺术类型主要有以下几种。

（1）履行职能的艺术。主要包括沟通、激励和指导的艺术以及决策艺术、用权艺术、授权艺术、用人艺术等。

（2）提高领导工作有效性的艺术。

（3）人际关系的协调艺术。

3. 主要领导艺术

（1）用人的艺术。如何用好人，除了要端正用人思想，让那些想干事的人有事干，能干事的人干好事外，在用人技巧上还要注意以下问题。

① 善于用人所长。用人之诀在于用人所长，且最大限度地实现其优势互补。用人所长，首先要注意"适位"。陈景润如果不是被华罗庚发现，并将他调到数学研究所工作，他就难以摘取数学皇冠上的明珠。唐僧之所以能西天取经成功，主要是他能做到知人善任，把孙悟空、猪八戒、沙和尚安排到最适合他们的岗位上去，实现了人才所长与岗位所需的最佳组合。其次要注意"适时"。"用人用在精壮时"。界定各类人才所长的最佳使用期，不能单纯以年龄为依据，而应以素质作决定，对看准的人一定要大胆使用、及时使用。最后要注意"适度"。领导者用人不能搞"鞭打快牛"，"快牛"只能用在关键时候、紧要时刻，如果平时只顾用起来顺手、放心，长期压着那些工作责任心和工作能力都较强的人在"快车道"上超负荷运转，这些"快牛"必将成为"慢牛"或"死牛"。

② 善于用人所爱。有位中学生曾向比尔·盖茨请教成功的秘诀，盖茨对他说："做你所爱，爱你所做。"爱因斯坦生前曾接到要他出任以色列总统的邀请，对这个不少人垂涎的职务，他却婉言谢绝了，仍钟情于搞他的科研。正因为有了他这种明智的爱，才有了爱因斯坦这个伟大的科学家。领导者在用人的过程中，就要知人所爱、帮人所爱、成人所爱。

③ 善于用人所变。鲁迅、郭沫若原来都是学医的，后来却成了中华民族的文坛巨人。很多名人名家的成功人生告诉我们：人的特长是可以转移的，能产生特长转移的人，大都是一些创新思维与能力较强的人。对这种人才，领导者应倍加珍惜，应适时调整对他们的使用，让他们在更适合自己的发展空间里去施展才华。

（2）决策的艺术。决策是领导者要做的主要工作，决策一旦失误，对单位就意味着损失，对自己就意味着失职。这就要求领导者要强化决策意识，尽快提高决策水平，尽量减少各种决策性浪费。

① 决策前注重调查。领导者在决策前一定要多做些调查研究，搞清各种情况，尤其是要把大家的情绪和呼声作为自己决策的第一信号，不能无准备就进入决策状态。

② 决策中注意民主。领导者在决策中要充分发扬民主，优选决策方案，尤其碰到一些非常规性决策，应懂得按照"利利相交取其大、弊弊相交取其小、利弊相交取其利"的原则，适时进行决策，不能未谋乱断，不能错失决策良机。

③ 决策后狠抓落实。决策一旦定下来，就要认真抓好实施，做到言必信、信必果，决

不能朝令夕改。一个领导者在工作中花样太多，是一种不成熟的表现。

（3）处事的艺术。常听到不少领导者感叹：现在的事情实在太多，怎样忙也忙不过来。一个会当领导的人，不应该成为做事最多的人，而应该成为做事最精的人。

① 多做自己该做的事。当前，摆在领导者面前的事情，主要有三类：一是领导者想干、擅长干、必须要干的事，比如，用人、决策等。二是领导者想干、必须干，但不擅长干的事，比如，跑路子、拉资金等。三是领导者不想干、不擅长干，也不一定要干的事，比如，一些小应酬、可去可不去的会议等。领导者对该自己管的事一定要管好，对不该自己管的事一定不要管，尤其是那些已经明确了是下属分管的工作和只要按有关制度就可办的事，一定不要乱插手、乱干预。

② 多做着眼明天的事。领导者应经常去反思昨天、干好今天、谋划明天，多做一些有利于本地方或本单位可持续发展的事。比如，构划一个明晰的长、中、短期工作目标，打造一个团结战斗且优势互补的领导班子。

③ 多做最为重要的事。比如，如何寻找到一条能适合本地经济发展的新路子，如何调动下属的工作积极性。领导者在做事时应先做最重要和最紧要的事，不能主次不分见事就做。

（4）协调的艺术。没有协调能力的人当不好领导者。协调，不仅要明确协调对象和协调方式，还要掌握一些相应的协调技巧。

① 对上请示沟通。平时要主动多向领导请示汇报工作。

② 对下沟通协调。当下属在一些涉及个人利益的问题上与单位或对领导有意见时，领导者应通过谈心、交心等方式来消除彼此间的误解。

③ 对外争让有度。领导者在与外面平级单位的协调中，其领导艺术就往往体现在争让之间。大事要争，小事要让。不能遇事必争，也不能遇事皆让，该争不争，就会丧失原则；该让不让，就会影响全局。

（5）运时的艺术。时间是一种无形的稀缺资源，领导者不能无视它，更不能浪费它。

① 强化时间意识。有人作了统计：一个人一生的有效工作时间大约一万天。一个领导者的有效当"官"时间就是 10~15 年。一旦错过这个有效时间，你思想再好、能力再高，也常常是心有余而力不足。所以，领导者要利用这宝贵的时间多做点有意义的事。

② 学会管理时间。领导者管理时间应包括两个方面：一是要善于把握好自己的时间。当一件事摆在领导者眼前时，应先问一问自己"这事值不值得做"然后再问一问自己"是不是现在必须做"最后还要问一问自己"是不是必须自己做"，只有这样才能驾驭好自己的时间。二是不随便浪费别人的时间。有人作过统计：某领导者有 3/5 的时间用在开会上。领导者要力戒"会瘾"，不要动不动就开会，不要认为工作就是开会，万一要开会，也应开短会，说短话，千万不要让无关人员来"陪会"，"浪费别人的时间等于谋财害命"。

③ 养成惜时习惯。研究表明：成功人士与非成功人士的一个主要区别，就是成功人士年轻时就养成了惜时的习惯。要像比尔·盖茨那样：能站着说的东西就不要坐着说，能站着说完的东西就不要进会议室去说，能写个便条的东西就不要写成文件。只有这样才能形成好的惜时习惯。

（6）理财的艺术。经费不足是当前各单位普遍存在的一个主要问题，它要求领导者要提高理财艺术。

① 懂得怎样去找钱。找钱就是要学会"开源",也就是要利用各种可行的途径去广开财路,增加收入。比如,要经常开动脑筋到省、市、县有关部门去争取各种资金,千万不要将"开源"的希望寄托在乱收费上。

② 懂得怎样去管钱。按照上级的有关规定,领导者不能直接管财务。但这并不意味着领导者对单位的经费使用情况不闻不问,对单位的一些主要经费开支情况,领导者一定要定期进行审核,看看有没有违规违纪的情况,有没有不该花的钱。

③ 懂得怎样去用钱。有的地方做个大门花十几万元,一年来客的招待费占其可用财力的百分之几十,搞个形象工程花几百万元,却舍不得在真正的学习上花点钱,在为老百姓办实事上多花点钱。钱应该花在有效益的经济建设上,花在老百姓身上。

(7) 说话的艺术。说话是一门艺术,它是反映领导者综合素质的一面镜子,也是下属评价领导者水平的一把尺子。领导者要提高说话艺术,除了要提高语言表达基本功外,关键要提高语言表达艺术。

① 做到言之有物。所谓言之有物,就是领导者在下属面前讲话,不能空话连篇、套话成堆,要尽量做到实话实说,让大家能经常从领导者的讲话中,获取一些新的有效信息,听到一些新的见解,受到一些新的启发。

② 做到言之有理。领导者在下属面前讲话,不能官气十足,应注意情理相融。要做到情理相融,一是要讲好道理。讲道理不能搞空对空,一定要与下属的思想、工作、生活等实际紧密结合起来,力求以理服人。二是要注意条理。讲话不能信口开河,语无伦次,一定要让人感到条理清晰,层次分明。三是要通情理。不能拿大话来压人,要多讲些大家眼前最关心的问题、心里最想的问题。

③ 做到言之有味。领导者在下属面前讲话时,语言要带点甜味,要有点新意,要有点幽默感。小平同志有一句话大家耳熟能详,"白猫黑猫,抓住老鼠就是好猫"。这话说得形象生动,意味十足。

(8) 激励的艺术。管理要重在人本管理,人本管理的核心就是重激励。领导者要调动大家的积极性,就要学会如何去激励下属。

① 激励注意适时进行。美国前总统里根曾说过这样一句话:"对下属给予适时的表扬和激励,会帮助他们成为一个特殊的人。"一个聪明的领导者要善于经常适时、适度地表扬下属,这种"零成本"激励,往往会"夸"出很多为你效力的好下属。

② 激励注意因人而异。领导者在激励下属时,一定要区别对待,最好在激励下属之前,要搞清被激励者最喜欢什么、最讨厌什么、最忌讳什么,尽可能"投其所好",否则,就有可能好心办坏事。

③ 激励注意多管齐下。激励的方式方法很多,有目标激励、榜样激励、责任激励、竞赛激励、关怀激励、许诺激励、金钱激励等,但从大的方面来划分主要可分为精神激励和物质激励两大类。领导者在进行激励时,要以精神激励为主,以物质激励为辅,只有形成这样的激励机制,才是一种有效的激励机制,才是一种长效的激励机制。

4. 提高领导艺术的途径

(1) 打破思维定式,保持领导艺术的先进性。
(2) 运用现代技术,提高领导艺术科学性。
(3) 钻研专业知识,增强领导艺术创造性。
(4) 加强领导自身修养,增强领导艺术综合性。

(5) 总结实践经验，把握领导艺术规律性。

问题思考

1. 领导的内涵和作用是什么？
2. 领导方式有哪几种基本类型？领导方式理论给我们哪些启示？
3. 如何灵活运用领导艺术？

技能训练

1. 单选题

（1）管理者对下属说"如果你本周内还不能将此事做好的话，我就开除你"，这是管理者在运用哪种权力？（　　）
　　A. 合法权　　　　　　B. 强制权　　　　　　C. 报酬权　　　　　　D. 非职权

（2）在管理方格中，"9·9"型管理被称为（　　）。
　　A. 贫乏型管理　　　　B. 任务型管理　　　　C. 俱乐部型管理　　　D. 团队型管理

（3）领导性格理论认为，识别有效领导者的主要因素是（　　）。
　　A. 领导者个人的作风　　　　　　　　　B. 领导者个人的素质
　　C. 领导者个人的领导艺术　　　　　　　D. 领导者个人的性格特征

（4）根据领导生命周期理论，领导风格应该适应其下属的成熟程度而逐渐调整。对于建立多年且员工队伍基本稳定的高科技企业的领导来说，其领导风格调整的方向应该是：（　　）。
　　A. 从参与式向说服式转变　　　　　　　B. 从参与式向命令型转变
　　C. 从说服式向授权式转变　　　　　　　D. 从命令式向说服式转变

（5）某企业多年来任务完成的都比较好，职工经济收入也很高，但领导和职工的关系却很差，该领导很可能是管理方格中所说的（　　）。
　　A. 贫乏型　　　　　　B. 俱乐部型　　　　　C. 任务型　　　　　　D. 中庸型

2. 判断题

（1）领导者只要拥有职权，就会对下属有激励力和鼓舞力。　　　　　　　　　　（　　）
（2）从领导作风上来看，领导人都有一个共同的模式。　　　　　　　　　　　　（　　）
（3）管理方格理论认为，9.1型领导方式是注重以人为中心的管理。　　　　　　（　　）
（4）作为领导者，领导的对象可是人力资源、信息、技术、资金等其他资源。（　　）
（5）在领导生命周期理论中，"四种领导方式"不能主观确定哪一种领导方式最好。
　　　　　　　　　　　　　　　　　　　　　　　　　　　　　　　　　　　　（　　）

案例1　领导方式的确定

某厂的供销部由供应科、销售科、车队、仓库、广告制作科组成。当A调任该部经理时，听到不少人反映广告制作科、仓库管理科迟到早退现象严重，劳动纪律差，工作效率低。虽然经过多次批评教育，成效不大，群众反映很大。为了做好领导工作，A 经理对这两个科室进行了调查分析，情况如下：

文化水平及修养：广告制作科的员工全是大专以上文化程度，平时工作认真，干劲大，但较散漫；仓库管理科的员工文化程度普遍较低，思想素质较差。

工作性质：广告制作是创作性工作，工作具有独立性，好坏的伸缩性也较大，难以定量考核工作量；仓库管理是程序化工作，内容固定，且必须严格按规章制度执行，工作量可以定量考核。

工作时间：广告制作工作有较强的连续性，不能以 8 小时来衡量，有时完成一项工作光靠上班 8 小时是远远不够的；而仓库管理 8 小时内的工作是关键，上下班的准时性、工作时间不能随意离开岗位是十分重要的，否则就会影响正常地收发货物，有的还会直接影响车间的正常生产。

广告制作科的员工工作责任心强，有强烈的创新意识。有实现自我价值和获得成功的欲望，工作热情较高。仓库管理科的员工由于工作环境分散，工作单调，员工积极性不高。

案例讨论：
根据以上情况，你认为 A 经理对这两个部门应如何实施领导？

案例 2　不同的领导方式

某市建筑工程公司是一个大型施工企业，下设一个工程设计研究所，三个建筑施工队。研究所由 50 名中高级职称的专业人员组成；施工队有 400 名正式职工，除少数领导骨干外，多数职工文化程度不高，没受过专业训练，在施工旺季还要从各地招收 400 名左右农民工补充劳动力的不足。

张总经理把研究所的工作交给唐副总经理直接领导、全权负责。唐副总经理是一位高级工程师，知识渊博，作风民主，在工作中总是认真听取不同意见，从不自作主张，硬性规定。公司下达的施工设计任务和研究所的科研课题，都是在全体人员共同讨论、出谋献策、取得共识基础上，做出具体安排的。他注意发挥每个人的专长，尊重个人兴趣、爱好，鼓励大家取长补短，相互协作，克服困难。在他领导下，科技人员积极性很高，聪明才智得到了充分发挥，年年超额完成创新计划，科研方面也取得了显著成绩。

公司的施工任务，由张总经理亲自负责。张总经理作风强硬，对工作要求严格认真，工作计划严密，有部署，有检查，要求下级必须绝对服从，不允许自作主张，走样变形。不符合工程质量要求的，要坚决返工、罚款；不按期完成任务的扣罚奖金；在工作中相互打闹、损坏工具、浪费工料、出工不出力等破坏劳动纪律的都要受到严厉的批评、处罚。一些人对张总的这种不讲情面、近似独裁的领导方式很不满意，背后骂他"张军阀"。张总深深地懂得，若不迅速改变职工素质低、自由散漫的习气，企业将无法长期发展下去，于是他亲自抓职工文化水平和专业技能的提高。在张总的严格管理下，这支自由散漫的施工队逐步走上了正轨，劳动效率和工程质量迅速提高，第三年还创造了全市优质样板工程，受到市政府的嘉奖。

张总经理与唐副总经理这两种完全不同的领导方式在公司中引起人们的讨论。

案例讨论：
（1）张总经理与唐副总经理各自采用的领导方式是什么？两种方式相比谁优谁劣？

（2）结合领导方式理论分析为什么他们都能在工作中取得好成绩？

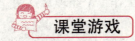
课堂游戏

踢 足 球

1. 形式

6个人一个小组为最佳。

2. 类型

指导、帮助其他组员学习技能。

3. 时间

15分钟。

4. 材料及场地

每组一个龙门及一个足球，在空地进行。

5. 适用对象

参加领导力训练的全体人员。

6. 活动目的

用于说明在指导下属或同事工作、交代任务时所需要的技巧。

7. 操作程序

培训师把龙门及足球发给小组，龙门与射球的地方相隔8米，而后给小组10分钟的练习时间，之后进行比赛。每组要踢10个球，每人至少要有一次的踢球机会。进球最多的小组为胜组。

8. 游戏讨论

（1）你们小组是否具有这方面的技巧，如果有成员在这方面比其他成员更有优势，那么这些成员怎样教其他人也具备这方面的技巧？

（2）不懂执行这一任务的组员们，你们当时怎样想，自己用什么方法来完成任务，是否有学习的欲望，向其他组员学习有没有障碍，这些障碍是什么？

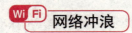
网络冲浪

通过新闻网络查找有关新时代、新担当、新作为的先进典型事迹学习，进一步理解领导的内涵。

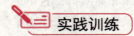
实践训练

模 拟 指 挥

1. 实训目标

（1）培养学生现场指挥的能力。

（2）培养学生的应变能力。

2. 实训内容

（1）设定一定的管理情景，由学生即时进行决策或指挥。

（2）管理情景为：晚上11点多钟，男生宿舍三楼的卫生间的水管突然爆裂，此时楼门和校门已经关闭，人们都睡觉了，只有邻近宿舍的几个学生惊醒。水不断地从卫生间顺着走廊涌出，情况非常紧急，假如你身处其中，如何利用你的指挥能力化险为夷。

3. 实训要求

（1）课下先进行分组讨论，然后各小组分别阐述本组的应急方案，看看谁的方案最好。

（2）班级全体学生与老师一起对各组方案进行评价。

任务 11
沟 通

> 管理者的最基本能力：有效沟通。
>
> ——L·威尔德
>
> 如果我能够知道他表达了什么，如果我能知道他表达的动机是什么，如果我能知道他表达了以后的感受如何，那么我就敢信心十足地果敢断言，我已经充分了解了他，并能够有足够的力量影响并改变他。
>
> ——卡特·罗吉斯

任务简介

管理活动是在组织中进行的，组织又是在一定的社会环境中生存和发展的，不论是与组织外部的社会联系还是组织内部各项管理职能的实施都离不开有效的沟通。因此，管理的过程，也就是沟通的过程。沟通是实现管理职能的主要方式、方法、手段和途经。没有沟通，就没有管理。沟通是组织管理的核心、实质和灵魂。

本任务主要介绍沟通的含义、过程和作用；组织的沟通方式和沟通网以及沟通障碍及改善策略等相关知识。通过此任务的学习，能够学会如何对组织沟通进行改善，初步会运用沟通的各种方法去解决管理中实际的问题。

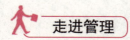

走进管理

总裁的管理

美国西南部一家大型公用事业公司业绩不振，公司总裁采取了一种非常特殊的手段。他让公司的中层主管上报哪些是最具影响力的人。"不要管职称和岗位"，"哪些人代表了本公司的决心？"他想知道，公司若想把决策贯彻下去，需要得到哪些支持。经过一个星期的深思熟虑，中层主管们报上了一份耐人寻味的名单，上面列出的言论领导者都是典型的员工，他们包括了一些工程师、应收账款员、货运卡车司机、秘书、一些中层主管本身，甚至还包括了一名清洁工。

这名总裁随后召集了这150名一线主管及所有的言论领袖开了一次会。他交给大家一份议程和计划，说道："这是我们在财务上应有的表现，这是我们的生产效率应达到的水平……"展示了所有的大目标和挑战后，他总结道："我本来打算问中层主管该怎样干，可是他们告诉我诸位才是使公司运转的灵魂人物，所以我邀请各位一起参与。我需要在场的各位协助。我应当有什么样的激励计划和奖励方案，才能使大家齐心来做这件事呢？"这些言论领袖回到各自的工作岗位后都在猜测："为什么他会问我？""工作不知道还保不保得住？""提了意见后不知会不会秋后算账？"可是总裁意志坚定，计划终于成功。一些员工经过认真思考后，交出来的答案不仅令人惊奇，而且效果也很好。中层主管领导们不禁对这种反应感到震惊——他们早该在数年前就这样做了。经过这次转型后，该公司开始步入正轨，保持持续增长。

从上述案例得知，保持公司持续增长的原因，关键就在于这位总裁通过直接与员工沟通的手段去重组机构，找到自己和言论领袖之间最短的距离，即使最高层的意图以最小的损耗传递到员工身上，又充分调动了员工的积极性，充分体现了在"以人为中心"的管理模式中，沟通与管理成效之间的关系。

知识梳理

一、沟通的含义

沟通一般是指人与人之间、人与群体之间思想与感情的传递和反馈的过程，以求思想达成一致和感情交流的通畅。从管理角度看：沟通是指为了实现组织目标而在组织成员之间以及与相关组织之间进行的事实、思想、意见的传递与交流，并且达成共同协议的过程。它有三大要素：一是要有一个明确的目标；二是达成共同的协议；三是沟通信息、思想和情感。

二、沟通的过程

沟通的过程简单地说，就是信息交流的全过程。在这个过程中至少存在着一个发送者和一个接收者，即发出信息的一方和接收信息的一方。那么信息在两者之间是怎样传递的呢？如图11-1所示。

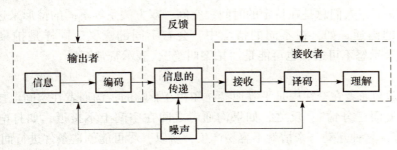

图11-1　沟通过程示意

1. 输出者

信息的输出者就是信息的来源，他必须充分了解接收者的情况，以选择合适的沟通渠道以利于接收者的理解。要顺利地完成信息的输出，必须对编码和解码两个概念有一个基本的了解。编码是指将想法、认识及感觉转化成信息的过程。解码是指信息的接收者将信息转换为自己的想法或感觉。

2. 接收者

接收者是指获得信息的人。接收者必须从事信息解码的工作，即将信息转化为他所能了解的想法和感受。这一过程要受到接收者的经验、知识、才能、个人素质以及对信息输出者的期望等因素的影响。

3. 信息

信息是指在沟通过程中传给接收者（包括口语和非口语）的消息，同样的信息，输出者和接收者可能有着不同的理解，这可能是由输出者和接收者的差异造成的，也可能是由于输出者传送了过多的不必要信息。

4. 沟通渠道

企业组织的沟通渠道是信息得以传送的载体，可分为正式或非正式的沟通渠道；向下沟通、向上沟通和横向沟通等渠道。具体见后面所述。

三、沟通的特征

1. 双向性

沟通双方相互依赖，即在一个完整的沟通过程中，沟通参与者几乎在同时充当着沟通者和接受者的双重角色。如老师讲课离不开学生，学生上课也离不开老师。

2. 双重性

人际沟通不仅沟通观念和思想，同时还传递着情感。当在销售产品或服务客户时，不但所介绍的产品功能的信息，还有他的语调、手势、与客户的距离、姿势和表情等都是所传递信息的一部分。人际沟通通过传递内容与传递情感双重手段达成有效沟通，因此，他具有双重性。

3. 互动性

互动是人们在沟通中产生反应，通过语言回答、眼光交流、手势动作和接近接触等方式反馈信息。如果沟通没有反馈说明没有心理反应，说明沟通没有效果。人际沟通是以改变对方的思想、行为为目的的一种沟通行为。

4. 情境性

在通常情况下，人们总是在特定的时间、空间、双方关系等不同的情形来选择不同的话题，进行适当的沟通。如，在不同的情境中，会有不同的意义。同样是拍桌子，可能是"拍案而起"，表示怒不可遏；也可能是"拍案叫绝"，表示赞赏至极。

5. 接近性

人际沟通是沟通者在交往中是平等地参与和相互影响的，沟通者在空间上接近会产生情感，正所谓"见面三分情"；反之，如果沟通者之间在空间上不接近，如打电话、远程视频、QQ聊天等，这种互动与亲情就不容易产生，所以，尽可能创造条件进行面对面交谈。

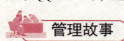
管理故事

公司面试

一家著名的公司在面试员工的过程中，经常会让10个应聘者在一个空荡的会议室里一起做一个小游戏，很多应聘者在这个时候都感到不知所措。

在一起做游戏的时候主考官就在旁边看，他不在乎你说的是什么，也不在乎你说的是否正确，他是看你这三种行为是否都出现，并且这三种行为是有一定比例出现的。如果一个人要表现自己，他的话会非常得多，始终在喋喋不休地说，可想而知，这个人将是第一个被请出考场或者淘汰的一个人。如果你坐在那儿只是听，不说也不问，那么，也将很快被淘汰。只有在游戏的过程中你说你听，同时你会问，这样就意味着你具备一个良好的沟通技巧。

故事启示：所以说当我们每一个人在沟通的时候，一定要养成一个良好的沟通技巧习惯：说、听、问三种行为都要出现，并且这三者之间的比例要协调，如果具备了这些，将是一个良好的沟通。

四、沟通的作用

沟通不仅是一个人获得他人思想、感情、见解、价值观的一种途径，而且是一种重要的、有效的影响他人的工具和改变他人的手段。在以人为本的管理中，沟通的地位越发重要，管理者所做的每一件事都需要有信息沟通。沟通在管理中起十分重要的作用，良好的沟通有如下突出作用。

1. 沟通有助于提高决策的质量

任何决策都会涉及干什么、怎么干、何时干等问题。每当遇到这些急需解决的问题，管理者就需要从广泛的组织内部的沟通中获取大量的信息情报，然后进行决策，或建议有关人员做出决策，以迅速解决问题。下属人员也可以主动与上级管理人员沟通，提出自己的建议，供领导者做出决策时参考，或经过沟通，取得上级领导的认可，自行决策。组织内部的沟通为各个部门和人员进行决策提供了信息，增强了判断能力。

2. 沟通促使组织成员协调有效地工作

组织中各个部门和各个职务是相互依存的，依存性越大，对协调的需要越高，而协调只有通过沟通才能实现。没有适当的沟通，管理者对下属了解也不会充分，下属就可能对分配给他们的任务和要求他们完成的工作有错误的理解，使工作任务不能正确圆满地完成，导致组织在效率和效益方面的损失。

3. 沟通有助于提高员工的士气

沟通有利于领导者激励下属，建立良好的人际关系和组织氛围，提高员工的士气。除了技术性和协调性的信息外，组织员工还需要鼓励性的信息。它可以使领导者了解员工的需要，关心员工的疾苦，在决策中就会考虑员工的要求，以提高他们的工作热情。人一般都会要求对自己的工作能力有一个恰当的评价。如果领导的表扬、认可或者满意能够通过各种渠道及时传递给员工，就会形成某种工作激励。同时，组织内部良好的人际关系更离不开沟通。思想上和感情上的沟通可以增进彼此的了解，消除误解、隔阂和猜忌，即使不能达到完全理解，至少也可取得谅解，使组织有和谐的氛围，所谓"大家心往一处想，劲往一处使"就是有效沟通的结果。

4. 沟通也是组织与外部环境之间建立联系的桥梁

组织的生存和发展必然与政府、社会、顾客、供应商、竞争者等发生各种各样的联系。它必须按照客观规律和市场的变化要求调整服务和产品结构，遵纪守法，担负社会责任，获得供应商的合作,在激烈的市场竞争的环境中获得优势,这就使组织不得不随时与外界环境进行有效的沟通。把握住成功的机会,避免失败。

管理小知识 沟通与协调

1) 要主动地找下属聊天谈心,不要只是被动地等下属来找来汇报。
2) 当听到其他人有不同意见的时候,能够先心平气和的听他把话说完,要克制自己自我防卫式的冲动。
3) 当遇见别人始终未能明白自己的意思时,能先反省是否自己的沟通方式有问题,而不先责备对方。
4) 开会或其他等正式场合上,最好将手机关机,塑造一个良好的沟通环境。
5) 和他人沟通时,能够专注的看着对方,听对方的话也要用心理解,而不左顾右盼,心有旁骛。
6) 和别人协调沟通时,避免对他人有先入为主的负面想法。
7) 与其他部门或同事协调时,能保持客观理解的态度,遣词用句多用正面的话。

五、沟通的方式

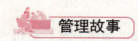 管理故事

忘了带钱

我国民间流传着这样一个故事。一个人走进饭店要了酒菜,吃罢摸摸口袋发现忘了带钱,便对店老板说:"店家,今日忘了带钱,改日送来。"店老板连声:"不碍事,不碍事。"并恭敬地把他送出了门。

这个过程被一个无赖给看到了,他也进饭店要了酒菜,吃完后摸了一下口袋,对店老板说:"店家,今日忘了带钱,改日送来。"

谁知店老板脸色一变,揪住他,非剥他衣服不可。

无赖不服,说:"为什么刚才那人可以赊账,我就不行?"

店家说:"人家吃菜,筷子在桌子上找齐,喝酒一盅盅地筛,斯斯文文,吃罢掏出手绢揩嘴,是个有德行的人,岂能赖我几个钱。你呢?筷子往胸前找齐,狼吞虎咽,吃上瘾来,脚踏上条凳,端起酒壶直往嘴里灌,吃罢用袖子揩嘴,分明是个居无定室、食无定餐的无赖之徒,我岂能饶你!"

一席话说得无赖哑口无言,只得留下外衣,狼狈而去。

故事启示:从故事中我们可以得到这样的启示——动作姿势是一个人思想感情、文化修

养的外在体现。一个品德端庄、富有涵养的人,其姿势必然优雅;一个趣味低级、缺乏修养的人,是做不出高雅的姿势来的。在人际交往中,我们必须留意自己的形象,讲究动作与姿势。因为我们的动作姿势,是别人了解我们的一面镜子;在人际交往中,我们也可以通过别人的动作、姿势来衡量、了解和理解别人。

  沟通方式是指信息传递的形式,即采用什么信息媒介把所要表达的内容传递出去并使接收者理解。采用不同的信息媒介,就构成了不同的沟通方式。特别是随着网络时代的到来,组织结构形态发生变化,随之衍生的组织文化也发生了变化。管理沟通必然也发生很大的变化。除传统的口头沟通、书面沟通和肢体语言的沟通之外,出现了网络沟通方式。

1. 口头沟通

  口头沟通是指借助于口头语言实现的信息交流,它是日常生活中最常采用的沟通形式。主要包括:口头汇报、会谈、讨论、会议、演讲、电话、广播、对话联系等。

2. 书面沟通

  书面沟通是指借助文字进行的信息传递与交流。书面沟通的形式也很多,例如,通知、文件、通信、布告、报刊、备忘录、书面总结、汇报等。

3. 网络沟通

  网络沟通就是以互联网为工具,以文字、声音、图像及其他多媒体为媒介的沟通方式。网络沟通是指通过基于信息技术(IT)的计算机网络来实现信息沟通活动。其主要形式有:电子邮件、网络电话、网络传真、网络新闻发布、网络电视、即时通信等。

4. 非语言沟通

  非语言沟通又称肢体语言,指的是人们在沟通过程中,不采用语言作为表达意见的工具,是通过身体动作、体态、语气语调、空间距离等方式交流信息、进行沟通的过程。主要形式有:目光接触、面部表情、手势、体态和肢体语言、身体接触、空间距离等。

  以上几种沟通方式的特点比较如表 11-1 所示。

表 11-1 各种沟通方式的特点比较

沟通方式	举例	优点	缺点
口头	交谈、讲座、讨论会、电话	有亲切感、快速传递、快速反馈、信息量大	传递经过层次越多信息失真越严重,核实越困难,时效性太强
书面	报告、信件、备忘录、文件、内部期刊、通知、规章制度	持久、有形、可以核实	效率低、缺乏反馈
非语言	声、光信号(红绿灯、警铃、旗语、图形、服饰标志);体态(手势、肢体动作、表情);语调	信息意义十分明确,内涵丰富,含义灵活	传递距离有限,界限含糊,只能意会,不能言传

续表

沟通方式	举 例	优 点	缺 点
网络	电子邮件、网络电话、网络传真、网络新闻发布、网络电视、即时通信	大大降低了沟通成本，使语音沟通立体直观化，极大缩小了信息存贮空间，使工作便利，跨平台、容易集成	沟通信息呈超负荷，口头沟通受到极大的限制，纵向沟通弱化、横向沟通扩张

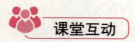

平时你在和亲戚、朋友、同学之间沟通，最喜欢采取哪种方式沟通？

从李云龙和领导层沟通学管理

六、沟通的渠道

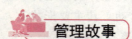

惠普的敞开式办公室

美国惠普公司创造了一种独特的"周游式管理办法"，鼓励部门负责人深入基层，直接接触广大职工。

为此目的，惠普公司的办公室布局采用美国少见的"敞开式大房间"，即全体人员都在一间敞厅中办公，各部门之间只有矮屏分隔，除少量会议室、会客室外，无论哪级领导都不设单独的办公室，同时不称头衔，即使对董事长也直呼其名。这样有利于上下左右通气，创造无拘束和合作的气氛。

故事启示：单打独斗、个人英雄的闭门造车工作方式在现今社会是越来越不可取了，反而团队的分工合作方式正逐渐被各企业认同。管理中打破各级各部门之间无形的隔阂，促进相互之间融洽、协作的工作氛围是提高工作效率的良方。

不要在工作中人为地设置屏障分隔，敞开办公室的门，制造平等的气氛，同时也敞开了彼此合作与心灵沟通的门。

对一个企业而言，最重要的一点是营造一个快乐、进步的环境，在管理的架构和同事之间；可以上下公开、自由自在、诚实地沟通。

在每一个正式组织内，组织成员间所进行的沟通，按照其途径的不同分为正式沟通与非正式沟通两种。正式沟通是通过组织正式结构或层次系统进行的。非正式沟通则是通过正式系统以外的途径进行的。

(一) 正式沟通

正式沟通一般是指在组织系统内，依据组织规定的原则进行的信息传递与交流。例如，组织与组织之间的公函来往、组织内部的文件传达、召开会议、上下级之间的定期信息交换等。正式沟通与组织的结构息息相关。

1. 正式沟通的种类

正式沟通有下向沟通、上向沟通和横向沟通等三种形式。

（1）下向沟通。这是在传统组织内最主要的沟通流向。一般以命令方式传达上级组织或其上级所决定的政策、计划、规定之类的信息，有时颁发某些资料供下属使用等。如果组织的结构包括有多个层次，则通过层层转达，其结果往往使下向信息发生歪曲，甚至遗失，而且过程迟缓，这些都是在下向沟通中所经常发现的问题。

（2）上向沟通。主要是下属依照规定向上级所提出的正式书面或口头报告。除此以外，许多机构还采取某些措施以鼓励向上沟通，如意见箱、建议制度以及由组织举办的征求意见座谈会，或态度调查等。有时某些上层主管采取所谓"门户开放"政策，使下属人员可以不经组织层次向上报告。但是据研究，这种沟通也不是很有效的，而且由于当事人的利害关系，往往使沟通信息发生与事实不符或压缩的情形。

（3）横向沟通。主要是同层次，不同业务部门之间的沟通。在正式沟通系统内，一般采用的机会并不多，若采用委员会和举行会议方式，往往所费时间、人力甚多，而达到沟通的效果并不很大。因此，组织为顺利进行其工作，必须依赖非正式沟通以辅助正式沟通的不足。

2. 正式沟通的优缺点

（1）正式沟通的优点。沟通效果好，比较严肃，约束力强，易于保密，可以使信息沟通保持权威性。重要的消息和文件的传达、组织决策等，一般都采用这种方式。

（2）正式沟通的缺点。因为依靠组织系统层层传递，所以很刻板，沟通速度很慢，此外，也存在着信息失真或扭曲的可能。

3. 正式沟通网络

正式沟通网络是根据组织机构、规章制度设计的，用以交流和传递与组织活动直接相关的信息的沟通途径。正式沟通有五种基本的信息沟通网络形式，如表11-2所示。在正式组织环境中，每一种网络形式相当于一定的组织结构形式。五种沟通模式分别为链型网络、"Y"字型网络、轮型网络、圆圈型网络和全通道型网络。

表11-2　五种不同的信息沟通网络

形　态	结构特点	效　果	图　形
（1）链型	这是一个串状网络，代表一个五级层次，逐级传递，信息可自上而下或自下而上进行传递	信息沟通速度最快，解决简单问题效率高。但对提高组织成员的积极性有不利的影响	A—B—C—D—E

续表

形态	结构特点	效果	图形
(2)"Y"字型	它又称秘书中心控制型网络。这种沟通网络相当于企业主管、秘书与下级人员之间的关系。秘书是信息收集和传递中心，对上接受主管的领导	解决问题速度快，但成员满意度低，容易影响工作效率	
(3) 轮型	属于控制型网络，其中只有一名成员是各种信息的汇集点与传递中心。相当于一个主管领导直接管理几个部门的权威控制系统	信息传递速度快、正确性高，组织集中度高，但对成员的积极性和工作变化的弹性会产生不良后果	
(4) 环型	它又称工作小组型网络。此形态可以看成是链型的一个封闭式控制结构，表示五个层次之间依次联络和沟通	能提高成员的积极性，解决复杂问题，但信息传递速度慢、正确性低	
(5) 全通道型	它是一个完全开放式的沟通网络，沟通渠道多，成员之间地位平等，所有成员都可以相互联系	成员士气旺盛，民主气氛很浓，人际关系融洽，但组织的集中化程度低，适合于委员会之类的组织结构的沟通和复杂问题的讨论和解决	

（1）链型网络。这是一个串状网络，代表一个五级层次，逐级传递，信息可自上而下或自下而上进行传递。在这种模式下，信息沟通速度最快，解决简单问题效率高。但对提高组织成员的积极性有不利的影响。

（2）"Y"字型网络。它又被称为秘书中心控制型网络。这种沟通网络相当于企业主管、秘书与下级人员之间的关系。秘书是信息收集和传递中心，对上接受主管的领导。在这种模式下，解决问题速度快，但成员满意度低，容易影响工作效率。

（3）轮型网络。属于控制型网络，其中只有一名成员是各种信息的汇集点与传递中心。相当于一个主管领导直接管理几个部门的权威控制系统。在这种模式下，信息传递速度快、正确性高、组织集中度高，但对成员的积极性和工作变化的弹性会产生不良后果。

（4）环型网络。它又称工作小组型网络。此形态可以看成是链型的一个封闭式控制结构，表示五个层次之间依次联络和沟通。在这种模式下，能提高成员的积极性，解决复杂问题，但信息传递速度慢、正确性低。

（5）全通道型网络。它是一个完全开放式的沟通网络，沟通渠道多，成员之间地位平等，所有成员都可以相互联系。在这种模式下，成员士气旺盛，民主气氛很浓，人际关系融洽，但组织的集中化程度低，适合于委员会之类的组织结构的沟通和复杂问题的讨论和解决。

各种沟通网络的影响效果，如表11-3所示。

表11-3　各种沟通网络对组织活动的影响

沟通网络类型	沟通的效率	正确性	组织效果	领导者的作用	成员满意度	其他影响
链型网络	快	高	较易产生组织化和组织很稳定	显著	适中	任何环节都不能有误或打折扣
"Y"字型网络	快	较高	较易产生组织化和组织稳定	显著	低	—
轮型网络	快	较高	迅速产生组织化并稳定下来	非常显著	较低	成员之间缺乏了解，工作难以配合、支持
环型网络	慢	低	不易产生组织化，不稳定	领导作用很低	高	邻近的成员之间联系，远一点则无法沟通；临时性的
全通道型网络	慢	适中	不易产生组织化	领导作用很低	很高	成员之间真正相互了解，适合解决复杂问题

（二）非正式沟通

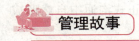
管理故事

小道消息传播带来的问题

斯塔福德航空公司是美国西北部一个发展迅速的航空公司。然而，最近在其总部发生了一系列的传闻。公司总经理波利想出卖自己的股票，但又想保住自己总经理的职务，这是公开的秘密了。他为公司制定了两个战略方案：一个是把航空公司的附属单位卖掉；另一个是利用现在的基础重新振兴发展。他自己曾经对这两个方案的利弊进行了认真的分析，并委托副总经理本查明提出一个参考的意见。本查明曾为此起草了一个备忘录，随后叫秘书比利打印。比利打印完以后即到职工咖啡厅去。在喝咖啡时比利碰到了另一个副总经理肯尼特，并将这一秘密告诉了他。

比利对肯尼特悄悄地说："我得到了一个最新消息。他们正在准备成立另外一个航空公司。他们虽说不会裁员，但是我们应该联合起来，有所准备啊。"这些话又被办公室的通讯员听到了。他又高兴地立即把这个消息告诉他的上司巴巴拉。巴巴拉又为此事写了一个备忘录给负责人事的副总经理马丁。马丁也加入了他们的联合阵线，并认为公司应保证兑现其不裁减职工的诺言。

第二天，比利正在打印两份备忘录。备忘录却被路过办公室探听消息的莫罗看见了。莫罗随即跑到办公室说："我真不敢相信公司会做这样的事情，我们要卖给航空公司了，而且要大量减员呢！"

这个消息传来传去，3天后又传回总经理波利的耳朵里。他也接到了许多极不友好甚至是敌意的电话和信件，人们纷纷指责他企图违背诺言而大批解雇工人。有的人也表示为与别的公司联合而感到高兴，波利则被弄得迷惑不解。

后来波利经过多方了解，终于弄清了事情的真相。然后波利就进行了澄清传闻的工作。首先他给各部门印发了他为公司制定的那两个战略方案，并让各部门的负责人将两个方案的内容发布给全体职工。然后在三天后，他把全公司的员工召集在一起，让他们谈谈对这两个方案的看法。职工们各抒己见，但多数人更倾向于第二个方案。最后波利说："首先向大家道歉，由于我的工作失误使大家担心了，很抱歉，希望大家能原谅我。其次，我看到大家这样爱公司，我也很受鼓舞，其实前几天大家所说的那件事就是这两个方案的'升华'，今天我看到了大家的决心，那么我就更有信心，使我们的公司发展更好。谢谢！"

最后，该公司采取了第二个方案，公司也迅速地发展起来。

故事启示：企业中非正式沟通是客观存在的并且扮演着重要角色。由于非正式沟通的主要功能是传播职工所关心的相关信息。因此，它具有信息交流速度快、信息比较准确、沟通效率高和满足职工需要的特点，但非正式沟通有一定的片面性，沟通中的信息常常被夸大、曲解。所以管理者应正确对待非正式沟通，而且应该重视这方面信息的收集，以把握员工的动向，并对传播者给予原谅。

在组织管理中，所谓非正式沟通，是指通过正式组织途径以外的渠道进行的信息传递与交流。非正式沟通网络不是由组织固定设置的，而是组织成员进行非正式沟通中自然形成的。同事之间的任意交谈等都算是非正式沟通。

1. 非正式沟通产生的原因

非正式沟通之所以产生，是由于人们有各种各样的社会需要。除了吃、穿、住等基本的生存需要外，人还有安全的需要、寻求关心的需要、建立友谊的需要、归属的需要、被认可和尊重的需要、成长和发展的需要等。非正式沟通常常可以满足人们某方面的需要，例如，朋友之间的信息沟通与交流，常常意味着相互关心和友谊的增进；有些人乐于探听有关报酬变动、职位升迁的消息等。此外，组织中非正式关系（如同学关系、朋友关系）和非正式群体的存在，也促进了组织成员通过这种方式来弥补正式沟通的不足。

2. 非正式沟通的优缺点

由于非正式沟通传递消息都是口头传播，它具有传播速度极快，易于迅速消散、没有永久性的结构和成员等特点。其优点有：沟通形式多样，直接明了，速度很快，容易及时了解到正式沟通难以提供的"内幕新闻"。非正式沟通能够发挥作用的基础是组织中良好的人际关系。其缺点表现在：非正式沟通难以控制，传递的信息不确切，一些不实的小道消息经过散布，会造成很坏的影响，即所谓的"谣言惑众"。同时，它可能导致形成小团体、小圈子，影响组织的凝聚力和人心稳定。

3. 非正式沟通网络

非正式沟通网络不是由组织固定设置的，而是在组织成员进行非正式沟通中自然形成的。美国心理学家戴维斯教授将非正式组织沟通网络归纳为以下四种形态，如表11-4所示。

表11-4 非正式沟通网络

形 式	特 点	图 形
（1）单线型	以"一人传一人"为特征。一人将消息传给下一人，下一人又传给下一人，依此类推	
（2）辐射型	以"一人传多人"为特征。中间人将消息传给周围其他人	
（3）随机型	以"一人偶然传"为特征。一人将消息随机地传给一部分人，这些人又再随机地传给其他人。实际传给哪些人，带有相当的偶然性	
（4）集束型	以"一人成串传"为特征。一人将消息传给特定的一群人（如熟人），这些人又再传给各自熟悉的其他人。这是非正式沟通典型的沟通网络，所谓"一传十，十传百"	

七、沟通的障碍及克服

1. 沟通障碍

所谓沟通障碍，是指信息在传递和交换过程中，由于信息意图受到干扰或误解，而导致信息失真的现象。在人们沟通信息的过程中，常常会受到各种因素的影响和干扰，使沟通受到阻碍。沟通障碍主要来自三个方面：发送者的障碍、接收者的障碍和信息传播通道的障碍。

（1）发送者的障碍。在沟通过程中，信息发送者的情绪、倾向、个人感受、表达能力、判断力、人格影响力等都会影响信息的完整传递。障碍主要表现在：

① 信息传达的方式不佳；

② 信息传达的能力不佳；

③ 信息发送无目的或目的混乱；

④ 信息传送不完整；

⑤ 信息传递不及时或不适时；

⑥ 知识经验的局限；

⑦ 对信息的过滤不当；

⑧ 发送者信度不高。

（2）接收者的障碍。在沟通的另一端，信息接收者的情绪、倾向、兴奋点、共鸣性、注意力、判断力、记忆力等因素，也影响信息的效果。这方面的障碍表现在：

① 信息接收者的不良情绪或心理障碍；

② 对信息的理解力不够；

③ 接收者的译码不对称；

④ 信息不符合接收者的习惯；

⑤ 接收者对信息的筛选；

⑥ 接收者的承受力有限；

⑦ 偏见与成见。

 课堂互动

你在与别人沟通的过程中，什么情况下你会对别人说："你没有在听我讲话吗？"

（3）传播通道的障碍。传播通道的问题也会影响到沟通的效果。传播通道障碍主要有以下几个方面：

① 选择传播媒介不当。比如，对于重要事情而言，口头传达效果较差，因为接收者会认为"口说无凭"，"随便说说"而不加重视。

② 几种媒介相互冲突。当信息用几种形式传送时，如果相互之间不协调，会使接收者难以理解传递的信息内容。如领导表扬下属时面部表情很严肃甚至皱着眉头，就会让下属感到迷惑。

③ 传播渠道过长。组织机构庞大，内部层次多，从最高层传递信息到最低层，从低层汇总情况到最高层，中间环节太多，容易使信息损失较大。

④ 外部干扰。信息沟通过程中经常会受到自然界各种物理噪音、机器故障的影响或被另外事物干扰，也会因双方距离太远而沟通不便，影响沟通效果。

2. 沟通障碍的克服

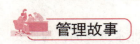

金 人

曾经有个小国的使者来到中国，进贡了三个一模一样的金人，把皇帝高兴坏了。可是这小国的使者同时出了一道题目：这三个金人哪个最有价值？皇帝想了许多办法，请珠宝匠检查、称重量、看做工，都是一模一样的。怎么办？使者还等着回去汇报呢。泱泱大国，不会说连这点小事都不懂吧？最后，有一位退位的老大臣说他有办法。皇帝便将使者请到大殿上，老大臣胸有成竹地拿出三根稻草，插入第一个金人的耳朵里，这稻草从另一边耳朵出来了。第二个金人的稻草则从嘴巴里直接掉出来，而第三个金人，稻草进去后掉进了肚子，什么响动也没有。于是，老臣说：第三个金人最有价值！使者默默无言，答案正确。

故事启示：最有价值的人，不一定就是最能说的人。老天给我们每个人两只耳朵、一张嘴巴，本来就是让我们多听少说的。善于倾听，是沟通最重要的技巧之一。

在每个组织的管理过程当中，所有的管理者都能体会到实施沟通的实际困难。所以仅仅了解沟通的方式、方法是不够的，还需要研究如何提高沟通效率，以使管理者工作能更有效地进行。实现有效沟通的对策应从以下几个方面进行。

（1）要正确对待沟通。管理人员往往十分重视计划、组织、领导和控制等职能，对沟通却常有疏忽，认为信息的上传下达有了组织系统就可以了，对非正式沟通中的"小道消息"常常采取压制的态度，这表明管理层没有从根本上对沟通给予足够的重视。

（2）要善于聆听。对管理人员而言，"听"并非轻而易举。如何才能较好地"听"呢？戴维斯曾列举有效聆听的十大要点，如图11-2所示。

> 第一，少讲多听，不要打断对方讲话；
> 第二，交谈轻松、舒适，消除拘谨不安情绪；
> 第三，要表现出交谈兴趣，不要表现出冷淡或不耐烦；
> 第四，尽可能排除外界干扰；
> 第五，站在对方立场上考虑问题，表现出对对方的同情；
> 第六，要有耐性，不要经常插话，打断别人的谈话；
> 第七，要控制情绪，保持冷静；
> 第八，不要妄加评论和争论；
> 第九，提出问题，以显示自己充分聆听和求得了解的心境；
> 第十，还是少讲多听。

图11-2 聆听十大要点

（3）沟通语言要通俗易懂。沟通的语意确切，尽量通俗化、具体化和数量化。

（4）增加沟通双方的信任度。在沟通中创造良好的沟通气氛，保持良好的沟通意向和认知感受性，使沟通双方在沟通中始终保持亲密、信任的人际距离。这样，一方面可以维持沟通的进行；另一方面使沟通朝着正确的方向进行。

（5）改善组织结构。为了改善组织之间的沟通效果，组织应尽量减少结构层次，消除不必要的管理层,同时还应避免机构的重叠,增加沟通渠道;加强部门之间的联系,以加快信息的沟通速度,保证信息的准确和充分。

(6)及时反馈与跟踪。在沟通中及时获得和注意沟通反馈信息是非常重要的,沟通要及时了解对方对信息是否理解和愿意执行,特别是对组织中的高层管理者,更应善于听取下层报告,安排时间充分与下层人员联系,尽量消除上下级之间的地位隔阂及所造成的心理障碍,引导、鼓励和组织基层人员及时、准确地向上层领导反馈情况。

 **管理故事**

秀才买柴

有一个秀才去买柴,他对卖柴的人说:"荷薪者过来!"

卖柴的人听不懂"荷薪者"(担柴的人)三个字,但是听得懂"过来"两个字,于是把柴担到秀才前面。

秀才问他:"其价如何?"

卖柴的人听不太懂这句话,但是听得懂"价"这个字,于是就告诉秀才价钱。

秀才接着说:"外实而内虚,烟多而焰少,请损之。"(意思是:你的木材外表是干的,里头却是湿的,燃烧起来,会浓烟多而火焰小,请减些价钱吧。)

卖柴的人因为听不懂秀才的话,于是担着柴就走了,这个买卖就黄了。

故事启示:管理者平时最好用简单的语言、易懂的言辞来传达信息,而且对于说话的对象、时机要有所掌握,有时过分的修饰反而达不到想要完成的目的。

其实,这个故事不但对于管理者和员工之间的沟通是有启发意义的,对于平时人与人之间的沟通,发出信息的一方首先有责任义务,要考虑接收信息一方的身份、背景、地位、知识结构等,如果有必要,还要考虑沟通的时间、地点、环境等。

总之,组织的管理者必须高度重视沟通的意义,把信息看成是实现组织目标的一种重要方式,努力在改善组织信息沟通的问题上下大力气。

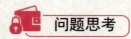 **问题思考**

1. 管理沟通的含义和作用是什么?
2. 正式沟通和非正式沟通各自有哪些基本网络形态?
3. 沟通过程中可能发生哪些障碍及如何克服?

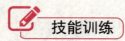 **技能训练**

1. 单选题

(1)某公司产品设计部接到一项紧急任务,该任务的完成需要进行严密的控制,同时又要争取时间和速度。在这种情况下,最适合采用哪种沟通网络?(   )

A. Y 式沟通网络 　　　　　　　　B. 全通道式沟通网络
C. 轮式沟通网络 　　　　　　　　D. 环式沟通网络

（2）随着互联网技术的发展，现在有许多组织采用了网上发布信息的方式进行内部沟通。这种沟通方式发生沟通障碍的最大可能性是在沟通过程的哪一环节？（　　）
A. 编码环节 　　　　　　　　　　B. 信息传递环节
C. 接收环节 　　　　　　　　　　D. 环式沟通网络

（3）经理在职工生日时送去一张贺卡，这是（　　）。
A. 工具式沟通　　B. 感情式沟通　　C. 正式沟通　　D. 平行沟通

（4）受到各种"噪声干扰"的影响，这里所指的"噪声干扰"可能来自（　　）。
A. 沟通的全过程　B. 信息传递过程　C. 信息解码过程　D. 信息编码过程

（5）使信息持久、可以核实、查询的沟通方式（　　）。
A. 口头沟通　　　B. 书面沟通　　　C. 非言语沟通　　D. 情感沟通

2. 判断题

（1）领导者除了组织好信息沟通网络外，还应在日常工作中经常参与沟通过程。（　　）
（2）只要信息从发送者传递到接收者，一次沟通过程也就完成。（　　）
（3）信息沟通就是信息的传递和理解。（　　）
（4）信息源、要传递的信息和信息接受者是沟通取得成效的关键环节。（　　）
（5）在公司组织内部，非正式沟通渠道与正式沟通渠道平行存在。（　　）

案例讨论

案例 1　张经理的沟通经验

某公司的张经理在实践中深深体会到，只有运用各种现代科学的管理手段，充分与员工沟通，才能调动员工的积极性，才能使企业充满活力，在竞争中立于不败之地。

首先，张经理直接与员工沟通，避免中间环节。他告诉员工自己的电子邮箱，要求员工尤其是外地员工大胆反映实际问题，积极参与企业管理，多提意见和建议。张经理本人则每天上班时先认真阅读来信，并进行处理。

其次，为了建立与员工的沟通体制，公司又建立了经理公开见面会制度，定期召开，也可因重大事情临时召开，参加会议的员工有临时员工代表、特邀代表和自愿参加的员工代表。每次会议前，员工代表都广泛征求群众意见，并提交到经理公开见面会上解答。1998 年 12 月，调资晋级和分房两项工作刚开始时，员工中议论较多。公司及时召开了会议，张经理就调资和分房的原则、方法和步骤等做了解答，使部分员工的疑虑得以澄清和消除，保证了这两项工作的顺利进行。

案例讨论：

1. 请你分析张经理与员工在沟通方式上所做的选择，这些方式有何特点？
2. 沟通的主要内容是什么？从这个沟通案例中，分析管理者在沟通中所起的作用。

案例2　一次战略方案制定引起的风波

天讯公司是一家生产电子类产品的高科技民营企业。近几年，公司发展迅猛，然而，最近在公司出现了一些传闻。公司总经理郑强为了提高企业的竞争力，在以人为本，创新变革的战略思想指导下，制定了两个战略方案：一是引人换血计划，年底从企业外部引进一批高素质的专业人才和管理人才，给公司输入新鲜血液；二是内部人员大洗牌计划，年底通过绩效考核调整现有人员配置，内部选拔人才。郑强向秘书小杨谈了自己的想法，让他行文并打印。中午在附近餐厅吃饭时，小杨碰到了副总经理张建波，小杨对他低声说道："最新消息，公司内部人员将有一次大的变动，老员工可能要下岗，我们要有所准备啊。"这些话恰好又被财政处的会计小刘听到了。他又立即把这个消息告诉他得主管老王。老王听到后，愤怒地说道："我真不敢相信公司会有这样的事情，换新人，辞旧人"。这个消息传来传去，两天后又传回到郑强的耳朵里。公司上上下下员工都处于十分紧张的状态，唯恐自己被裁，根本无心工作，有的甚至还写匿名信和恐吓信对这样的裁员决策表示极大地不满。

郑强经过全面了解，终于弄清了事情的真相。为了澄清传闻，他通过各部门的负责人把两个方案的内容发布给全体职工。他把所有员工召集在一起来讨论者两个方案，员工们各抒己见，但一半以上的员工赞同第二种方案。最后郑强说："由于我的工作失误引起了大家的担心和恐慌，很抱歉，希望大家能原谅我。我制定者两种方案的目的就是想让大家参与决策，来一起为公司的人才战略出谋划策，其实前几天大家所说的裁员之类的消息完全是无稽之谈。大家的决心就是我的信心，我相信公司今后会发展更好。谢谢！关于此次方案的具体内容，欢迎大家向我提问。"

通过民主决议，改公司最终采取了第二个方案，由此，公司的人员配置率得到了大幅的提高，公司的运行效率和经营效益也因此大幅地增长。

案例讨论：
1. 案例中的沟通渠道或网络有哪些？请分别指出，并说出各自的特点。
2. 案例中郑强的一次战略方案的制定为什么会引起如此大的风波？
3. 如果你是郑强，从中吸取什么样的教训？

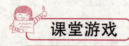

瞎子摸号

1. *活动目的*

让学员体会沟通的方法有很多，当环境及条件受到限制时，你是怎样去改变自己，用什么方法来解决问题。

2. *游戏形式*

14~16个人为一组比较合适。

3. *游戏类型*

问题解决方法及沟通。

4. 游戏时间

30 分钟。

5. 材料及场地

摄像机、眼罩及小贴纸和空地。

6. 适用对象

参加团队建设训练的全体人员。

7. 操作程序

（1）让每位学员戴上眼罩。

（2）给每人一个编号，但这个编号只有本人知道。

（3）让小组根据每人的编号，按从小到大的顺序排列出一条直线。

（4）全过程不能说话，只要有人说话或脱下眼罩，游戏结束。

（5）全过程录像，并在点评之前放给学员看。

8. 游戏讨论

（1）你是用什么方法来通知小组你的位置和号数？

（2）沟通中都遇到了什么问题，你是怎么解决这些问题的？

（3）你觉得还有什么更好的方法？

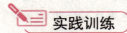

搜索并浏览一个你知之甚少的公司的网站。你认为该网站对公司的重要信息进行有效传达了吗？为什么有或为什么没有？你能想到一些顾客或潜在顾客想知道、但目前网站上没有的东西吗？

实践训练

让我们谈谈

1. 实训目标

考核与训练口头沟通的文字语言、声音语言、肢体语言的有效组合运用。

2. 实训内容

2 人一组，时间为 2~3 分钟，交谈内容不限；点评语言表现；继续交谈，但不能用肢体语言。

3. 实训要求

（1）交谈 2~3 分钟→停下——每组学生分别说明有哪些肢体语言表现→继续交谈 2~3 分钟——不得有肢体语言。

（2）回答问题：有没有意识到自己的肢体动作？自己的肢体动作有没有令对方不快或心烦意乱？被迫不得用肢体语言交谈时有什么感觉，与先前一样沟通有效吗？对你有什么启发？

任务 12
激 励

> 奖励什么，就会得到什么。
>
> ——米契尔·拉伯福
>
> 不能搞平均主义，平均主义惩罚表现好的，鼓励表现差的，得来的只是一支坏的职工队伍。
>
> ——史蒂格

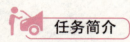 **任务简介**

激励有激发和鼓励的意思，是管理过程中不可或缺的环节和活动。有效的激励可以成为组织发展的动力保证，实现组织目标。它有自己的特性，它以组织成员的需要为基点，以需求理论为指导；激励有物质激励和精神激励、外在激励和内在激励等不同类型。

本任务主要介绍激励的含义及作用、激励的心理机制、激励的类型；同时重点介绍内容型激励理论、过程型激励理论和修正型激励理论。通过此任务的学习，能够初步学会运用激励的基本理论和方法，分析和解决企业管理的主要激励问题；了解我国企业及其他组织如何进行有效的激励。

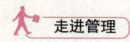 **走进管理**

有效激励

广州某公司为开拓东北市场，派一名市场开拓人员前往。半年后该市场开发，销售量猛增，迅速扩大企业产销量，公司决定给予 7 万元奖励。

年终之际，公司总经理在表彰大会上给予他 5 万元奖金，市场开拓者很感谢，表示今后更要好好工作。总经理然后问道："你家里有些什么人？"他回答说："妻子、五岁的女儿和瘫痪卧床的老母亲。"总经理又问："半年多你回过广州几次？"他回答说："一次，是到东北忙两个月进行了市场调查，做出市场开拓方案，回公司汇报，第二天离开。"总经理感慨地说："明天我和你一起去看望她们，感谢她们对你工作的支持，并代表公司送给她们 2 万元钱感谢她们对公司的支持。"市场开拓者控制着自己的感情，哽咽着对总经理说："多谢公司对我的奖励和总经理对我家庭的关爱，我今后要加倍努力地工作。"在场的所有员工都深受感动。

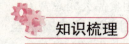

一、激励的概念

激励是指激发人的内在动机,鼓励人朝着所期望的目标采取行动的过程。它含有激发动机、鼓励行为和形成动力的意义。具体地,对施加激励者来说,激励是研究人的需要,激发人的动机、积极性,使其实现群体目标的过程;对感受激励者来说,激励是一个人感到某种行为能满足需要的价值,从而积极自觉地投身到工作的状态。一个人成绩的大小,取决于其能力和动机激发程度两个条件,一般来说,工作成绩和动机激发程度成正比。

团队激励《亮剑》

二、激励在管理中的作用

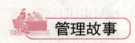

厨 师

一个王爷手下有个著名的厨师,他的拿手好菜是烤鸭,深受王府里的人喜爱,尤其是王爷,更是倍加赏识。不过这个王爷从来没有给予过厨师任何鼓励,使得厨师整天闷闷不乐。

有一天,王爷有客从远方来,在家设宴招待贵宾,点了数道菜,其中一道是王爷最喜爱吃的烤鸭。厨师奉命行事,然而,当王爷夹了一条鸭腿给客人后,却找不到另一条鸭腿。他便问身后的厨师说:"另一条腿到哪里去了?"

厨师说:"禀王爷,我们府里养的鸭子都只有一条腿!"王爷感到诧异,但碍于客人在场,不便问个究竟。饭后,王爷便跟着厨师到鸭笼去查个究竟。时值夜晚,鸭子正在睡觉。每只鸭子都只露出一条腿。

厨师指着鸭子说:"王爷你看,我们府里的鸭子不全都是只有一条腿吗?"

王爷听后,便大声拍掌。鸭子被惊醒了,都站了起来。

王爷说:"鸭子不全是两条腿吗?"

厨师说:"是呀!不过,只有你鼓掌拍手,才会有两条腿呀!"

故事启示:这则故事告诉我们,要使人们始终处于施展才干的最佳状态,唯一有效的方法,就是表扬和奖励。

在下属情绪低落时,激励奖赏是非常重要的。身为管理者,要经常在公众场所表扬佳绩者或赠送一些礼物给表现特佳者,以资鼓励,激励他们继续奋斗。一点小投资,可换来数倍的业绩,何乐而不为呢?

激励在管理中具有重要的作用,主要体现在以下几个方面。

1. 有利于组织目标的实现

组织目标的实现需要包括资金、设备和技术等多种因素的支持,但最关键的是人,组织的目标是靠人的行为来实现的,而人的行为则是由积极性推动的。若没有人的积极性或积极性不高,再雄厚的资金、再先进的技术都无法保证组织目标的真正实现。那么积极性从何而来呢？又如何使已有的积极性继续保持呢？答案是激励。著名的美国通用食品公司总裁C·弗朗克斯曾说："你可以买到一个人的时间，你可以雇佣一个人到指定的岗位工作，你甚至可以买到按时或按日计划的技术操作，但你买不到热情，你买不到主动性，你买不到全身心的投入……"而激励却能做到这些，从而有利于组织目标的实现。

2. 有利于开发人的巨大潜能

人除了日常所表现的能力之外，人身上还存在着许多的尚未表现出来或发掘出来的能力，这就是潜能。人的潜能是惊人的。根据美国哈佛大学的詹姆士教授的一项研究发现：一般情况下，人们只需要发挥21%~30%的能力就能应付自己的工作，但如果给予他们充分的激励，其能力就能发挥到80%~90%，甚至更高，并能在工作中始终保持高昂的热情。从而可以看出，平时状态中的能力只相当于激励状态下的1/3或1/4，或者说，激励能激发人的3~4倍于平时能力的潜能，这是一个不小的数字，由此可见激励的重要性。

3. 有利于引导组织中个人目标与组织目标的统一

组织中的每个人都有其个人目标和个人需要，这是保持其行为的基本动力。个人目标和组织目标之间既有一致性又存在着许多差异，这就产生了矛盾。当个人目标与组织目标一致时，个人目标有利于组织目标的实现，但当两者发生背离时，个人目标往往会干扰甚至阻碍组织目标的实现。这时组织可以通过激励强化那些符合组织要求的行为，惩罚那些不符合组织要求的行为，以个人利益和需要的满足为基本作用力促使个人原有行为方向或方式的调整和转变，从而引导组织中的人把自己的个人目标统一于组织目标之中。

4. 有利于提高组织成员的社会责任感和自身素质

通过对优秀人物和先进事件的表扬及奖励，通过对不良行为的批评和惩罚，激励能起到一种示范作用，引导组织成员提高自己对社会要求和组织要求的认识，树立正确的人生观、是非观、价值观等，并用以监督和约束自己的思想和行为。激励还具有激发成员荣誉感和羞耻感、培养成员积极的进取心和坚强意志的作用。这些有利于提高成员的社会责任感和成员的自身素质。

管理小知识　　　　　　　　　　　　　　　　　　　　**目标激励**

1）让成员对组织的前途充满信心。
2）用共同目标引领全体成员。
3）把握"跳一跳，够得着"的原则。
4）制定目标时要做到具体而清晰。
5）要规划出目标的实施步骤。
6）平衡长期目标和短期任务。
7）从个人目标上升到共同目标。
8）让全体成员参与目标的制定工作。
9）避免"目标置换"现象的发生。

三、激励的心理机制

心理学的研究表明，人的行为具有目的性，而目的源于一定的动机，动机又产生于需要。由需要引发动机，动机支配行为并指向预定目标，是人类行为的一般模式，也是激励得以发挥作用的心理机制。人类行为模式如图12－1所示。

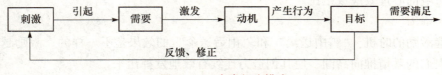

图12－1　人类行为模式

1. 需要

需要指人类或有机体缺乏某种东西时的状态，管理中的需要特指人对某事物的渴求和欲望。它是一切行为的最初原动力。

2. 动机

动机指推动人们从事某种活动并指引这些活动去满足一定需要的心理准备状态。动机在激励行为的过程中，具有以下功能：

(1) 驱动功能。它指动机唤起和驱动人们采取某种行动。

(2) 导向和选择功能。它指动机总是指向一定目标，具有选择行动方向和行为方式的作用。

(3) 维持与强化功能。长久稳定的动机可以维持某种行为，并使之持续进行。

四、激励的原则

为了取得良好的激励效果，激励必须遵循以下几个原则。

1. 目标结合原则

在激励机制中，设置目标是一个关键环节。目标设置必须同时体现组织目标和员工需要的要求。

2. 物质激励和精神激励相结合的原则

物质激励是基础，精神激励是根本。在两者结合的基础上，逐步过渡到以精神激励为主。

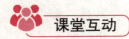

你是如何理解物质激励与精神激励的？

3. 引导性原则

外激励措施只有转化为被激励者的自觉意愿，才能取得激励效果。因此，引导性原则是激励过程的内在要求。

4. 合理性原则

激励的合理性原则包括两层含义：其一，激励的措施要适度。要根据所实现目标本身的价值大小确定适当的激励量；其二，奖惩要公平。

5. 明确性原则

激励的明确性原则包括三层含义：其一，明确。激励的目的是需要做什么和必须怎么做；其二，公开。特别是分配奖金等大量员工关注的问题时，更为重要；其三，直观。实施物质奖励和精神奖励时都需要直观地表达它们的指标，总结和授予奖励和惩罚的方式。直观性与激励影响的心理效应成正比。

6. 时效性原则

要把握激励的时机，"雪中送炭"和"雨后送伞"的效果是不一样的。激励越及时，越有利于将人们的激情推向高潮，使其创造力连续有效地发挥出来。

7. 正激励与负激励相结合的原则

所谓正激励就是对员工的符合组织目标的期望行为进行奖励。所谓负激励就是对员工违背组织目的的非期望行为进行惩罚。正负激励都是必要而有效的，不仅作用于当事人，而且会间接地影响周围其他人。

8. 按需激励原则

激励的起点是满足员工的需要，但员工的需要因人而异、因时而异，并且只有满足最迫切需要（主导需要）的措施，其效价才高，其激励强度才大。因此，领导者必须深入地进行调查研究，不断了解员工需要层次和需要结构的变化趋势，有针对性地采取激励措施，才能收到实效。

五、激励的类型

不同的激励类型对行为过程会产生程度不同的影响，所以激励类型的选择是做好激励工作的一项先决条件。

1. 物质激励与精神激励

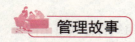

管理故事

赞美的力量

某足球队教练将该队队员分成三个集训小组，并在训练时做了一个心理实验。教练对第一小组队员的表现大加赞赏，说："你们表现卓越，配合度非常高，太棒了！你们是一流的球员。"对第二小组则说："你们也不错，如果你们运球速度快一点，步伐再稳一点，就更好了。"对第三小组则说："你们怎么搞的，总是抓不到要领，靠你们，我什么时候才有出头之日呀！"其实这三个小组成员的素质、能力都一样。但是经过这样一个实验之后，结果第一小组成绩最好，第二小组次之，第三小组最差。

故事启示：这是个完美的管理员工的例子。怎么样激发员工的工作热情呢？是指出他们的不足，然后让他们奋勇改变呢？还是用大量的赞美语言，让他们更加努力呢？其实很多时候，赞美比批评更能激发一个人的潜能和积极配合的愿望。

物质激励与精神激励虽然二者的目标是一致的，但是它们的作用对象却是不同的。前者作用于人的生理方面,是对人物质需要的满足;后者作用于人的心理方面,是对人精神需要的满足。随着人们物质生活水平的不断提高,人们对精神与情感的需求越来越迫切。如期望得到爱、得到尊重、得到认可、得到赞美、得到理解等。

2. 正激励与负激励

所谓正激励就是当一个人的行为符合组织的需要时,通过奖赏的方式来鼓励这种行为,以达到持续和发扬这种行为的目的。所谓负激励就是当一个人的行为不符合组织的需要时,通过制裁的方式来抑制这种行为,以达到减少或消除这种行为的目的。

正激励与负激励作为激励的两种不同类型,目的都是要对人的行为进行强化,不同之处在于二者的取向相反。正激励起正强化的作用,是对行为的肯定;负激励起负强化的作用,是对行为的否定。

3. 内激励与外激励

所谓内激励是指由内酬引发的、源自工作人员内心的激励;所谓外激励是指由外酬引发的、与工作任务本身无直接关系的激励。

(1) 内酬,是指工作任务本身的刺激,即在工作进行过程中所获得的满足感,它与工作任务是同步的。追求成长、锻炼自己、获得认可、自我实现、乐在其中等内酬所引发的内激励,会产生一种持久性的作用。

(2) 外酬,是指工作任务完成之后或在工作场所以外所获得的满足感,它与工作任务不是同步的。如果一项又脏又累、谁都不愿干的工作有一个人干了,那可能是因为完成这项任务,将会得到一定的外酬——奖金及其他额外补贴,一旦外酬消失,他的积极性可能就不存在了。所以,由外酬引发的外激励是难以持久的。

六、激励理论

自20世纪二三十年代以来,国外许多管理学家、心理学家和行为科学家们从不同角度提出了各种激励理论。这些激励理论基本上可分为三大类:内容型激励理论、过程型激励理论和修正型激励理论。

 课堂互动

请问社会中的每一个成员是否都需要激励?

(一) 内容型激励理论

所谓内容型激励理论,是指针对激励的原因与起激励作用的因素的具体内容进行研究的理论。这种理论着眼于满足人们需要的内容,即人们需要什么就满足什么,从而激起人们的动机。

内容型激励理论重点研究激发动机的诱因。主要包括马斯洛的"需要层次论"、赫茨伯格的"双因素理论"和麦克利兰的"成就需要激励理论"等。

1. 需要层次理论

需要层次理论是美国心理学家马斯洛提出的影响较大的一种激励理论。在这个理论中,马斯洛把人的需要按其重要程度划分并排列成五个层次:生理需要、安全需要、社交需要、尊重需要、自我实现需要,从低级到高级排成一个序列,只有在较低层的需要得到基本满足后，人们才能进一步升到另一个较高层次的需要。需要层次理论示意图如图 12-2 所示。

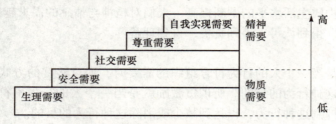

图 12-2 需要层次理论示意

（1）生理需要。生理需要是指一个人对维持生存所需的衣、食、住、行等基本生活条件以及性、传宗接代的要求。马斯洛认为，当这些需要得不到满足时，其他需要就不会产生激励他们的作用。

（2）安全需要。安全需要是指对人身安全、就业保障、工作和生活的环境安全、经济保障等的需求。主要包括人身、财产、食物、住所、就业、养老、医疗等方面。

（3）社交需要。社交需要是指人们希望获得友谊、爱情和归属的需要，希望与他人建立良好的人际关系，希望得到别人的关心和爱护，希望成为社会的一员，在他所处的群体中占有一席之地。社交需要的程度因每个人的性格、经历、受教育的程度不同而有所差异。

（4）尊重需要。尊重需要是指希望自己保持自尊与自重，获得别人的尊敬，得到别人的好评。具体地说，这一需要包括自尊心、自信心、威望、荣誉、表扬、地位等。

（5）自我实现需要。自我实现需要是指促使自己的潜在能力得到最大限度的发挥，使自己的理想、抱负得到实现的愿望。这种需要往往是通过胜任感和成就感来满足的。当人的其他需要得到基本满足以后，就会产生自我实现需要，马斯洛认为这是人最高层次的需要。

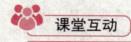

根据需要层次理论，你现在处在哪个层次？不同类别人不同层次需求强度有什么不同？

2. 双因素理论

双因素理论，是美国心理学家赫茨伯格于 20 世纪 50 年代后期提出的。他把影响人的积极性的因素分为"激励因素"和"保健因素"两大类，如图 12-3 所示。

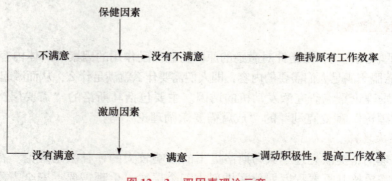

图 12-3 双因素理论示意

(1) 激励因素。那些能带来积极态度、满意和激励作用的因素叫做"激励因素",这是能满足个人自我实现需要的因素,包括成就、赏识、挑战性的工作、增加的工作责任以及成长和发展的机会。

(2) 保健因素。保健因素得到改善,能消除职工的不满情绪,使职工维持原有的工作热情、积极性和工作效率,但不能激发和提高职工的积极性、工作效率。因此,称之为保健因素。保健因素包括公司政策、管理措施、监督、人际关系、物质工作条件、工资、福利等。

根据赫茨伯格的研究发现,管理者应该认识到保健因素是必需的,不过它一旦使不满意中和以后,就不能产生更积极的效果。只有"激励因素"才能使人们有更好的工作成绩。

双因素理论告诉我们,满足各种需要所引起的激励深度和效果是不一样的。物质需求的满足是必要的,没有它会导致不满,但是即使获得满足,它的作用往往是很有限的、不能持久的。要调动人的积极性,不仅要注意物质利益和工作条件等外部因素,更重要的是要注意工作的安排、量才使用、个人成长与能力提升等,注意对人进行精神鼓励,给予表扬和认可,注意给人以成长、发展、晋升的机会。随着人们物质"小康"问题的解决,人们对精神"小康"的需求也越来越迫切。

3. 成就需要激励理论

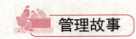

管理故事

勇敢的清洁工

韩国某大型公司的一个清洁工,本来是一个最被人忽视、最被人看不起的角色,但就是这样一个人,却在一天晚上公司保险箱被窃时,与小偷进行了殊死搏斗。

事后,有人为他请功并问他的动机时,答案却出人意料。他说:当公司的总经理从他身旁经过时,总会不时地赞美他"你扫的地真干净"。

故事启示:你看,就这么一句简简单单的话,就使这个员工受到了感动,并在危急关头,能够置生命于不顾。这也正合了中国的一句老话"士为知己者死"。

美国著名女企业家玛丽·凯曾说过:"世界上有两件东西比金钱和性更为人们所需——认可与赞美。"

金钱在调动下属们的积极性方面不是万能的,而赞美却恰好可以弥补它的不足。因为生活中的每一个人,都有较强的自尊心和荣誉感。你对他们真诚地表扬与赞同,就是对他们价值的最好承认和重视。而能真诚赞美下属的领导,能使员工们的心灵需求得到满足,并能激发他们潜在的才能。

打动人最好的方式就是真诚的欣赏和善意的赞许。

成就需要理论也称激励需要理论,是 20 世纪 50 年代初期,美国哈佛大学的心理学家戴维·麦克利兰提出的一种新的内容型激励理论。麦克利兰认为,人类的许多需要都不是生理性的,而是社会性的,而且人的社会性需求不是先天的,而是后天的,得自于环境、经历和培养教育等。很难从单个人的角度归纳出共同的、与生俱来的心理需要。时代不同、社会不同、文化背景不同,人的需求当然就不同,所谓"自我实现"的标准也不同。在生存需要基本得到满足的前提下，人的最主要的需要有三种：成就需要、亲和需要、权力需要。

（1）成就需要，是指争取成功、追求优越感，希望做得最好的需要。麦克利兰认为，具有强烈的成就需求的人渴望将事情做得更为完美，提高工作效率，获得更大的成功，他们追求的是在争取成功的过程中克服困难、解决难题、努力奋斗的乐趣以及成功之后的个人的成就感，他们并不看重成功所带来的物质奖励。个体的成就需求与他们所处的经济、文化、社会、政府的发展程度有关，社会风气也制约着人们的成就需求。

（2）权力需要，是指影响或控制他人且不受他人控制的需要。不同人对权力的渴望程度也有所不同。权力需求较高的人对影响和控制别人表现出很大的兴趣，喜欢对别人"发号施令"，注重争取地位和影响力。他们常常表现出喜欢争辩、健谈、直率和头脑冷静；善于提出问题和要求；喜欢教训别人并乐于演讲。他们喜欢具有竞争性和能体现较高地位的场合或情境，他们也会追求出色的成绩，但他们这样做并不像高成就需求的人那样是为了个人的成就感，而是为了获得地位和权力或与自己已具有的权力和地位相称。权力需求是管理成功的基本要素之一。

（3）亲和需要，是指建立友好亲密的人际关系，寻求被他人喜爱和接纳的需要。高亲和动机的人更倾向于与他人进行交往，至少是为他人着想，这种交往会给他带来愉快。高亲和需求者渴望亲和，喜欢合作而不是竞争的工作环境，希望彼此之间的沟通与理解，他们对环境中的人际关系更为敏感。有时，亲和需求也表现为对失去某些亲密关系的恐惧和对人际冲突的回避。亲和需求是保持社会交往和人际关系和谐的重要条件。

（二）过程型激励理论

过程型激励理论是指着重研究人从动机产生到采取行动的心理过程。它的主要任务是找出对行为起决定作用的某些关键因素，弄清它们之间的相互关系，以预测和控制人的行为。过程型激励理论主要有期望理论和公平理论。

1. 期望理论

期望理论也称为期望效价论，是美国心理学家弗鲁姆1964年在《工作与激励》一书中正式提出的。其理论基础是，人之所以能够从事某项工作并达成组织目标，是因为这些工作和组织目标有助于达成自己的目标，满足自己某方面的需要。人们在预期其行动将会有助于达成某个目标的情况下，才会被激励起来去做某些事情。因此，人们受激励的程度，将取决于努力后所取得的成果的价值以及实现目标可能性的估计，用公式可以表达为：

$$激发力量 = 效价 \times 期望值$$

其中：激发力量是指动机强度，即激发其内在潜力的强度，表示人们为了达到自己的目标而努力的强度；

效价是指目标对满足个人需要的价值；

期望值是指通过特定活动导致预期目标实现的概率，即主观估计实现目标可能性的大小。

从公式中我们可以看出，要调动人的积极性，就必须努力提高效价和期望值。期望理论示意图如图12-4所示。

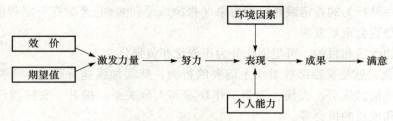

图 12-4　期望理论示意

2. 公平理论

公平理论也称为社会比较理论，是由美国心理学家亚当斯 1967 年提出的。他认为员工的工作动机不仅受其所得的绝对报酬的影响，而且受到相对报酬的影响，每个人会把自己付出的劳动和所得的报酬与他人付出的劳动和获得的报酬进行比较，以此衡量其所得的报酬是否公平。其公平理论的公平方程式如下：

$$\frac{自己的工作报酬}{自己的贡献} \gtreqless \frac{别人的工作报酬}{别人的贡献}$$

在公平方程式中，自己的工作报酬与贡献的比率与别人的工作报酬与贡献的比率基本相等，他就会认为公平合理，从而心情舒畅，努力工作。否则，他就会认为不公平，从而影响其工作的积极性。由于人们进行比较的对象是自己选定的，所以公平与否的感觉实际上只是一种主观的判断。

（三）修正型激励理论

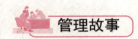

拿破仑打猎故事

拿破仑一次打猎的时候，看到一个落水男孩，一边拼命挣扎，一边高呼救命。这河面并不宽，拿破仑不但没有跳水救人，反而端起猎枪，对准落水者，大声喊道：你若不自己爬上来，我就把你打死在水中。那男孩见求救无用，反而增添了一层危险，便更加拼命地奋力自救，终于游上岸。

故事启示：对待自觉性比较差的员工，一味地为他创造良好的软环境，去帮助他，并不一定让他感受到"萝卜"的重要，有时还离不开"大棒"的威胁。偶尔利用你的权威对他们进行威胁，会及时制止他们消极散漫的心态，激发他们发挥出自身的潜力。自觉性强的员工也有满足、停滞、消沉的时候，也有依赖性，适当的批评和惩罚能够帮助他们认清自我，重新激发新的工作斗志。

修正型激励理论重点研究激励的目的（即改造、修正行为）。主要包括斯金纳的强化理论和挫折理论等。

1. 强化理论

强化理论是美国心理学家和行为科学家斯金纳等人提出的一种理论。强化理论是以学习的强化原则为基础的关于理解和修正人的行为的一种学说。所谓强化，从其最基本的形式来讲，指的是对一种行为的肯定或否定的后果（报酬或惩罚），它至少在一定程度上会决定这种行为在今后是否会重复发生。

根据强化的性质和目的，可把强化分为正强化和负强化。

（1）正强化。就是奖励那些组织上需要的行为，从而加强这种行为。正强化的方法包括：奖金、对成绩的认可、表扬、改善工作环境和人际关系、提升、安排担任挑战性的工作、给予学习和成长的机会等。

（2）负强化。就是惩罚那些与组织不相容的行为，从而削弱这种行为。负强化的方法包括：批评、处分、降级等，有时不给予奖励或少给奖励也是一种负强化。

2. 挫折理论

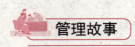
管理故事

跳蚤的故事

有人曾经做过一项实验：他往一个玻璃杯里放进一只跳蚤，发现跳蚤立即轻易地跳了出来。重复几遍，结果还是一样。根据测试，跳蚤跳的高度一般可达它身体的400倍左右，所以跳蚤称得上是动物界的跳高冠军。接下来实验者再次把这只跳蚤放进杯子里，不过这次是立即同时在杯上加一个玻璃盖，"嘣"的一声，跳蚤重重地撞在玻璃盖上。跳蚤十分困惑，但是它不会停下来，因为跳蚤的生活方式就是"跳"。一次次被撞，跳蚤开始变得聪明起来了，它开始根据盖子的高度来调整自己所跳的高度。再一阵子以后呢，发现这只跳蚤再也没有撞击到这个盖子，而是在盖子下面自由地跳动。一天后，实验者开始把盖子轻轻拿掉，跳蚤不知道盖子已经去掉了，它还是在原来的那个高度继续地跳。三天以后，他发现那只跳蚤还在那里跳。一周以后发现，这只可怜的跳蚤还在这个玻璃杯里不停地跳着——其实它已经无法跳出这个玻璃杯了。从一个跳蚤变成了一个可悲的爬蚤！

故事启示：现实生活中，是否有许多人也在过着这样的"跳蚤人生"？年轻时意气风发，屡屡去尝试成功，但是往往事与愿违，屡屡失败。几次失败以后，他们便开始不是抱怨这个世界的不公平，就是怀疑自己的能力，他们不是不惜一切代价去追求成功，而是一再地降低成功的标准——即使原有的限制已取消。就像刚才的"玻璃盖"，虽然已被取掉，但他们早已经被撞怕了，不敢再跳，或者已习惯了，不想再跳了。

人们往往因为害怕去追求成功，而甘愿忍受失败的生活。难道跳蚤真的不能跳出这个杯子吗？绝对不是。只是它的心里面已经默认了这个杯子的高度是自己无法逾越的。让这只跳蚤再次跳出这个玻璃杯的办法十分简单，只需拿一根小棒子重重地敲一下杯子；或者拿一盏酒精灯在杯底加热，当跳蚤热得受不了的时候，它就会"嘣"的一下，跳了出去。

人有些时候也是这样。很多人不敢去追求成功，不是追求不到成功，而是因为他们的心里面也默认了一个"高度"，这个高度常常暗示自己的潜意识：成功是不可能的，这个是没有办法做到的。

"心理高度"是人无法取得伟大成就的根本原因之一。我要不要跳？能不能跳过这个高度？我能不能成功？能有多大的成功？这一切问题都取决于：自我设限和自我暗示！

一个人在自己的生活经历和社会遭遇中，如何认识自我，在心里如何描绘自我形象，也就是你认为自己是个什么样的人，成功或是失败的人，勇敢或是懦弱的人，将在很大程度上决定自己的命运。你可能渺小，也可能伟大，这都取决于你对自己的认识和评价，取决于你的心理态度如何，取决于你能否靠自己去奋斗了。

因此我们必须不断战胜自己和超越自己，只有自己才是自己最可怕和最强大的敌人，很多事情，并不是自己被别人打败了，而是自己被自己的失败心理打败了！我们要坚信自己的生活信念，不管遇到了多么严重的挫折，不论碰到了多么巨大的困难，都不会发生动摇。永不言败，不断拓展自己的生活空间……

挫折理论是由美国心理学家亚当斯提出的，挫折是指人类个体在从事有目的的活动过程中，指向目标的行为受到障碍或干扰，致使其动机不能实现、需要无法满足时所产生的情绪状态。挫折理论主要揭示人的动机行为受阻而未能满足需要时的心理状态，并由此而导致的行为表现，力求采取措施将消极性行为转化为积极性、建设性行为。

管理者应该重视管理中成员的挫折问题，采取措施防止挫折心理给组织成员本人和组织带来的不利影响。因此，在管理工作中，要采取以下措施。

（1）要培养员工掌握正确战胜挫折的方法，教育员工树立远大的目标，不要因为眼前的某种困难和挫折而失去前进的动力。

（2）要正确对待受挫折的员工，为他们排忧解难，维护他们的自尊，使他们尽快从挫折情境中解脱出来。

（3）要积极改变情境，避免受挫折员工"触景生情"，防止造成心理疾病和越轨行为。

总之，组织的管理者必须高度重视沟通的意义，把信息看成是实现组织目标的一种重要方式，努力在改善组织信息沟通的问题上下大力气。

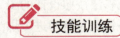

问题思考

1. 什么是激励？激励与行为的关系是什么？
2. 谈谈你对马斯洛需要层次理论的理解和认识。
3. "双因素理论"分别是指哪两种因素？它们之间的区别是什么？

技能训练

1. 单选题

（1）双因素理论中的双因素指的是（　　）。
　　A. 人和物的因素　　　　　　　　　　B. 信息与环境
　　C. 自然因素和社会因素　　　　　　　D. 保健因素与激励因素

（2）公司为每一位员工买一份人寿保险，这最可以满足员工以下哪种需要？（　　）
　　A. 自我实现的需要　　　　　　　　　B. 社交的需要
　　C. 尊重的需要　　　　　　　　　　　D. 安全的需要

（3）某国政府为鼓励球员努力踢球，为国争光，采取"凡在世界杯中获得优秀球员称

号者给予高额奖金"的措施。这一措施属于哪一种强化?（　　　）

  A. 负强化　　　　　B. 正强化　　　　　C. 惩罚　　　　　D. 自然消退

（4）下列哪种理论与激励无关（　　　）。

  A. 需求层次理论　　B. 双因素理论　　　C. 权变理论　　　D. 期望理论

（5）曹雪芹虽然食不果腹，仍然坚持《红楼梦》的创作，最有可能是出于其（　　　）。

  A. 自尊需要　　　　B. 安全需要　　　　C. 自我实现的需要　　D. 以上都不是

2. 判断题

（1）根据斯金纳强化理论的观点，负强化中不包含减少薪酬。（　　　）

（2）激励是指激发人的心理动机的行为过程。（　　　）

（3）工作本身具有挑战性、个人有机会得以成长、有机会得到奖金都属于保健因素。（　　　）

（4）人的行为是由需要引起的，而需要则是由动机引起的。（　　　）

（5）需要层次理论认为，不同层次的需要会同时出现，尽管前一层次的需要未得到满足。（　　　）

案例讨论

案例1　童友玩具厂

  童友玩具厂是生产木质娃娃、小动物等牵引玩具的企业，历史挺长，规模不大，产品质量不错，最近开始做出口贸易，而且订货有快速增长的趋势。

  童友玩具厂里有个喷漆车间，全部用的是女工。玩具先在一道木工车间下料，砂光，然后进行部分组装，再经过浸泡假漆一道工序，就送到喷漆车间上漆。这些玩具多数只用两种颜色，当然也有多彩的。总之，每多上一道彩，就要多一道工序。

  多年以来，该厂的产品全部是手工生产的。但近来需求增大，质量要求也高了。厂领导向银行贷了一笔款，请了设计院来改进本厂生产工艺和流程布局。喷漆车间也改装了。如今全部女工沿着一条直线坐着，头顶上装有一根环轨，上面悬挂着吊钩，不停地从女工们的侧上方向前移动，慢慢进入一座隧道式远红外烘干炉。每位女工坐在自己的一个有挡板隔开的小工作间里，待漆的玩具放在每位女工右手边的托盘里，她们取来，放在模板下，把彩漆按照设计的图案，喷到玩具上没被模板挡住的部位上。喷完后，取出来挂到前方经过的吊钩上，自动进炉烘干。吊钩的移动速度是设计工程师做过时间动作研究，并经过计算后确定的；据说女工们只要经过恰当的训练，就能在经过她们头上边的吊钩还在她们够得着的范围之内时，把一只漆好的玩具挂上去，使每一吊钩都能有负荷，不会有空着的，因为运动速度就是按这要求设计的。

  女工们的奖金是按小组集体计奖制发放。由于对新工艺还不熟练，在半年实习期内，她们还达不到新定额，所以发一笔"学习津贴"，但逐月减少六分之一，半年后全部取消。那时就只能靠全组超过定额，才能得一笔集体奖金了。当然超额越多，奖金越多。

案例讨论：

1. 预计改装后产量会上升、下降或维持原水平?
2. 该案例可采用哪几个主要激励理论来分析?

案例 2　李刚的困惑

李刚现在 40 岁，是公司的生产部长。他与妻子都出身贫寒，通过不懈的努力，他的付出现在给他带来了丰厚的回报。他的工资收入已经相当可观了，更重要的是，他在不断的提拔升级中得到了妻子很为他感到自豪的权力和地位。

有段时间，他自己也沾沾自喜过，可现在细细想来，他觉得自己并没有成就什么，心里老是空落落的。他现在是企业生产的总指挥官，可他看着企业一年比一年不景气，很想在开发新产品方面为企业做出更大的贡献，可他在研究开发和销售方面并没有什么权力。

他多次给企业领导提议能否变革组织设计方式，使中层单位能统筹考虑产品的生产、销售及研究开发问题，以增强企业的活力和创新力。可领导一直就没有这方面的想法。所以，李刚想换一个单位，换个职务不要太高但能真正发挥自己潜能的地方。

可自己都步入中年了，"跳槽"的决定又谈何容易。

案例讨论：

（1）请运用有关激励理论，对李刚走过历程中所体现的个人需要的满足情况以及他目前的困惑心境做一个分析。

（2）如果李刚有意跳槽到你所领导的单位来工作，你应该在哪些方面采取措施以吸引他并给他提供他所看重的激励？为什么？

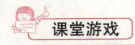
课堂游戏

激励团队士气

这是一个很有意思的游戏，它可以调动参与者的兴趣，并且能让他们从游戏中体会友谊和协作的乐趣。另外，这个游戏还可以在培训中场或结束时使用，既可以活跃课堂气氛，还能帮助学员放松神经，增强学习效果。

1. 游戏目的

（1）了解团队协作的重要性。

（2）增强团队成员的归属感。

（3）激发学员的奋斗精神。

2. 游戏时间

5～10 分钟。

3. 道具和场地

（1）道具：无。

（2）场地：空地。

4. 游戏规则和程序

（1）将学员分成几个小组，每组在 5 人以上为佳。

（2）每组先派出两名学员，背靠背坐在地上。

（3）两人双臂相互交叉，合力使双方一同站起。

（4）以此类推，每组每次增加一人，如果尝试失败需再来一次，直到成功才可再加一人。

(5) 培训者在旁观看，选出人数最多且用时最少的一组为优胜。

5. 游戏讨论

(1) 你能仅靠一个人的力量就完成起立的动作吗？

(2) 如果参加游戏的队员能够保持动作协调一致，这个任务是不是更容易完成？为什么？

(3) 你们是否想过一些办法来保证队员之间动作协调一致？

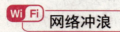

搜索以绩效为基础向部分或者所有员工支付报酬的一家公司的网址。请描述该公司的绩效薪酬计划。这项计划应用于哪些员工？该计划能够激发高水平的激励吗？

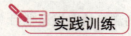

如何激励员工

1. 实训目标

(1) 锻炼为企业设计激励机制的能力。

(2) 培养制定提案并进行表达的能力。

2. 实训内容

调查一个企业，运用所学的知识，根据所调查的企业情况，对员工的需要进行分析：公司员工的主要工作和岗位是什么？各岗位员工的主要需要是什么？

3. 实训要求

(1) 运用所学的一些激励理论，为调查的企业制定一个新的激励机制提案。

(2) 班级组织一次交流，每组推荐2名成员介绍其起草的提案。

(3) 对推荐的提案进行评价。

任务 13
控 制

> 今天的企业再也不能像过去那样通过层级系统预算和其他传统的控制方法将企业团结在一起……将企业凝聚在一起的将是意识形态。
> ——柯林斯·鲍罗斯
>
> 监督是管理过程持续最长的一种功能，因为它是在执行决策的全部过程中实现的。
> ——[苏] 阿法纳西耶夫

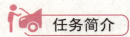

控制是管理工作中一项重要的管理职能。在管理工作中为了按照拟定的计划实现既定的目标，就必须建立相应的控制机制。没有有效的控制，实际管理工作就有可能偏离计划，组织目标就有可能无法实现。

本任务主要介绍了控制的概念、控制的作用、控制的必要性、控制的类型、控制的过程以及控制的方法。通过此任务的学习，掌握并会运用控制的几种常见的方法；能够结合具体案例理解控制在企业管理中的重要作用。

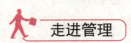

巨人集团为什么会破产

巨人集团曾经是我国民营企业的佼佼者，一度在市场上叱咤风云，该企业以闪电般的速度崛起后，又以流星般的速度迅速在市场上沉落了。这样一家资产好几亿元，年产值号称数十亿元的企业破产，究其原因，管理当局的决策失误是很重要的一个方面。

该企业在 1993 年以前，其经营状况是非常乐观的，但是在 1993 年国家有关进口电脑的禁令一解除，国外众多超重量级选手蜂拥进入我国市场，一些头脑理智的企业纷纷压缩规模调整结构，可巨人集团的管理当局急于寻求新的产业支柱，轻易迈出了经营房地产和保健饮品的多元化经营的脚步。而当时巨人集团的资金不足，又没有得到银行等金融机构的资金支持，没有实力同时在两个全新的产业展开大规模投入。

到了 1994 年，巨人集团管理当局已经意识到集团内部存在的种种隐患：创业激情基本消失了；出现了吃大锅饭的现象；管理水平低下；产品和产业单一；开发市场能力停滞。但管理当局还是回避了企业内部产权改造及经营机制重塑的关键问题，想通过再一次掀起的发展和扩张热潮，将企业重新带回到过去辉煌的时期，在保健饮品方面大规模投入，这样的投入带来了短暂的效益，可很快企业的问题就暴露无遗了：企业整体协调乏力；人员管理失控；产品供应链和销售链脱节等。针对此问题，企业管理当局进行了整顿，但是未能从根本上扭转局面，最终全线崩溃。

巨人集团总裁史玉柱在检讨失败时曾坦言：巨人的董事会是空的，决策是一个人说了算。决策权过度集中在少数高层决策人手中，尤其是一人手中，负面效果同样突出。特别是这个决策人兼具有所有权和经营权，而其他人很难干预其决策，危险更大。

总结巨人集团失败的经验教训，其计划过程失控也是主要原因，主要表现在：计划动因不明确；计划非理性，试图超越规范；过程失控，如计划制订较为粗放，计划执行过程中缺乏必要的反馈与检讨，计划柔性不足，在市场状况即企业经营状况发生变化时缺乏对策，企业原有经营管理模式及经营管理层的经营理念与计划不匹配，人才的压力也是导致计划失控的原因之一等。

 知识梳理

法约尔说："在一个企业中，控制就是核实所发生的每一件事是否符合所规定的计划、所发布的指示以及所确定的原则，其目的就是要指出计划实施过程中的缺点和错误，以便加以纠正和防止重犯。控制对每件事、每个人、每个行动、每个组织的成效都起作用。"

一、控制的概念

人类的行为具有明确的目的性，即行为是为了达到某个目的，没有目的的行为是不存在的。人类在各种各样的行为中，为了实现自己的目的，需要根据实际情况不断地调整自己的行为，向着目标前进。日常生活中，我们会说，控制时间、控制开支、控制好学习的进度等，即我们必须随时注意自己手中所进行的事件的实际状态。如果这种状态和我们事先的预期不一致，就必须采取适当措施，进行纠正，以保证目标的实现。

在组织管理的过程中，控制是管理过程不可分割的一部分，是组织管理人员的一项重要工作内容。从根本意义上说，在管理学中，控制的含义同人们日常生活中所使用的控制的概念没有质的区别，其唯一区别在于控制行为的对象：管理学中的控制一般指对组织运行状况的控制，而日常生活中的控制一般指比较具体的事物。

由此可见，所谓控制，就是指为了确保组织目标以及计划工作的顺利实施，管理者根据既定标准，对下级工作进行衡量、测量、评价，并进行纠偏的过程。

管理中控制职能的发挥应当根据计划对实际结果加以衡量和比较，然后采取纠正措施以取得更接近人们所希望的结果。控制既依赖于又有利于其他管理过程——组织、计划、领导等。没有计划就没有确定的目标和组织行为的总体规划和部署。没有组织就难以确定谁是做评价、采取纠正措施的职责承担者，从而难以保证计划的落实和完成。没有领导即使有成车的衡量报告也不会对实际工作产生任何影响。没有有效控制，实际工作就可能偏离计划，组织目标无法实现。所以，我们在整个实现过程中必须把管理的各种职能协调起来。

二、控制的作用

斯蒂芬·罗宾斯曾这样描述控制的作用:"尽管计划可以制订出来,组织结构可以调整得非常有效,员工的积极性也可以调动起来,但是这仍然不能保证所有的行动都按计划执行,不能保证管理者追求的目标一定能达到。"其根本原因在于管理职能中的最后一个环节,即控制。由于理想的状态是不可能成为企业管理的现实的。无论计划制订得如何周密,由于各种各样的原因,人们在执行计划的活动中总是会或多或少地出现与计划不一致的现象。因此,控制作为一种管理的重要职能,其主要作用有以下几点。

1. 通过控制可以使复杂的组织活动能够协调一致地运作

由于现代组织的规模有着日益扩大的趋势,组织的各种活动日趋复杂化,要使组织内众多的部门和人员在分工的基础上能够协调一致地工作,完善的计划是必备的基础,但计划的实施还要以控制为保证手段。

2. 通过控制可以避免和减少管理失误造成的损失

组织所处环境的不确定性以及组织活动的复杂性,会导致不可避免的管理失误。控制工作通过对管理全过程的检查和监督,可以及时发现组织中的问题,并采取纠偏措施,以避免或减少工作中的损失,为执行和完成计划起着必要的保障作用。

3. 通过控制可以有效减轻环境的不确定性对组织活动的影响

现代组织所面对的环境具有复杂多变的特点,再完善的计划也难以将未来出现的变化考虑得十分周全。因此,为了保证组织目标和计划的顺利实施,就必须有控制工作,以有效地控制降低环境的各种变化对组织活动的影响。

三、控制的必要性

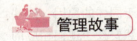
管理故事

决堤一定修堤吗?

春秋时期,楚国令尹孙叔敖在苟陂县一带修建了一条南北水渠。这条水渠又宽又长,足以灌溉沿渠的万顷农田,可是一到天旱的时候,沿堤的农民就在渠水退去的堤岸边种植庄稼,有的甚至还把农作物种到了堤中央。等到雨水一多,渠水上涨,这些农民为了保住庄稼和渠田,便偷偷地在堤坝上挖开口子放水。这样的情况越来越严重,一条辛苦挖成的水渠,被弄得"遍体鳞伤""面目全非",因决口而经常发生水灾,变水利为水害了。

面对这种情形,历代苟陂县的行政官员都无可奈何。每当渠水暴涨成灾时,便调动军队去修筑堤坝,堵塞滑洞。后来宋代李若谷出任知县时,也碰到了决堤修堤这个头疼的问题,他便贴出告示说:"今后凡是水渠决口,不再调动军队修堤,只抽调沿渠的百姓,让他们自己把决口的堤坝修好。"这布告贴出以后,再也没有人偷偷地去决堤放水了。

故事启示:这是一个有趣的故事,但是故事背后的寓意却值得管理者深思。如果在执行一项政策之前就把这当中的利害关系对执行者讲清楚,他们也许就不会了为自己的私利而做出损害团队利益的事情了,当然这只是对素质高的团队来说。

有的企业可能因为行业的原因,员工的素质都不太高,遇到这种情况即使你说明了利害他还是会为了自己的利益偷偷地去做一些损公肥私的事情,怎么办?严格有效的监督控制机制的建立就显得非常重要了。

以人管理,总是有漏洞的,因为人都是有弱点、有感情的。而制度呢?却能起到人所不能起到的作用。

当制度都不能发挥作用的时候,就只有利用李若谷的办法,以"子之矛攻子之盾",当他发现这样做得到的好处还不如他损失的多的话,他自然也就不会再去做这样的事情了。

所以说,不管具体用什么方法来执行,制定一套安全有效的内部控制制度是非常必要的。

控制职能是管理过程不可分割的一部分,是企业各级管理人员的一项重要工作。管理控制的必要性主要是由下列原因决定的。

1. 环境的变化

如果企业面对的是一个完全静态的环境,其中各个影响企业活动的因素永不发生变化,例如,市场供求、产业结构、技术水平等,那么,企业管理人员便可以年复一年、日复一日地以相同的方式组织企业经营,工人可以以相同的技术和方法进行生产作业,因而,不仅控制工作,甚至管理的计划职能都将成为完全多余的东西。事实上,这样的静态环境是不存在的,企业外部的一切每时每刻都在发生着变化。这些变化必然要求企业对原先制订的计划、对企业经营的内容作相应的调整。

2. 管理权力的分散

只要企业经营达到一定规模,企业主管就不可能直接地、面对面地组织和指挥全体员工的活动。时间与精力的限制要求他委托一些助手代理部分管理事务。由于同样的原因,这些助手也会委托其他人帮自己完成受托的部分管理事务,高一级的主管必然要授予他们相应的权限。因此,任何企业的管理权限都制度化或非制度化地分散在各个管理部门和层次。企业分权程度越高,控制就越有必要。控制系统可以提供被授予了权力的助手的工作绩效的信息和反馈,以保证授予他们的权利得到正确的利用,促使这些权利组织的业务活动符合计划与企业目的的要求。如果没有控制,没有为此而建立的相应的控制系统,管理人员就不能检查下级的工作情况,即使出现权力滥用或活动不符合计划要求等其他情况,管理人员也无法发现,更无法采取及时的纠正措施。

3. 工作能力的差异

即使企业制订了全面完善的计划,经营环境在一定时期内也相对稳定,对经营活动的控制也仍然是必要的。这是由不同组织成员的认识能力和工作能力的差异所造成的。完善计划的实现要求每个部门的工作严格按计划的要求来协调地进行。然而,由于组织成员是在不同的时空进行工作的,他们的认识能力不同,对计划要求的理解可能发生差异;即使每个员工都能完全正确地理解计划的要求,但由于工作能力的差异,他们的实际工作结果也可能在质和量上与计划要求不符。某个环节可能产生的这种偏离计划的现象,会对整个企业活动造成冲击。因此,加强对这些成员的工作控制是非常必要的。

四、控制的类型

根据控制的性质、内容、范围等不同，控制可以分成许多不同类型。管理者应根据不同的适用条件选用不同的控制方法。

1. 事前控制、事中控制、事后控制

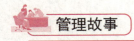

扁鹊论医术

魏文王问名医扁鹊："你们家兄弟三人，都精于医术，到底哪一位最好呢？"扁鹊答："长兄最好，中兄次之，我最差。"文王再问："那么为什么你最出名呢？"扁鹊答："长兄治病，是治病于病情发作之前。由于一般人不知道他事先能铲除病因，所以他的名气无法传出去；中兄治病，是治病于病情初起时。一般人以为他只能治轻微的小病，所以他的名气只及本乡里。而我是治病于病情严重之时。一般人都看到我在经脉上穿针管放血、在皮肤上敷药等大手术，所以以为我的医术高明，名气因此响遍全国。"

故事启示：控制有事前控制、事中控制、事后控制，其中事后控制不如事中控制，事中控制不如事前控制。但现实生活中，我们更多的是注重事后控制，而很少注重事中、事前控制。

按照控制点及控制信息的性质划分为事前控制、事中控制和事后控制三种类型。

(1) 事前控制，也称事先控制，是指一个组织在一项活动正式开始之前所进行的控制活动。事前控制属于一种预防性控制，它的工作重点并不是控制工作的结果，而是提前采取各种预防性措施，包括对投入资源的控制，以防止工作过程中可能出现的偏差。如企业为了开发一种能够有效满足消费者需求的产品，预先对消费者的实际需求进行的市场调查；再如对新加入组织的成员进行的岗前培训等，这些都属于事前控制的范畴。

(2) 事中控制，又称现场控制、实时控制或即时控制，是指在某项活动或工作过程中进行的控制，即主管人员在现场对正在进行的活动给予指导与监督，以保证组织的各项活动按既定的计划进行。现场控制是组织控制工作的基础，是组织的基层管理人员主要采用的控制方法。如企业中生产制造过程的进度控制、对生产工人正在加工的产品进行的抽检、各项工程施工过程中监理工作等，都属于现场控制的范畴。

(3) 事后控制，亦称成果或反馈控制，是指在一个时期的生产经营活动已经结束以后，对本期的资源利用状况及其结果进行总结。由于这种控制是在经营过程结束以后进行的，因此，不论其分析如何中肯、结论如何正确，对于已经形成的经营结果来说都是无济于事的，他们无法改变已经存在的事实。事后控制的主要作用，甚至可以说是唯一的作用，是通过总结过去的经验和教训，为未来计划的制订和活动的安排提供借鉴。

事前控制、事中控制和事后控制三种类型之间关系如图 13-1 所示。

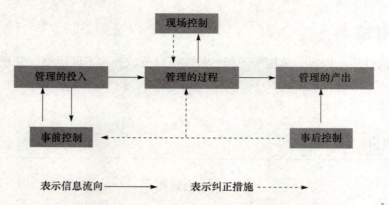

图 13-1 事前控制、事中控制和事后控制三种类型之间关系示意

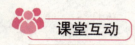

为什么说事后控制不如事中控制，事中控制不如事前控制？

2. 集中控制、分散控制、分层控制

按照控制时采用的控制方式划分为集中控制、分散控制和分层控制三种类型。

（1）集中控制，是指在一个组织内将控制权相对集中统一的控制方式。如企业的生产指挥部就是集中控制的例子。

（2）分散控制，是指在一个组织中将控制权相对分散在组织各个部门的控制方式。

（3）分层控制，是指将集中控制和分散控制结合起来的控制方式。

3. 预防性控制、纠正性控制

按照控制的性质划分为预防性控制、纠正性控制两种类型。

（1）预防性控制，是指为了避免工作过程中出现错误而事先采取预防措施的控制。

（2）纠正性控制，是指工作过程中的问题一旦出现以后，采取措施进行纠偏的控制。

五、控制过程

控制是根据计划的要求，设立衡量绩效的标准，然后把实际工作结果与预定标准相比较，以确定组织活动中出现的偏差及其严重程度，在此基础上，有针对性地采取必要的纠正措施，以确保组织资源的有效利用和组织目标的圆满实现。不论控制的对象是新技术的研究与开发，还是产品的加工制造，市场营销宣传，企业的人力条件、物质要素、财务资源，控制的过程都包括三个基本环节的工作：确立标准、衡量成效、纠正偏差。

1. 确立标准

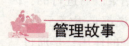

小和尚撞钟

有一个小和尚担任撞钟一职，半年下来，觉得无聊之极，"做一天和尚撞一天钟"而已。有一天，主持宣布调他到后院劈柴挑水，原因是他不能胜任撞钟一职。小和尚很不服气

地问:"我撞的钟难道不准时、不响亮?"老主持耐心地告诉他:"你撞的钟虽然很准时,也很响亮,但钟声空泛、疲软,没有感召力。钟声是要唤醒沉迷的众生,因此,撞出的钟声不仅要洪亮,而且要圆润、浑厚、深沉、悠远。"

故事启示:确定工作标准是员工的行为指南和考核依据。缺乏工作标准,往往导致员工的努力方向与公司整体发展方向不统一,造成大量的人力和物力资源浪费。因为缺乏参照物,时间久了员工容易形成自满情绪,导致工作懈怠。制定工作标准尽量做到数字化,要与考核联系起来,注意要具有可操作性。

控制是要消除组织运转过程中所发生的偏差。因此,在实施控制时,组织首先必须拟订一些具体的标准,也就是说,从整个计划方案中选出对工作成效进行评价的关键指标,确定控制的范围、控制的项目和控制的水平。比如,从实物、货币、无形资产等方面规定所要完成的标准,如将利润目标分解为产量、销售额、制造成本、销售费用等,来落实企业各个部门的具体任务。又如,某大学在制定面向 21 世纪教育改革与发展规划中提出,至 2015 年,学校总规模将达到30 000 人,其中博士生 3 000 人,硕士生 10 000 人,本科生 17 000 人。这些学生人数既是学校在今后若干年内的奋斗目标,也是学校对各项工作进行控制的标准。

2. 衡量成效

衡量成效是指控制过程中将实际工作情况与预先确定的控制标准进行比较,找出实际业绩与控制标准之间的差异,以便于找出组织目标和计划在实施中的问题,对实际工作做出正确的评估。具体说,亲自观察、分析报表资料、召开会议、口头报告、书面报告和抽样调查等是衡量成效的常用方法。其中走动管理是亲自观察的典型形式,给管理者提供了寻求隐情的机会,能够获得其他来源所疏漏的信息,及时地发现并解决问题。

3. 纠正偏差

利用科学的方法,依据客观的标准,通过对绩效的衡量,可以发现计划执行中出现的偏差。纠正偏差就是在此基础上,分析偏差产生的原因,制定并实施必要的纠正措施。这项工作使得控制过程得以完整,并将控制与管理的其他职能相互联系起来;通过纠偏,使组织计划得以遵循,使组织机构和人事安排得到调整,使领导活动更加完善。

管理小知识

控制与问题掌握

1)在工作计划阶段,就要先想好可能的状况,事先拟订对应措施。
2)当提出问题时,一定要能明确指出它的"目标""现状"以及差距所带来的影响。
3)解决问题时,一定要客观地找出原因,不可凭主观的直觉来判断。
4)每天发现一项需要改善的事项,并思考应该如何做会更好。
5)在部属进行工作的时候,从旁予以观察,当有偏差时给予必要的指导纠正。
6)鼓励员工培养观察力,提出问题,并引导出具体的建设性意见。

六、控制的方法

对整个组织的活动进行全面的控制，要根据控制的对象、内容和条件的不同采取相应的控制方法。最常见的控制方式和方法包括预算控制、比率控制、审计控制、人员控制等。

管理控制，方法知多少——控制方法

1. 预算控制

预算控制是管理控制使用最广泛的一种控制方法。所谓预算就是用数字编制未来某一个时期的计划，也就是用财务数字或非财务数字来表明预期的结果。预算控制是根据预算规定的收入与支出标准来检查和监督各个部门的活动，以保证各种活动或各个部门在完成既定目标、实现利润的过程中对资源的利用，从而使费用支出受到严格有效的约束。预算主要有以下几种类型。

（1）收支预算，是以货币形式表示的收入和支出的计划。它具体又包括收入预算和支出预算。收入反映了组织行为的预期结果；支出反映了组织资源的分配与使用情况。一个组织的收入与支出可以反映其经济活动的基本情况，科学的收支预算，能有效控制组织的总体行动，保证组织的有序运转。

（2）运营预算，是指组织日常发生的各项基本活动的预算。组织能否正常运转，主要取决于这些基本活动是否正常运转。运营预算主要包括生产、销售、直接材料采购、直接人工、制造费用、单位生产成本、管理费用等预算。其中销售预算是最关键的，它是计划的基础，同时，更是组织收入的主要实现手段。

（3）资产负债预算，是表示某一个会计末期的资产、负债和净值这几项计划的预测结果，它是对组织的资产、负债、所有者权益及其相互关系进行预测，如组织的资产负债表。

（4）现金预算，是以收支预算为基础编制的预算，它是根据实际现金收支的经验数据，去分别预测与安排现金的收入与支出数额，是组织在预算期内所需要的现金的详细说明。这也是控制组织基本经济活动的一个重要手段。

（5）利润预算，是用来综合反映组织在计划期间生产经营过程中的财务状况，并作为预测组织经营活动最终成果的重要依据。

（6）投资预算，是对组织固定资产的购置、扩建、改造、更新等活动进行的预算。投资预算可以反映的信息包括何时进行投资、投资多少、如何获得资金、何时可获得收益，每年的现金净流量是多少，需要多少年回收全部投资等。投资预算一般结合组织的战略目标和计划进行编制，这样才能体现组织的战略意图。

2. 比率控制

比率控制也称比率分析，是将组织资产负债表和收益表上的相关项目进行对比，形成一个比率，从中分析和评价组织的经营成果和财务状况，是一项非常有用的和必需的控制技术或方法。一般来说，仅从有关组织经营管理工作成效的绝对数量的度量中是很难得出正确的结论的。例如，仅从一个企业年创利 1 000 万元这个数字上很难得出什么明确的概念，因为我们不知道这个企业的销售额是多少，不知道它的资金总数是多少，不知道它所处的行业的平均利润水平是多少，也不知道企业上年和历年实现利润是多少，等等。所以，在我们作出有关一个组织经营活动是否有显著成效的结论之前，必须首先明确比较的标准。

企业经营活动分析中常用的比率可以分为两大类，即财务比率和经营比率。前者主要用于说明企业的财务状况；后者主要用于说明企业的经营活动状况。

（1）财务比率。企业的财务状况综合地反映着企业的生产经营情况。通过财务状况的分析可以迅速地、全面地了解一个企业的资金来源和资金运行的情况；了解企业资金利用的效果以及企业的支付能力和清偿债务的能力。常用的财务分析比率有盈利比率、负债比率、流动比率、速动比率等类型，这几种类型如图13-2所示。

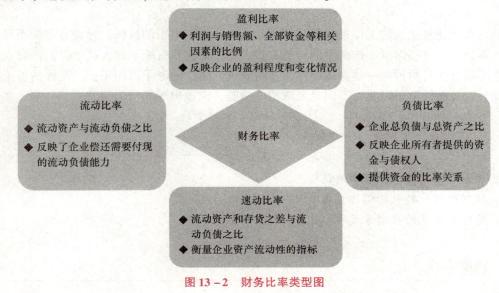

图 13-2　财务比率类型图

（2）经营比率。也称活力比率，是用来进一步说明企业的经营情况。常用的有市场占有率、相对市场占有率、投入—产出比率等类型。具体如表13-1所示。

表 13-1　某公司营销目标层次

经营比率类型	具体内涵
市场占有率	又称市场份额，指的是企业的主要产品在该种产品的市场销售总额中所占的比重
相对市场占有率	当缺乏总的市场规模的统计资料时，可以采用相对市场占有率作为衡量的指标。常用的相对市场占有率指标有两种：一种是公司的销售量与该公司所在市场中占领先地位的最大的头三名竞争对手销量总和的百分比；另一种是与最大的公司销售量的百分比
投入—产出比率	用做控制度量的投入—产出比率是对投入利用效率的直接测量标准。其中一些比率采用的是实物计量单位

3．审计控制

审计是对反映组织资金运动过程及其结果的会计记录及财务报表进行审核、鉴定，以判断其真实性和可能性，从而为控制和决策提供依据。其主要有以下三种类型。

（1）外部审计，是由外部机构（如会计师事务所）的审计人员对组织财务报表及其反映的财务状况进行独立的评估。

(2) 内部审计，是由组织的内部机构或由财务部门的专职人员独立进行的审计。内部审计提供了检查现有控制程序和方法能否有效地保证达成既定目标和执行既定政策的手段。

(3) 管理审计，是由外部或内部的审计人员对企业管理政策及其绩效进行评价。管理审计的方法是利用公开记录的信息，从反映组织管理绩效及其影响因素的若干方面将组织与同行其他组织或其他行业的著名组织进行比较，以判断组织经营与管理的健康程度。

4. 人员控制

管理者是通过他人的工作来实现其目标的。为了实现组织的目标，管理者需要而且必须依靠下属员工，并确保员工按其所期望的方式工作，而这就有赖于对人员的控制。对人员控制最常用的方法有两种：一是直接巡视，及时发现问题，随时予以纠正；二是评估员工的工作表现，有针对性地予以奖罚，同时采取相应措施，纠正出现的行为偏差。

问题思考

1. 控制有哪些类型？请举例说明。
2. 控制过程一般包括哪些步骤？
3. 简述最常见的控制方式和方法。

技能训练

1. 单选题

(1) 哪种控制的目的是及时发现并纠正工作中出现的偏差？（　　）
  A. 事先控制　　　　B. 现场控制　　　　C. 成果控制　　　　D. 综合控制

(2) 进行控制时，首先要建立标准。关于建立标准，下列说法中哪一种有问题？（　　）
  A. 标准应该越高越好　　　　　　　　B. 标准应该考虑实施成本
  C. 标准应考虑实际可能　　　　　　　D. 标准应考虑顾客需求

(3) "治病不如防病，防病不如讲卫生。"根据这一说法，以下几种控制方式中，哪一种方式最重要？（　　）
  A. 同期控制　　　　B. 现场控制　　　　C. 反馈控制　　　　D. 事先控制

(4) 管理者在视察中发现一个员工操作机器不当，立即指明正确的操作方法并告诉该员工在以后的工作中要按正确的方式操作。这是一种（　　）。
  A. 反馈控制　　　　B. 指挥命令　　　　C. 事前控制　　　　D. 现场控制

(5) 实习医生在第一次做手术时需要有经验丰富的医生在手术过程中对其进行指导，这是一种（　　）。
  A. 预先控制　　　　B. 事后控制　　　　C. 随机控制　　　　D. 事中控制

2. 判断题

(1) "根据过去工作的情况，去调整未来的行为。"这句话描述的是前馈控制。（　　）
(2) 从成本角度来讲，事前控制要优于事中控制和事后控制。（　　）
(3) 一般来说，标准必须从计划中产生，计划必须先于控制。（　　）
(4) 控制得越严格、越全面，越能保证计划的实施。（　　）

（5）对企业的一切业绩都要制定出以实物或货币衡量的标准。　　　　（　　）

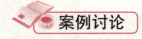

案例讨论

案例1　华能集团的控制

中国华能集团从成立之初就建立了比较清晰的产权关系。目前华能集团内部可以分为三个层次：中国华能集团公司（母公司）、成员公司（子公司）和下设的生产经营单位。华能集团从1997年年初由国家电力公司组建后，成为国家电力公司的全资子公司；华能集团各专业成员公司和各地分公司所属的地方实业公司是华能集团公司的全资子公司；集团公司和各成员公司向下投资设立了一些全资、控股和参股的直接生产经营企业。第一层次的集团公司是华能集团的决策中心和资产运作中心；第二层次的成员和各地实业公司起着专业化发展、职能化经营和对生产经营企业进行监督管理的作用，并且有一定的投资功能；第三层次的企业是直接生产经营单位，不具有对外投资功能，只能从事生产经营业务。在20世纪80年代的经济过热期，华能集团曾经还有过第四层和第五层。但是，经过几年的重组和改进，华能集团现在只有三个层次。

以前，母公司对子公司只考评"两张表"（资产负债表和利润表）和"一个人"（总经理），对子公司监管不严。这种模式存在很大弊端，因为它无法控制子公司决策错误及其由此所产生的巨大损失，而且这类损失常常是不可逆转的。"事后控制"的风险相当大。

目前，中国华能集团对其子公司既给予一定的灵活性，又实行必要的监控。母公司对子公司的财务控制主要体现在三个领域：①筹资控制。集团各成员企业的筹资由集团母公司统一规划，子公司筹集的资金金额较大时必须经母公司审批。②投资控制。现有规定是，投资金额超过一定限额就需母公司批准。如对一些大的子公司，自主投资限额为3 000万元人民币，小公司则为500万元。③财务业绩控制。每年的财务目标即为上一年的实际经营成果。财务业绩从三个方面来评价：利润、净资产收益率和经营活动中产生的现金流量。从结果看，几乎没有哪家子公司不能达到它们的目标。期望的净资产收益率（ROE）是15%，但电力业务由于政策性补贴等因素，其净资产收益率可以稍低，为10%左右。

案例讨论：
1. 华能集团采用了哪些控制方法？
2. 你认为华能集团所采用的控制方法是否有效？

案例2　外资企业产品促销活动

某公司是武汉市一家外资企业，主要经营洗涤和化妆用品。1994年4月至5月，该公司市场部为推进X型洗发精的销售，组织了一次颇具规模的产品陈列比赛。在这次促销活动中，公司对参赛对象、评选标准、检查方式以及奖励办法都做了精心的准备。

首先，这次产品陈列的目的，是为了扩大X型洗发精产品的影响和销售。同时，公司对参赛对象进行了严格挑选。参赛对象必须是规模、信誉、所处地理位置等标准中满足一项以上并确有诚意的零售商，经市场部与销售部协商共挑选出100家洗涤及化妆品的零售店参赛。

其次，公司对参赛要求和标准作了详尽规定。基本要求是：各零售店必须在柜台上陈列

30瓶X型洗发精产品，此外还对陈列柜台数、柜台位置、图案、色彩、广告用语、陈列时间等标准规定了具体评分办法，并印制了评分表格。

再次，公司规定了严格的检查方式和时间。检查分为初评、复评和决赛评选三个阶段。初评由市场部有关人员对所有参赛的100家商店进行实地走访，拍摄陈列照片，并根据评选标准优选出前20家商店参加复评，复评由广告公司、美术协会及公司人员三方组成的专门评审组负责，对前20家商店再次进行实地走访，拍制幻灯片，经过比较选出前6名参加决赛。决赛则由评审组和市场部、销售部的有关领导共同对前6名商店的幻灯片进行终审。决定一等奖1名、二等奖2名、三等奖3名。

最后，公司在陈列比赛结束后，召开了发奖会，对获一、二、三等奖的商店分别给予1 000元、500元、200元的奖金、奖状和其他实物奖品。对获前20名的商店给予实物奖品。此外，所有参加的商店都获得了100元的基本奖。

整个陈列比赛历时一个月，促销效果显著。由于组织工作细致、控制严密，参赛商店几乎都达到了比赛的基本要求，一些获奖单位更是热情高涨、匠心独具，陈列的样品数、柜台数以及产品陈列布置的思想性和艺术性都超过了公司原先的估计。特别是一些花了不少人财物参赛的商店，比赛结束后仍不愿拆除精心布置的陈列柜台，从而延长了比赛的广告效应。陈列比赛期间，由于100家商店都是武汉最出名的经营洗涤、化妆品的零售商店，加之努力参加比赛，形成了一股相当可观的宣传势头，许多顾客反映，他们购买X型洗发精，就是因为在商店里该产品陈列醒目，使人一看便知是热销商品，一些商店营业员反映，陈列中比陈列前产品销量增加30%左右。公司事后的统计数据则表明，陈列当月比前月销量增加60%以上，陈列结束后一个月的销量比陈列当月销售略有增加。当然，销量上升也有其他原因，如广告频率的增加等，但至少这次陈列比赛的促销效果是显著的，该公司也认为这是一次非常成功的促销活动。

案例讨论：
1. 该公司促销控制成功的经验有哪些？
2. 从有效控制的严格要求来看，该公司的这次促销活动还存在什么不足？应如何改进？

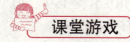
课堂游戏

七个和尚分粥

有没有听过一个经典的和尚分粥的故事？怎样才能让他们分得足够公平呢？这就需要你开动脑筋了。

1. 游戏目的
（1）认识控制的必要性和重要性。
（2）理解不同的控制制度会导致不同的结果。

2. 游戏程序
（1）首先给大家讲述下面这样一个场景：

有七个和尚曾经住在一起，每天分一大碗粥。要命的是，粥每天都是不够的。一开始，他们抓阄决定谁来分粥，每天轮一个。于是几乎每周下来，他们只有一天是饱的，就是自己分粥的那一天。

后来他们开始推选出一个道德高尚的人出来分粥。强权就会产生腐败，大家开始挖空心思去讨好他、贿赂他，搞得整个小团体乌烟瘴气。

然后大家开始组成三人的分粥委员会及四人的评选委员会，互相攻击扯皮下来，粥吃到嘴里全是凉的。

(2) 直到现在，那七个笨和尚还在为吃粥的事情头疼不已，请问在座的诸位有什么办法吗？

3. 参与人数

集体参与。

4. 游戏时间

10分钟。

5. 相关讨论：

(1) 你有什么好办法能让大家都满意，从此不会争吵下去？

(2) 这个游戏对我们的日常工作有什么启示？

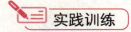
网络冲浪

通过网络搜索，查找有关企业的网站，了解该企业在管理过程中采取了哪些控制措施。

实践训练

活 动 策 划

1. 实训目标

(1) 促进学生了解企业中的控制过程的各个阶段。

(2) 培养学生运用控制方法解决实际工作的能力。

2. 实训内容

由老师介绍或学生自己寻找一家生产某产品的企业，然后对该企业的生产控制过程进行观察，获取（或收集）相应信息，并用所学的知识分析，得出生产该产品的主要控制过程流程图。

3. 实训要求

(1) 进行人员分组，4~6人为一组，并对每组人员进行分工。

(2) 确定各自小组所调查的企业和产品。

(3) 现场观察、收集相关信息，并对收集的信息进行整理。

(4) 根据现场所见和收集的相关资料，各组分别讨论所调查企业产品的控制过程的初步划分。

任务 14
创新与创业

> 一个没有创新能力的民族，难以屹立于世界先进民族之林。
>
> ——江泽民
>
> 祖国的青年一代有理想、有追求、有担当，实现中华民族伟大复兴就有源源不断的青春力量。希望你们扎根中国大地了解国情民情，在创新创业中增长智慧才干，在艰苦奋斗中锤炼意志品质，在亿万人民为实现中国梦而进行的伟大奋斗中实现人生价值，用青春书写无愧于时代、无愧于历史的华彩篇章。
>
> ——习近平

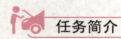 **任务简介**

　　创新是管理水平和管理效益不断提高的根本途径，也是使组织保持生存和不断发展壮大的根本要求。创业是一种创新性活动，它的本质是独立地开创并经营一种事业，使该事业得以稳健发展、快速成长的思维和行为。

　　本任务主要介绍了创新的含义、特征和作用；创新的职能、创新的过程和创新活动的组织；同时介绍了创业的内涵、创业的过程；创业者的类型和素质、创业的要素、大学生创业途径等内容。通过此任务的学习，认识到创新也是管理的一项重要职能。运用所学的创新内容来抓住创新机会，进行实践性的创新活动。能够认识和理解创业过程，了解大学生的主要创业途径。

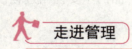 **走进管理**

一滴焊接剂与石油大王

　　美国有个青年，学历不高，也没有特别的技术，在某石油公司干着一份连小孩都能胜任的简单工作：当石油罐通过传送带被送到旋转台上，焊接剂便自动滴下，沿着盖子滴一圈，作业便结束。他的任务就是巡视并确认石油罐盖有没有自动焊接好，每天如此，反反复复。

　　有一天，他发现罐子旋转一次，焊接剂刚好滴落39滴，焊接工作便结束。他想：在这一连串的工作中，有没有可以改善的地方呢？如果能将焊接剂减少一两滴，是不是能够节约成本？经过一番研究，他研制出了"37滴型"的焊接机，然而，这种机器焊接的油罐偶尔会漏油，并不实用。他并不灰心，又研制出"38滴型"焊接机，这次的发明非常完美，公司对他的评价很高。不久便生产出这种机器，改用新的焊接方式。虽然节省的只是一滴焊接剂，但那"一滴"却替公司带来了每年5亿美元的新利润。

这名青年，就是后来掌握全美制油业界95%实权的石油大王——约翰·D·洛克菲勒。

从上述案例可以看出，创新并非高学历或者有特别技能者的专利，只要你勤于钻研、锲而不舍，就可以在你的工作或生活中碰撞出创新的火花。

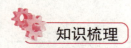

一、创新

没有创新，则意味着死亡。一个企业要想在激烈的全球市场环境中占有一席之地，就必须创造出新的产品和服务，也正是由于不断地创新，才使3M、夏普和杜邦这类公司在全球竞争中取得成功。

（一）创新的含义

创新指现实生活中一切有创造性意义的研究和发明、见解和活动。包括创造、创见、创业等意。创新这一概念是由美籍奥地利经济学家约瑟夫·熊彼特在其1912年出版的《经济发展理论》一书中首次阐述的。他认为创新是对生产要素的组合，即通过一种生产要素与生产条件的重新组合，使企业获得潜在的新的特征。他把创新的内容明确概括为以下五个方面。

（1）生产一种新产品。也就是消费者不熟悉的产品，或是已有产品的一种新用途和新特性。

（2）采用一种新的生产方法。也就是在有关的制造部门中未曾采用的方法。

（3）开辟一个新的市场。就是使产品进入以前不曾进入的市场，不管这个市场以前是否存在过。

（4）开拓并利用原材料或半成品新的供应来源。不管这种来源是已经存在的还是第一次创造出来的。

（5）采用新的生产组织形式或管理方式。

显然，熊彼特是从经济学的角度来给创新下定义的。通过创造性的思维和行动，产生显著的效果，使人类在某一个方面发生无先例变化的行动。

随着创新理论的发展，"创新"向更为广泛的应用范围扩展，不仅包括科学研究和技术创新，也包括体制与机制、经营管理和文化的创新，同时覆盖自然科学、工程技术、人文艺术、哲学、社会科学以及经济和社会活动中的创新活动。演变为含义宽广的哲学概念，包括思想理论创新、科学技术创新、管理创新、经营创新、机制创新、制度创新、知识创新等。

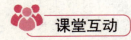

你知道十八届三中全会创新这处体现在哪些方面？为什么要实施创新驱动发展战略？

（二）创新的特征

创新的特性可概括为"五性"，具体特征如表14-1所示。

表14-1　创新的特征

创新特征	具体描述
目的性	任何创新活动都有一定的目的，这个特性贯穿于创新过程的始终
变革性	创新是对已有事物的改革和革新，是一种深刻的变革
新颖性	创新是对现有的不合理事物的扬弃，革除过时的内容，确立新事物
超前性	创新以求新为灵魂，具有超前性。这种超前是从实际出发、实事求是的超前
价值性	创新有明显、具体的价值，对经济社会具有一定的效益

管理小知识

创新是引领发展的第一动力。新时代中国发展进入新阶段，实施创新驱动战略，加快建设创新型国家，必然会为实现建设现代化经济体系的战略目标提供战略支撑，不断丰富中国制造、中国智造的内涵，从而为中国持续发展注入新动力。

（三）创新的作用

1. 创新是组织适应环境变化的基本过程

任何组织系统都与外界环境不断地发生物质、信息和能量地交换，而系统与环境的这种联系，通常是处于不平衡的状态，组织系统要与环境保持动态的平衡，就必须通过不断地创新去实现。

2. 创新是保持组织活力，提高组织竞争力的保证

创新的重要功能是增强组织获取资源、利用资源的能力，使员工满意度、组织士气、信心不断提高；组织也因此获得相对于竞争者的综合比较优势，增强其应对竞争的实力。

3. 创新与维持相结合，实现组织最优化的存在状态

任何社会经济技术系统，一旦开始存在，就首先追求其自身的存在，延续其寿命，实现其发展。因此，维持是相对于创新的另一种组织活动状态。作为组织两种基本的存在状态，维持与创新对组织的生存和发展都是必不可少的。维持是实现创新的基础，创新为更高层次的维持提供依托。卓越的管理是创新与维持最优组织的管理。

（四）创新的职能

1. 目标创新

企业在一定的经济环境中从事经营活动，特定的环境要求企业确定不同的经营方向、经营目标。企业在各个时期的经营目标，则需要适时地根据市场环境和消费需求的特点及其变化的趋势加以整合，每一次调整都是一种创新。

2. 技术创新

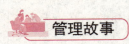

创新中国——改变世界的中国力量

管理故事

产品创新

联合利华引进了一条香皂包装生产线，结果发现这条生产线有个缺陷：常常会有盒子里没装入香皂。总不能把空盒子卖给顾客啊，他们只得请了一个学自动化的博士后设计一个方案来分拣空的香皂盒。博士后建立起了一个十几人的科研攻关小组，综合采用了机械、微电子、自动化、X射线探测等技术，花了几十万元，成功解决了问题。每当生产线上有空香皂盒通过，两旁的探测器会检测到，并且驱动一只机械手把空皂盒推走。

中国南方有个乡镇企业也买了同样的生产线，老板发现这个问题后大为恼火，找了个小工来，说："你给我把这个搞定，不然你给我走人。"小工很快想出了办法：他花了90元钱在生产线旁边放了一台大功率电风扇猛吹，于是空皂盒都被吹走了。

故事启示：这个故事原本是一个笑话，但是这个故事却是很深刻的，同样的一个问题，解决办法却有天壤之别。因此，要资源有限的情况下，在进行有效的产品创新，简单的就是好的。

技术创新是企业创新的主要内容。企业中出现的大量创新活动都与技术方面有关，因此，有人甚至把技术创新视为企业创新的同义词。技术水平是反映企业经营实力的一个重要标志，企业要在激烈的市场竞争中取得一席之地，则必须顺应甚至引导社会技术进步，不断地进行技术创新。

企业的技术创新主要表现在以下几个方面。

（1）要素创新与要素组合创新。包括材料创新和设备创新；要素组合创新包括生产工艺创新和生产过程的组织两个方面。

（2）产品创新。产品是企业的象征，产品在市场上的受欢迎程度是企业市场竞争成败的主要标志。产品创新包括品种创新和产品结构创新等。

① 品种创新。要求企业根据市场要求的变化，根据消费者偏好的转移，及时地调整企业的生产方向和生产结构，不断地开发出用户欢迎的适销的产品。

② 产品结构创新。不断地改变原有品种的基本性能，对现在生产的各种产品进行改进

和改造，找出更加合理的产品结构，从而具有更强的市场竞争力。

产品创新是企业技术创新的核心内容，其他创新都是围绕着产品创新进行的，而且其成果也最终地在产品创新上得到体现。

(3) 观念和思维方式创新。主要包括思想观念和思维方式方法等方面的创新，这方面的创新不一定要花更多的钱，但对提高企业经济效益有明显的影响。一个小小的创新也会给公司带来巨大的利润，进而激发员工创新的意识。

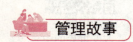

没 问 题

一个秃头的男人坐在理发店里，发型师问："有什么可以帮你的吗？"那个人解释说："我本来去做头皮移植，但实在太痛了，如果你能够让我的头发看起来像你的一样，而且没有任何痛苦，我将付你 5 000 美元。"

"没问题。"发型师说。然后他很快将自己剃成了光头。

故事启示：在思维过程中，需要合理想象与创造性思维，只有这样，人的认识能力才能得到进一步发挥，认识成果往往出其不意。而创造性思维的一个表现是，敢于打破常规，进行逆向思维。这个小故事中的发型师面对秃头的顾客提出的苛刻要求，他不是按照常规在顾客身上做文章，而是从自己身上做文章，赢得了顾客。

3. 制度创新

企业制度是指企业作为一个有机组织，为了实现企业既定目标和实现内部资源与外部环境的协调，在财产关系、组织结构、运行机制和管理规范等方面的一系列制度安排。它主要包括产权制度、经营制度和管理制度三方面。产权制度是决定企业其他制度的根本性制度，它规定着企业最重要的生产要素的所有者对企业的权力、利益和责任。经营制度是有关经营权的归属及其行使条件、范围、限制等的原则规定。管理制度是行使经营权、组织企业日常经营的各种具体规则的总称，包括对材料、设备、人员及资金等各种要素的取得和使用的规定。

企业制度创新就是实现企业制度变革，通过不断调整和优化企业所有者、经营者和劳动者之间的关系，使各个方面的权力和利益得到充分的体现，不断调整企业的组织结构和修正完善企业内部的各项规章制度，使企业内部各要素合理配置，并发挥最大限度的效能。

如何公平地分蛋糕

老张和老李一人出一百元钱买了一个蛋糕，老张要切蛋糕，老李怕他切得不公平，就找了三个朋友给出主意。第一个人是搞政治思想工作的，他对老张说，你要提高你的道德素质，不可以权谋私。第二个人是搞技术的，他对老李说，你好好把这个面积测定一下，再考虑这个蛋糕做得均匀不均匀，好好算算，通过优化计算，选择切入的面。第三个人是研究制度经济学的，他对老张说，不用费事，老张你切，切完以后，老李先挑，保证他会尽量切得公平。

故事启示：制度创新是技术创新和管理创新的基础。所以我们应特别注意制度创新。

4. 结构创新

在工业化社会的时代，市场环境相对稳定，企业为了实现规模经济效益、降低成本，纷纷以正规化、集权化为目标。但随着企业规模的不断发展，组织复杂化程度也越来越高，特别是处在当今的信息社会，使环境不稳定的因素越来越多，竞争越来越激烈。管理者意识到传统的组织结构不适应现代环境的多变性便会实施创新。一个有效的组织应当是能随着环境的变化而不断调整自己的结构，使之适应新的环境的组织。根据这一认识，现代企业组织正不断朝着灵活性、有机性方向发展。

5. 环境创新

环境创新是指通过企业积极的创新活动去改造环境，去引导环境朝着有利于企业经营的方向变化。就企业来说，环境创新的主要内容是市场创新。市场创新主要是指通过企业的活动去引导消费，创造需求。新产品的开发往往被认为是企业创造市场需求的主要途径。

6. 文化创新

创新企业文化是企业制度下的一个重要指标和鲜明特征。它与以往在企业内部广泛开展的企业文化活动的一个明显区别是，现代企业文化更紧密地把企业文化活动与企业的实际收益联系在一起，或者说直接挂钩。因此，它在企业的地位就愈见重要和突出。当企业内外条件发生变化时，企业文化也相应地进行调整、更新、丰富、发展。成功的企业不仅需要认识环境状态，而且还要了解其发展方向，并能够有意识地加以调整，选择合适的企业文化以适应挑战，只有这样才能在激烈的市场竞争中依靠文化带动生产力，从而提高竞争力。因此，坚持企业文化创新对于企业发展具有极其重要的意义，它可以摒弃原有的不合理的思维和行为，以一种前所未有的新思维来创造新的成果。文化创新会直接作用于人的观念意识、思维方式，进而影响人的行为。一个企业无论实力多么雄厚，它的企业文化建设一旦停步不前，失去了创新的动力，这个企业必将会成为强弩之末。

（五）创新的过程

要进行有效的组织系统的创新活动，就必须研究和揭示创新的规律。总结众多成功企业的经验，成功的创新要经历寻找机会、提出构想、迅速行动和忍耐坚持等几个阶段。

1. 寻找机会

创新活动始于发现和利用旧秩序的某种不协调现象，这些不协调为创新提供了有利的机会。例如，技术的变化、宏观经济环境的变动、市场消费的不确定性等，都会造成系统的不协调，从而成为创新的重要源泉。

2. 提出构想

为了解决系统的不协调，促进系统健康地发展，必须运用各种创新原理和方法，进行深入思考、分析、比较、联想和综合,以此酝酿出重大的创新。如俄国化学家门捷列夫,在分析了当时已知的63种元素的性质和原子量的关系之后,创造性地揭示出化学元素性质与原子量之间的关系,列出了化学元素周期表。

3. 迅速行动

创新成功的秘诀主要在于迅速行动。一味追求完美,就可能坐失良机。

4. 坚持不懈

创新是不断尝试、不断失败、不断提高的过程。因此,创新者要坚定不移地继续下去,要有足够的自信心和较强的忍耐力。

(六)创新活动的组织

组织创新不是去计划和安排某个成员在某个时间去从事某种创新活动,重要的是为下属的创新提供条件、创造环境,有效地组织系统内部的创新。

1. 正确理解和扮演"管理者"的角色

管理者必须自觉地带头创新,并努力为组织成员提供和创造一个有利的环境,积极鼓励、支持、引导组织成员进行创新。

2. 创造促进创新的组织氛围

促进创新的最好办法是大张旗鼓地宣传创新,树立"无功便是有过"的新观念,使组织中的每一个员工都奋发向上、努力进取、跃跃欲试、大胆尝试。营造一种人人谈创新,时时想创新,无处不创新的组织氛围。

3. 制订有弹性的计划

创新意味着打破旧的规则,意味着实践和资源的计划外占用,创新要求组织的计划必须有弹性。创新需要思考,思考需要时间,这就意味着组织的计划在时间上要留出一定的余地供员工思考。如IBM、3M公司都允许员工利用5%~15%的工作时间来开发他们的兴趣和设想。

4. 正确地对待失败

创新是一个不断尝试、不断失败的过程,创新的组织者应认识到这一点。只有认识到失败是正常的,甚至是必须的,管理人员才有可能允许失败、支持失败,甚至鼓励失败。如美国的一家计算机设备公司在企业哲学中写道:"我们要求公司的人每天至少犯10次错误。"当然,允许或鼓励失败是希望创新者在失败中获得教训,变得明白,从而缩短创新成功的路程。

5. 建立合理的奖酬制度

要激发每一个员工的创新热情,还必须建立合理的评价和奖惩制度。如果创新的努力,得不到组织或社会的承认,不能得到公平的评价和合理的奖酬,创新的动力就会渐渐消失。但促进创新的奖酬制度至少要符合下述条件。

(1)注意物质奖励与精神奖励的结合。

(2)奖励不能视作"不犯错误的报酬"。

(3)奖励制度要既能促进内部之竞争,又能保证成员间的合作。

二、创业

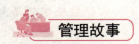 管理故事

不与强者竞争

北京大学毕业后,他被分配到广州一个市委机关工作。喜欢独立思考,喜欢标新立异,喜欢挑战的他并没有安分守己坚持下去,不久便辞职了。辞职后,他练过摊,贩过菜,做过白酒生意,搞过房地产,当然做得也不错。但他始终觉得自己跟在强者身后,很难超越、很难成功——想与强者竞争,并在竞争中取胜,难!

当亚洲金融危机爆发之时,他正做酒类生意。要想把酒做好,难度真是太大了。因为做白酒,你超不过五粮液、茅台;做啤酒你超不过青岛、雪花;做红酒做不过长城、张裕。正当他愁眉不展的时候,一位朋友的电话让他震惊了。原来,一位中央领导下来视察,就餐时让服务员拿来雪碧和陈醋,然后勾兑起来喝,随后这一新颖喝法在民间迅速流行起来。什么是"领导壹号"?有这么神奇?他不解,但强烈的好奇心让他决定尝试一下。一次在外吃饭,他对服务员说他要喝"领导壹号"。服务员并没感到惊讶,反而出乎他的意料,拿来雪碧和陈醋。于是他试着勾兑喝了起来,没想到喝第一口时就有那种"天上掉下林妹妹"的感觉,真是太好喝了,太奇妙了。回去后他马上就做了详细的调查,结果发现这种类似勾兑醋的饮料还无人批量生产,是市场的一个空白。于是,他果断放弃了酒业开发,转攻还没有竞争者的醋饮料市场。不久,经过包装,具有开胃、养颜、保健等多种功能的苹果醋饮料批量上市,接着就"火"了起来。之后,被称之为"公安啤酒""靓女啤酒",受欢迎程度大大超乎了他的想象。

时隔不久,各种牌子的醋产品蜂拥而至。而此时的他却不怕"群狼共舞"了,因为他的醋饮料已经成为全国最大的醋饮料生产企业,稳占40%以上的市场份额。不与强者竞争,却成了强者!

一次,他在广州一家菜市场买肉时,突然又找到了灵感。他发现卖肉这个行业被人误解了,都以为这是小买卖,不值得做,而且也不是什么体面的产业。然而他细细一算,顿时喜上眉梢:偌大的广州市场,一年至少几十亿的猪肉消费,竟没有一个响亮的"品牌";全国一年消费6.3亿头猪,有一万亿的市场消费额,却没有一个像样的企业在做。除了不与强者竞争以外,他觉得和弱者竞争,自己会更具有优势。而正频发的食品安全事件所引发的食品信任危机,促使他决定做一个大大的"卖猪佬"!他为自己的"异想天开"而兴奋不已!

经过市场调查,他发现卖猪肉也有技术含量,不仅肥肉、瘦肉、排骨如何分割搭配,竟然决定着卖猪肉卖出的多少和是否赚钱以及亏损,而且,市场定位也非常关键。虽然市场很大,可也不是你能一个人独吞的。最后,他决定只为10%的人口服务,做最好吃的猪肉,做高档品牌的猪肉。

终于,在吃了几十个地方的猪肉后,他选择了广西一个地方的土猪作为种猪。随后,他在家乡建设了"壹号土猪"养殖场,所有的猪都是放养。两年的时间,他开了110家"壹号土猪"连锁店,现在在广东地区已经开了超过300家,营业额达到两亿。现在,28元一

斤的"壹号土猪"虽然贵，但利润可观。良好的口味和深入人心的形象，使"壹号土猪"迅速成为猪肉市场的第一品牌！

他是谁？他就是开发了"天地壹号"时尚醋饮料，以及开办了中国首家惊骇世俗的屠夫学校，现任广东天地食品集团董事长的陈生。

陈生的招牌语是："我不与强者竞争，我只与弱者竞争。"

不与强者竞争，却是竞争中的强者；与弱者竞争，却促使弱者提升。这就是陈生的大智慧！

创业是一种创新性活动，它的本质是独立地开创并经营一种事业，使该事业得以稳健发展、快速成长的思维和行为的活动。走上创业之路，是人生的一个大转折，它是成就自己事业的过程，是自我价值和能力的体现。创业，要直接面向社会，直接对顾客负责，个人的收入直接与经营利润连在一起。其实，创业的过程就是解决一个接一个矛盾的过程。正如一位作者指出："创业最大的好处，就是可以当自己的主人。"

（一）创业的含义及特点

1. 创业的含义

创业是指某个人发现某种信息、资源、机会或掌握某种技术，利用或借用相应的平台或载体，将其发现的信息、资源、机会或掌握的技术，以一定的方式，转化、创造成更多的财富、价值，并实现某种追求或目标的过程。

2. 创业的特点

（1）创业是创造具有"更多价值的"新事物的过程。这个过程不是有能力、资金、头脑就可以达到，还需要运气、贵人和风水，很多人觉得自己什么条件都很好，但是一做就是失败，这就是因为运气等不好。

（2）创业需要贡献必要的时间，付出极大的努力。

（3）承担必然存在的风险，包括财务、精神、社会及家庭等。

（4）创业报酬、金钱、独立自主、个人满足。

（5）创业可以分为网络创业和实业创业。

（二）创业的过程

创业是创建一个新企业的过程，作为一个创业者，要创建一个新的企业或者发展一个新的经营方向，通常要经历四个阶段：识别和评估市场机会、准备和撰写创业计划、确定并获取创业所需要的各种资源、管理新创事业。

大学生创业励志
《这一路走来》

1. 识别和评估市场机会

识别与评估市场机会是创业过程的起点，也是创业过程中具有关键意义的一个阶段。许多很好的商业机会并不是突然出现的，而是对于"一个有准备的头脑"的一种回报，或是当一个识别市场机会的机制建立起来之后才会出现。例如，一个创业者可以在每一个公众活动场合都询问与会者，是否在使用某种产品的时候发现有什么不够令人满意之处；另一个创业者则可能时时关注着孩子们正在玩什么玩具,他们是否对玩具感到满意。

虽然大多数情况下并不存在正式的识别市场机会的机制,但通过某些来源往往可以有意外的收获,这些来源包括消费者、营销人员、专业协会成员或技术人员等。无论市场机会的设想来源于何处,都需要经过认真细致的评估,对于市场机会的评估或许是整个创业过程的关键步骤。

创业者初创企业的动力往往是发现了一个新的市场需求或者发现市场需求能力大于市场的供给能力,或者认为新产品能够开启新的市场需求。但是,这样的市场机会并非只有创业者认识到了,其他的竞争者也许同样准备加入这个行列。因此,并不是每个市场机会都需要付出行动去满足它,而是要评估这个机会所能带来的回报和风险,评估这个市场机会所创造的服务周期或产品生命周期,它能否支持企业长期获利,或者能够在适当的时候及时退出。

对于一位目光敏锐的创业者来说,市场机会每时每刻都在出现。但是,并不是所有的市场机会都是通向成功与财富的康庄大道,相反,一个看似前景远大的市场机会背后,往往隐藏着危险的陷阱。毫无经验的创业者,如果仅凭激情行事,匆忙作出决定,就很容易误入歧途,掉进失败的泥沼中无法自拔。因此,在发现市场机会后,对市场机会进行客观的评估,以理性的方式来决定下一步的行动,是一名优秀的创业者所必须具备的能力。一般来说,市场机会评估有如下步骤:

(1) 对市场的了解与把握。企业要生存,要在市场中占据一定的地位,要保持一定的市场优势,就必须把握市场的消费形态、市场特征等。特别是在产品研究方面,不管新旧产品,及时了解消费者和市场的反应,需要经常进行与产品有关的各种调查研究来为产品技术与销售服务注入新的元素。

对市场的了解与把握分六个层次:市场定位;市场结构;市场规模;市场渗透力;市场占有率;产品的成本结构。

(2) 对竞争者的了解与分析。许多创业者都会犯这样的错误,认为自己的创意或者技术是独一无二的,因此就不存在竞争,进而忽略了竞争分析的重要性。事实上,除了极少数的垄断性行业之外,世界上不存在没有竞争的生意。竞争者暂时没有出现,不代表以后也不会出现。对来自竞争者的威胁作出客观、准确的评估是非常重要的一件事。

谁是你的竞争对手?那些已经出现在市场上,正在开展业务的竞争者当然是你的竞争对手;另外,也要考虑到那些潜在的竞争对手,即在未来有可能与你竞争的人。只有掌握相关资源、与目标市场有一定的联系的企业才是最重要的潜在竞争对手,要分析在相关领域中,有哪些企业有可能把触角伸展到自己的领域中来。

对竞争对手的了解及应对策略分为六个层次:能够找出谁是竞争对手;描述竞争对手的状况;分析竞争对手的状况;掌握竞争对手的方向;洞悉竞争对手的战略意图;引导竞争对手的行动和战略。

2. 准备和撰写创业计划

如何撰写创业计划书呢?要视目的即看计划书的对象的不同而有所不同,是要写给投资者看,还是要拿去银行贷款,目的不同,计划书的重点也会有所不同。就像盖房子之前要画一个蓝图,才知道第一步要做什么,第二步要做什么,或是同步要做些什么,别人也才知道想要做什么。而且大环境和创业的条件都会变动,事业经营也不只二三年,有这份计划书在手上,当环境条件变动时,就可以逐项修改,不断地更新。撰写创业计划书的内容包括以下几点。

(1) 概念。就是指在计划书里,要写得让别人可以很快地知道要销售什么产品。

(2) 顾客。有了明确的目标产品以后,接下来是要明确顾客。顾客的范围在哪里要很明确,例如,认为所有的女人都是顾客,那五十岁以上的女人呢?五岁以下的小女孩也是客户吗?适合的年龄层一定要界定清楚。

(3) 竞争者。目标产品有没有人卖过?如果有人卖过是在哪里?有没有其他的产品可以取代?跟这些竞争者的关系是直接的还是间接的?

(4) 能力。要卖的东西自己会不会、懂不懂?例如,开餐馆,如果师傅不做了找不到人,自己会不会炒菜?如果没有这个能力,至少合伙人要会做,再不然也要有鉴赏的能力,不然最好不要做。

(5) 资本。资本可以是现金也可以是资产,是可以换成现金的东西。那么资本在哪里、有多少、自有的部分有多少、可以借贷的有多少,要很清楚。

(6) 经营。当事业做得不错时,将来的计划是什么?

创业计划是说服自己,更是说服投资者的重要文件。不仅如此,创业计划书也将使创业者深入地分析目标市场的各种影响因素,并能够得到基本客观的认识和评价。使创业者在创业之前,能够对整个创业过程进行有效的把握,对市场机会的变化有所预警,从而降低进入新领域所面临的各种风险,提高创业成功的可能性。

3. 确定并获取创业所需的各种资源

创业企业需要对创业资源区别对待,对于创业十分关键的资源要严格地控制使用,使其发挥最大价值。而且对于创业企业来说,掌握尽可能多的资源有益无害。当然还有一个问题,那就是如何在适当的时机获得适当的所需资源。创业者应有效地组织交易,以最低的成本和最少的控制来获取所需的资源。

4. 管理新创事业

从企业发展的生命周期来说,新创企业需要经过初创期、早期成长期、快速成长期和成熟期。在不同的阶段,企业的工作重心有所不同。因此创业者需要根据企业成长时期的不同来采取不同的管理方式和方法,以有效地控制企业成长,保持企业的健康发展。例如,在初创时期和早期成长期,创业者直接影响着创业企业的命运,在这一时期,集权的管理方式灵活而富有效率,而到快速成长期和成熟期,分权的管理方式才能使企业获得稳步的发展。

以上这四个阶段有着明确的次序,但各个阶段相互之间并不是完全隔绝的,并不是一定要在前一阶段全部完成之后才进入下一个阶段。

(三) 创业的类型

1. 生存创业

生存型创业者大多为下岗工人,失去土地或因为种种原因不愿困守乡村的农民以及刚刚毕业找不到工作的大学生。清华大学调查报告表明:生存型创业者占创业者总数的90%。这些创业者往往有一种迷茫和盲目创业,不重视自己是否适合创业,常常赔多赚少。而创业成功的人数仅占总创业人数的0.7%。

2. 变现创业

变现型创业者,是指过去在党、政、军、行政、事业单位掌握一定权力,或者在国企、民营企业当经理人期间聚拢了大量资源的人,在机会适当的时候,下海开公司、办企业,实际是将过去的权力和市场关系变现,将无形资源变现为有形的货币。

3. 主动创业

主动型创业者分为盲目型创业者和冷静型创业者。

（1）盲目型创业者。极为自信，做事冲动，这种创业者很容易失败，但一旦成功，往往就是成就一番大事业。

（2）冷静型创业者。创业者中的精华，特点是谋定而后动，不打无准备之仗，或是掌握资源，或是拥有技术，一旦行动，成功概率通常很高。

（四）创业者的素质

1. 心理素质

所谓心理素质是指创业者的心理条件，包括自我意识、性格、气质、情感等心理构成要素。作为创业者，他的自我意识特征应为自信和自主；他的性格应刚强、坚持、果断和开朗；他的情感应更富有理性色彩。成功的创业者大多是不以物喜，不以己悲。

2. 身体素质

所谓身体素质是指身体健康、体力充沛、精力旺盛、思路敏捷。现代小企业的创业与经营是艰苦而复杂的，创业者工作繁忙、时间长、压力大，如果身体不好，必然力不从心、难以承受创业重任。

3. 知识素质

创业者的知识素质对创业起着举足轻重的作用。创业者要进行创造性思维，要作出正确决策，必须掌握广博知识，具有一专多能的知识结构。具体来说，创业者应该具有以下几方面的知识，做到用足、用活政策，依法行事，用法律维护自己的合法权益；了解科学的经营管理知识和方法，提高管理水平；掌握与本行业、本企业相关的科学技术知识，依靠科技进步增强竞争能力；具备市场经济方面的知识，如财务会计、市场营销、国际贸易、国际金融等。

4. 能力素质

创业者至少应具有创新能力、分析决策能力、预见能力、应变能力、用人能力、组织协调能力、社交能力和激励能力等。

当然，这并不是要求创业者必须完全具备这些素质才能去创业，但创业者本人要有不断提高自身素质的自觉性和实际行动。提高素质的途径：一靠学习，二靠改造。要想成为一个成功的创业者，就要做一个终身学习者和改造自我者。

哈佛大学拉克教授讲过这样一段话："创业对大多数人而言是一件极具诱惑的事情，同时也是一件极具挑战的事。不是人人都能成功，也并非想象中那么困难。但任何一个梦想成功的人，倘若他知道创业需要策划、技术及创意的观念，那么成功已离他不远了。"

（五）创业的要素

1. 要选择适合自己的项目

俗话说："隔行如隔山。"应尽量选择与自己的专业、经验、兴趣、特长能挂得上钩的项目。最主要是要选择自己真正感兴趣的事业项目。

2. 要看准所选项目或产品的市场前景

所发展项目要有直观的利润。有些产品需求很大，但成本高、利润低，忙活一阵只赚个吆喝的大有人在。

3. 要从实际出发，不贪大求全

当你瞄准某个项目时最好适量介入，以较少的投资来了解认识市场，等到自认为有把握时，再大量投入，放手一搏。不要嫌投入太少而利润小。"船小好调头"，即使出现失误，也有挽回的机会。

4. 要尽量选择潜力较大的项目来发展

选择项目不要人云亦云，尽挑一些目前最流行最赚钱的行业，没有经过任何评估，就一头栽入。要知道，这些行业往往市场已饱和，就算还有一点空间，利润也不如早期大。

5. 要周密考察和科学取舍

对获取的信息要善分析，没有经过全面考察和对现有用户经营情况进行了解的，千万不要轻易投资。重考察，一要看信息发布者的公司实力和信誉；二要看项目成熟度，有无设备，服务情况如何，能不能马上生产上市等；三要看目前此项目的前景，和其他客户的经营情况如何等。

6. 要做到三个"万万不可"

在创业的项目实施过程中，万万不可先交大量钱后办事，不要把自己的辛苦钱，仅凭一纸合同或协议，就轻易付给对方；万万不可轻信对方的许诺，在签订合同时就应留一手，以防止对方有意违约给自己带来损失；万万不可求富心切，专门挑选看上去轻而易举就赚大钱的项目去干，越具有诱惑力的项目，往往风险也越大。

（六）大学生创业

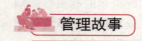
管理故事

成功并不像你想象的那么难

大学生段博宇是西安财经学院一名大四在校生。他的另一个身份是西安财经学院重点扶持的大学生创业项目——万家惠园艺有限公司的老板。从他把绿色植物作为创业的主方向开始，他的大学生活就变得充实忙碌而又多姿多彩。

段博宇的创业历程要追溯到他的中学时代。他上初中时，有一次学校举办校园市场活动，班主任老师鼓励大家把自己认为可以当做商品交易的东西拿出来一试身手。段博宇回到家中，跟父母说起这件事，母亲启发他，让他把家里养的小盆花木拿去试试，没想到受到热烈欢迎。随后，父亲又帮他批发了30多盆小盆花也很快销售一空，在短短两个小时的交易中，他净赚了300多元，成为这次学生市场交易会上的"商业明星"。

这件事情让段博宇对绿色植物的销售、租摆、园艺设计产生了浓厚的兴趣。于是，他利用课余时间调研西安的花木销售情况，并且学会蹬三轮车。他经常走出校园，到一些住宅区去销售绿色植物，他的这些举动还引起了西安电视台的关注，曾在《好好生活》栏目报道了他蹬着三轮车去为一些党政机关、住宅小区的住户送花木的事迹。他在接受采访时说："我就是想在这些蹬着三轮车送花的实践中锻炼自己的意志，在跑客户中提高自己与人沟通的能力……"

3年前，段博宇考入了西安财经学院，校园里的"创业风潮"使他跃跃欲试。他利用自己学到的知识，开始为自己日后的创业发展谋划前景，尤其是当他代表学校参加"挑战杯"陕西省大学生创业竞赛的那段时间里，白天利用课余跑市场，晚上在电脑上查资料写规划，常常熬到凌晨三四点。功夫不负有心人，经过他和另外几位同学的共同努力，创业计划书通过了学校的审查，并报送陕西省大学生创业计划竞赛委员会，经过初赛、复赛，他们的创业计划书获得了省上铜奖，而后他又参加学校的职业生涯规划大赛，并且获得了校第二名的好成绩。

创业的想法应运而生，并得到了校团委的大力支持。当同龄人还在学会适应大学生活的时候，段博宇就创建了自己的公司。由于从商经验与社会阅历的不足，起初公司的经营状况并不理想。经过了两年的摸爬滚打，他充分意识到先进的管理知识、系统化、理论化的管理体系与结构对于一个企业而言是至关重要的，而在同年，他的母校成立了大学生创新创业孵化基地，基地也在校园里掀起了"创业风潮"。通过与团委老师的沟通，他创办的万家惠园艺有限公司正式入驻基地。基地的创业指导老师对公司的市场前景及营销方向给予指导，并对其员工进行了市场营销、市场分析、财务分析等多方面的培训。在学校创业基地和段博宇的共同努力下，公司市场份额、用户量、年利润明显提升。他的客户从无到有，目前，已拥有20余家大型固定客户和广大家庭住户，年营业额20余万元。

故事启示：作为一名大学生创业者，他是成功的。回忆一路的创业历程，他认为大学生创业选对项目至关重要。同时，学校和社会的帮助也是大学生创业能否成功的关键因素。"很感激我的母校——西安财经学院，学校倡导的培养'应用型创新'人才，掀起了'大学生创业校园潮'，为我指引了道路，也成就了现在的我。"

大学生创业主要是在校大学生和大学毕业生群体组成，近年来大学生创业问题越来越受社会的关注，因为大学生属于高级知识人群，并且经过多年的教育以及背负着社会的种种期望，在社会经济繁荣发展的同时，大学生创业也成为大学生就业之外的新兴的现象。

1. 创业途径

（1）学习途径。创业者通过课堂学习能拥有过硬的专业知识，在创业过程中将受益无穷；大学图书馆通常能找到创业指导方面的报刊和图书，广泛阅读能增加对创业市场的认识，大学社团活动能锻炼各种综合能力，这是创业者积累经验必不可少的实践过程。

（2）媒体资讯。一是纸质媒体，人才类、经济类媒体是首要选择。如比较专业的《21世纪人才报》《21世纪经济报道》《IT经理人世界》；二是网络媒体，管理类、人才类、专业创业类网站是必要选择。如中国营销传播网、中华英才网、中华创业网、人才中国网、校导网等。此外，从各地创业中心、创新服务中心、大学生科技园、留学生创业园、科技信息中心、知名的民营企业的网站等都可以学到创业知识。

（3）与人交流。商业活动无处不在。你可以在你生活的周围，找有创业经验的亲朋好友交流。在他们那里，你将得到最直接的创业技巧与经验，更多的时候这比看书本的收获更多。你甚至还可以通过电子邮件和电话拜访你崇拜的商界人士，或咨询与你的创业项目有密切联系的商业团体，你的谦逊总能得到他们的支持。

（4）曲线创业。先就业、再创业是时下很多学生的选择。毕业后，由于自己各方面阅历和经验都不够，能够到实体单位锻炼几年，积累了一定的知识和经验再创业也不迟。

先就业再创业的学生跳槽后，所从事的创业项目通常也是在过去的工作中密切接触的。

而在准备创业的过程中，你可以利用与专业人士交流的机会获得更多的来自市场的创业知识。

（5）创业实践。真正的创业实践开始于创业意识萌发之时。大学生的创业实践是学习创业知识的最好途径。

间接的创业实践学习主要可借助学校举办的某些课程的角色性、情景性模拟参与来完成。例如积极参加校内外举办的各类大学生创业大赛、工业设计大赛等，对知名企业家成长经历、知名企业经营案例开展系统研究等也属间接学习范畴。

直接的创业实践学习主要可通过课余、假期在外的兼职打工、试办公司、试申请专利、试办著作权登记、试办商标申请等事项来完成；也可通过举办创意项目活动、创建电子商务网站、谋划书刊出版事宜等多种方式来完成。

（6）校园代理。大学生由于经验、能力、资本等方面都存在不足，直接创业存在很大困难，既不现实成功率也很低，而校园代理对经验、资金等方面一般没有太高要求，可以利用课余时间代理校园畅销产品，积累市场经验、锻炼创业能力，做校园代理没有成败之分，对于大学生来说多多益善，如果做得较好，还可以积累一定的资金，总之，通过校园代理可以为毕业后的创业之路准备必要的物质和精神条件。

总之，创业知识广泛存在于大学生的学习、生活的视野之中，只要善于学习，总能找到施展才华的途径，但在信息泛滥的社会里，"去粗取精，去伪存真"也是很重要的。善于学习和总结永远是赢者的座右铭。

（7）个人网店。大学生是最具活力的群体，也是新技术和新潮流的引导者和受益方。随着网络购物的方便性、直观性，使越来越多的人在网络上购物。一些人即使不买，也会去网上了解一下自己将要买的商品的市场价。此时，一种点对点、消费者对消费者之间的网络购物模式开始兴起，以国外的 eBay 为开始，国内的淘宝为象征，吸引了越来越多的个人在网上开店，在线销售商品，引发了一股个人开网店的风潮。而大学生正是这一群里的主要力量，不少大学生看到这一潮流纷纷投身个人网店，成功者比比皆是，更有不少大学生选择辍学而投身网店。

网店之所以成为大学生创业热衷的领域，自然有其天然的优势。除销售范围广、推广成本低、投资成本低外，日益增长的庞大网购消费群让众多大学生看好网络购物市场从而欲罢不能。

目前，除了知名的淘宝网、拍拍网和易趣网等大的平台外，不断有新的和更细分的网店平台出现。从无所不包的淘宝到专售钻饰的爱钻新天地，大学生都可以自由地选择网店创业平台。可以预见，在将来，即使个人在网上开店销售汽车也是有可能的。

2. 大学生创业的优势和弊端

（1）优势。大学生创业的优势体现在以下四个方面。

① 大学生往往对未来充满希望，他们有着年轻的血液、蓬勃的朝气，以及"初生牛犊不怕虎"的精神，而这些都是一个创业者应该具备的素质。

② 大学生在学校里学到了很多理论性的东西，有着较高层次的技术优势，而目前最有前途的事业就是开办高科技企业。技术的重要性是不言而喻的，大学生创业从一开始就必定会走向高科技、高技术含量的领域，"用智力换资本"是大学生创业的特色和必然之路。一些风险投资家往往就因为看中了大学生所掌握的先进技术，而愿意对其创业计划进行资助。

③ 现代大学生有创新精神，有对传统观念和传统行业挑战的信心和欲望，而这种创新

精神也往往造就了大学生创业的动力源泉，成为成功创业的精神基础。大学生梦想心了怀揣创业梦想，努力打拼，创造了财富。

④ 大学生创业的最大好处在于能提高自己的能力、增长经验，以及学以致用；最大的诱人之处是通过成功创业，可以实现自己的理想，证明自己的价值。

（2）弊端。大学生在创业过程中存在着以下弊端。

① 由于大学生社会经验不足，常常盲目乐观，没有充足的心理准备。对于创业中的挫折和失败，许多创业者感到十分痛苦茫然，甚至沮丧消沉。大家以前创业，看到的都是成功的例子，心态自然都是理想主义的。其实，成功的背后还有更多的失败。看到成功，也看到失败，这才是真正的市场，也只有这样，才能使年轻的创业者们变得更加理智。

② 急于求成、缺乏市场意识及商业管理经验，是影响大学生成功创业的重要因素。学生们虽然掌握了一定的书本知识，但终究缺乏必要的实践能力和经营管理经验。此外，由于大学生对市场营销等缺乏足够的认识，很难一下子胜任企业经理人的角色。

③ 大学生对创业的理解还停留在仅有一个美妙想法与概念上。在大学生提交的相当一部分创业计划书中，许多人还试图用一个自认为很新奇的创意来吸引投资。这样的事以前在国外确实有过，但在今天这已经是几乎不可能的了。现在的投资人看重的是你的创业计划真正的技术含量有多高，在大多程度上是不可复制的，以及市场赢利的潜力有多大。而对于这些，你必须有一整套细致周密的可行性论证与实施计划，绝不是仅凭三言两语的一个主意就能让人家掏钱的。

④ 大学生的市场观念较为淡薄，不少大学生很乐于向投资人大谈自己的技术如何领先与独特，却很少涉及这些技术或产品究竟会有多大的市场空间。就算谈到市场的话题，他们也多半只会计划花钱做做广告而已，而对于诸如目标市场定位与营销手段组合这些重要方面，则全然没有概念。其实，真正能引起投资人兴趣的并不一定是那些先进得不得了的东西，相反，那些技术含量一般但却能切中市场需求的产品或服务，常常会得到投资人的青睐。同时，创业者应该有非常明确的市场营销计划，能强有力地证明赢利的可能性。

如今，社会对于大学生创业做出越来越多的重视，同时为大学生营造更好的创业环境，为大学生创业提供更好的条件和机会。

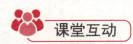
课堂互动

现在国家对大学生创业有很多优惠政策，对于大学生创业持鼓励态度，这是为什么呢？

3. 大学生创业的现实意义

随着高等教育从"精英教育"向"大众教育"迈进，高校毕业生就业形势日益严峻，大学毕业生数量将远远超过空缺岗位的数量。有专家指出，近几年城镇每年需要就业的人数将保持在 2 400 万人以上，而在现有经济结构下，每年大概只能提供 1 100 万个就业岗位，年度就业岗位缺口在 1 300 万个左右。因此，今后在很长时期内，大学生将面临更为严峻的就业形势。大学毕业生创业具有以下现实意义。

（1）有利于缓解大学生就业压力。大学的创业能力有利于解决大学生就业难的问题。创业能力是一个人在创业实践活动中的自我生存、自我发展的能力。一个创业能力很强的大学毕业生不但不会成为社会的就业压力，相反还能通过自主创业活动来增加就业岗位，以缓解社会的就业压力。为此，国家各级党政部门，纷纷把"鼓励和支持高校毕业生自主创业"作为化解当前社会就业难的主要政策之一。

（2）有利于大学生自我价值实现。大学毕业生通过自主创业，可以把自己的兴趣与职业紧密结合，做自己最感兴趣、最愿意做和自己认为最值得做的事情。在五彩缤纷的社会舞台中大显身手，最大限度地发挥自己的才能，并获得合理的报酬。当前社会鼓励大学生创业，虽然是从化解就业难的角度，但从大学生自身来说，其创业的主要原动力则在于谋求自我价值的实现。而只有提高大学生创业的比例，整个社会才能形成创业的风气，才能建立"价值回报"的社会新秩序。

（3）有利于大学生自身素质的提高。我国高校扩招以后，伴随着就业压力，大学生素质与我国高等教育的水平一直为人所诟病。在提高大学教育管理水平与大学生素质的各类探索实践中，大学生创业无疑是最经济、最有效的办法之一。通过创业与创业实践，大学生可以充分调动自己的主观能动性，改变自身就业心态，自主学习，独立思考，并学会自我调节与控制。也只有这样，大学生创业才能成功。对于一个能自我学习，懂得如何管理自己的时间与财务，善于拓展人脉关系，并能够主动调适工作心态，积极适应社会的大学生，其就业将不存在任何问题。

（4）有利于培养大学生的创新精神。创新是一个民族的灵魂，是一个国家兴旺发达的不竭动力。青年大学生作为中国最具活力的群体，如果失去了创造的冲动和欲望，那么中华民族最终将失去发展的不竭动力。大学生的创业活动，有利于培养勇于开拓创新的精神，把就业压力转化为创业动力，培养出越来越多的各行各业的创业者。美国作为世界最发达的国家，其大学生的创业比率一直在20%以上。美国前总统里根曾说：一个国家最珍贵的精神遗产就是创新，这是国家强大与繁荣的根源。中国的未来在于大学生，中华民族的精神永恒则在于大学生旺盛的创造力与创新追求。

问题思考

1. 创新的具体内容有哪些？
2. 谈谈你对创新的看法。
3. 如何理解创业的定义？
4. 创业的过程分为哪几个阶段？

技能训练

1. 单选题

（1）创业者所处的环境及其所具备的能力对（　　）类型的选择有决定性作用。
　A. 创业动机　　　　B. 创业贷款　　　　C. 创业团队　　　　D. 创业项目

（2）培养创新型人才的开明品质，有赖于三个重要的环节。下列哪个不是？（　　）
　A. 接触高人　　　　B. 观念更新　　　　C. 反省差距　　　　D. 规划人生

（3）下列哪项是创新的条件与动力？（　　）

A. 技术创新　　　　　　B. 思想与方法创新　　C. 适宜于创新的制度　D. 观念创新

（4）下列哪项属于创新的手段？（　　）

A. 技术创新　　　　　　B. 思想与方法创新　　C. 适宜于创新的制度　D. 观念创新

（5）创业者的创业计划必须通过具体的（　　），才能实现创业目标。

A. 实际行动　　　　　　B. 策划　　　　　　　C. 人　　　　　　　　D. 市场

2. 判断题

（1）创新有大小，创新无止境，创新是一种生活方式和精神动力。（　　）

（2）创新不等于发明，技术创新也不等于发明。（　　）

（3）创新的关键在于"新"。（　　）

（4）创业环境会对创业风险有着双向影响。（　　）

（5）对于创业者来说，心理健康往往比身体健康更为重要。（　　）

案例讨论

案例1　在创新中走向辉煌

华西是一个美丽的江南小村，在改革大潮中，华西以崭新的雄姿崛起，华西集团公司是全国大型乡镇企业，1994年以54亿元工业利税，摘下中国乡镇企业最高利税总额的桂冠，成为中国著名的乡镇工业样板示范。华西集团拥有全资、控股、参股企业57家，其中全资企业40家，控股企业7家，参股企业10家。由江苏省华西集团公司控股的华西村股份有限公司也于1999年在深交所正式挂牌上市。集团公司拥有固定资产19亿元，在农业部和中国乡镇企业协会举办的中国1 000家评价排序中，荣获中国最大经营规模乡镇企业第二名，中国1 000家最高利税总额乡镇企业第一名。公司董事长吴仁宝荣获全国十大功勋、全国优秀企业家金球奖、中国十大扶贫状元、全国思想政治工作创新奖等。

随着改革开放的深入发展，乡镇企业有向更大、更多、更高的趋势发展。关于乡镇企业的发展，华西人提出，关键要解决思想上的"左"、观念上的"旧"、工作方法上的"老"等问题。吴仁宝同志的一席话给人以很深的启迪：

第一方面，要解决思想上的"左"。主要解放三个"左"：一是分配上的"左"。现在政策规定允许大家富，但有的人看到人家富了，总有疑问：哪来这么多钱？有些领导看到群众疾苦，就找基层同志责问：群众为什么这么苦？这叫富不得，穷不得，影响分配拉开档次。但真正拉开了分配档次，有的人只要自己富，有的人不敢想太富，也有的人反对富，主要是反对别人富。分配不公要反对，平均主义的"大锅饭"要反对，当前主要反对分配上的这个"左"。华西是敢于鼓励一部分人先富起来，敢于想方设法让有技术的人先富起来，敢于带动全村人一起共同富裕。二是计划上的"左"。我认为，新中国成立以来，一直有计划，也一直无计划。物资紧张时就有计划，物资丰富时就没有计划。几十年来全民企业要保住计划，城镇集体企业要争取计划，乡镇企业要冲破计划。乡镇企业没有计划，就搞市场经济，来了个异军突起，壮大自己。实践证明，有利于提高生产力，有利于发展经济，我们举双手赞同推进社会主义市场经济。现在经济界一些人都在争论配置资源是计划指导好，还是市场调节好。争论不要太多，现在讲的社会主义市场经济，既离不开计划，更离不开市场。发展经济,丰富资源是首要的一条。资源丰富了,计划好安排,市场也好调节,反之都很难。三是所有制上的"左"。今后企业的所有制性质要弱化,若干年后乡镇企业名称要冲破,乡镇企业发展了、壮大了,可以兼并全民国有、城镇集体,可以成为大中型企业,也可以成为国民经济的主体。因此,不要单在所有制上,而要从生产规模上、经济实力和对国家的贡献上来赋予企业的地位和肯定其作用。现在从上到下都在讲要进一步解放思想,但实际情况是,有的上层解放了中层没有解放,有的中层解放了基层没有解放。所以各级都要自己解放自己的思想,从自己的思想解放做起。

第二方面,要解决观念上的"旧"。主要解决三点:一是在农村问题上要解决农民只能在农村。我看不是农民不进城而是要争取上省城、进京城;不是农民不进城而是要建立现代化农村新城镇,把现在的农村建设成为分不清是农村还是城镇。二是农村经济上要解决农民"以农为本"。随着改革的深入,经济发展的加快,农村经济地区性的社会再分工越来越明显,这也是调整结构、发展农村经济的必然产物。三是在农民问题上要解决"农民总归是农民",认为农民文化低、素质差,解决这个思想问题要勇敢一些。

第三方面,解决工作方法上的"老"。主要有两点:一是违反经济规律的行政命令,其实质是官僚主义。二是搞形式主义。我们也搞过一些形式,主要是用来对付官僚主义,但我们反对形式主义,也不搞形式主义。

解放思想是最深刻、最重要的改革。什么叫改革?华西认为,凡是影响生产力发展的就改,凡是有利于生产力发展的就干,搞经济工作,千难万难,实事求是最难。华西人又再加一句,千难万难,解放思想更难。

华西正在知难而上,进一步解放思想。

案例讨论:
1. 如何利用激励理论,解决华西集团分配上的问题?
2. 管理创新活动包括哪些方面?
3. 通过吴仁宝的一席话,你认为在华西集团的创新活动中,哪方面的创新最重要?

案例2 猪肉大王

陈生毕业于北京大学,十多年前放弃了自己在政府中让人羡慕的公务员职务毅然下海,倒腾过白酒和房地产,打造了"天地壹号"苹果醋,在悄悄进入养猪行业后,利用不到两年的时间在广州开设了近100家猪肉连锁店,营业额达到2亿元,被人称为广州千万富翁级的"猪肉大王"。

据不完全统计数字显示,目前我国大学生创业成功率则只有2%~3%,有97%~98%的大学生创业失败,专业人士分析,缺乏相关的创业教育和实战经验、缺乏"第一桶金"等都是其中的重要原因。然而,对于成功创业的大学生来说极为重要的实战经验及"第一桶金"都是"天上掉下来的"吗?为什么陈生在不到两年的时间里进入养猪行业,就能在广州开设近100家猪肉连锁店,营业额达到2亿元?这个问题,的确值得好好追问。

实际上,之所以能在养猪行业里很短时间内就能取得骄人成绩,成为拥有数千名员工的集团董事长,还在于陈生此前就经历的几次创业的"实战经验":陈生卖过菜、卖过白酒、卖过房子、卖过饮料。这使得陈生有着这样的独到见解:很多事情不是具备条件、做好了调查才去做就能做好,而是在条件不充分的时候就要开始做,这样才能抓住机会。

然而,"条件不充分"时到底怎么才能"抓住机会"呢?我们来看一下陈生的做法:他卖白酒时,根本没有能力投资数千万元设立厂房,可是他直接从农户那里收购散装米酒,不需要在固定设施上投入一分钱便可以通过广大的农民帮他生产,产能却可以达到投资 5 000 万的工厂的数倍。此后,他才利用积累起来的资金开始租用厂房和设施,打造自己的品牌。迅速地进入和占领市场,让他在白酒市场上打了个漂亮仗。而当许多人"跟风"学习一位到南方视察的国家领导人用陈醋兑雪碧当饮料的饮食方法时,善于"抓住机会"的陈生想到了如何将这种饮料生产出来。经过多次尝试,著名的"天地壹号"苹果醋就此诞生。

当然,资金积累到一定程度时,陈生成功的秘诀更让人难忘:在经济飞速发展的年代,无数企业"抓破脑袋"寻求发展良机,在这样的情况下,只有技高一筹者才能够取得成功。而一些企业运用精细化营销,就是一种技高一筹的做法。于是,从传统的中国猪肉行业里,陈生分析到了其中的巨大商机,因为中国每年的猪肉消费约 500 亿千克,按每千克 20 元算,年销售额就高达上万亿。而与其他行业相比,猪肉这个行业一直没有得到很好的整合,基本上没有形成像样的产业化,竞争不强,档次不高,机会很多。更重要的是,进入这一行业的陈生,机智地率先推出了绿色环保猪肉"壹号土猪",开始经营自己的品牌猪肉。

虽然走的还是"公司+农户合作"的路子,但针对学生、部队等不同人群,却能够选择不同的农户,提出不同的饲养要求,比如,为部队定制的猪可肥一点,学生吃的可瘦一点,为精英人士定制的肉猪,据传每天吃中草药甚至冬虫夏草,使公司的生猪产品质量与普通猪肉"和而不同"。在这样的"精细化营销"战略下,陈生终于在很短的时间内叫响了"壹号土猪"品牌,成为广州知名的"猪肉大王"。

案例讨论:
1. 北大才子是如何变成"猪肉大王"?
2. 通过上述案例,请你谈谈在新形势下大学生就业创业问题的认识。

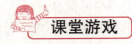
课堂游戏

应答自如

在巨大压力的情况下,人们往往会面对大脑短路的情况,但是同时这种头脑风暴的办法也会让大家的创造性得到良好的训练。

1. 游戏目的
 (1) 创造性解决问题能力的训练
 (2) 应变能力的训练
2. 游戏规则和程序
 (1) 将每 4 个人组成一个组,在组内任意确定组员的发言顺序,两个组构成一个大组进行游戏。
 (2) 时间:15 分钟;场地:不限;道具:无

(3) 让小组确定的第一个志愿者出来，对着另一个组喊出任何经过他脑子的词，比如：姐姐，鸭子，蓝天等等任何词。

(4) 另一个小组的第一个志愿者必须对这些词进行回应，比如：哥哥，小鸡，白云等。

(5) 志愿者必须持续地喊，直到他不能想出任何词为止，一旦你发现自己在说"哦，嗯，哦……"。你就必须宣告失败，回到座位上，换你们小组的下一位上。

(6) 哪个小组能坚持到最后，哪个小组算获胜。

3. 游戏讨论

这种给大脑巨大压力的做法对于你思考问题是否有帮助？

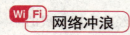

通过网络搜索相关创业网站，进一步了解创业的过程、创业行业以及创业过程。

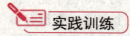

企业创新方案

1. 实训目标

通过对某企业创新方案的设计，进一步深化对创新认识、理解、熟悉企业创新内容，提升自己的分析问题、解决问题的能力。

2. 实训内容

(1) 充分调查和收集某企业的相关信息。

(2) 分析其技术、制度、组织结构状况，指出存在的问题。

(3) 为该企业提出全面的方案。

3. 实训要求

(1) 学生以小组分单位分别联系相关企业，采用多种方法获取该企业详尽的信息。

(2) 对收集的信息进行详细分析，指出其存在的问题，并提出相应的创新实施方案。

(3) 每个小组上交一份创新设计方案。

参考文献

[1] 王建林. 管理学 [M]. 西安：西安交通大学出版社，2011.
[2] 周三多，等. 管理学——原理与方法（第四版）[M]. 上海：复旦大学出版社，2003.
[3] 王关义，等. 管理学基 [M]. 北京：机械工业出版社，2011.
[4] 赖文燕. 管理基础与实务 [M]. 北京：北京交通大学出版社，2010.
[5] 袁雪峰. 管理学基础 [M]. 北京：机械工业出版社，2011.
[6] 单凤儒. 管理学基础 [M]. 北京：高等教育出版社，2003.
[7] 杨杜. 现代管理理论 [M]. 北京：中国人民大学出版社，2001.
[8] 周劲波. 管理学 [M]. 北京：人民邮电出版社，2011.
[9] 王利平. 管理学原理 [M]. 北京：人民邮电出版社，2011.
[10] 万佳丽. 管理理论与实务 [M]. 北京：人民邮电出版社，2011.
[11] 朱林. 管理原理与实训教程 [M]. 北京：北京邮电大学出版社，2008.
[12] 王世良. 生产与运作管理教程——理论、方法、案例 [M]. 杭州：浙江大学出版社，2002.
[13] 罗锐韧. 哈佛管理全集 [M]. 北京：企业管理出版社，1999.
[14] 李立新. 管理学 [M]. 北京：北京理工大学出版社，2011.
[15] 周祖城. 管理与伦理 [M]. 北京：科学出版社，2009.
[16] 蔡树堂. 企业战略管理 [M]. 北京：石油工业出版社，2001.
[17] 张敏，丁传奉. 管理学教程 [M]. 北京：北京大学出版社，2005.
[18] 宋维明. 管理学概论 [M]. 北京：中国林业出版社，1999.
[19] 董速建，董群惠. 管理学 [M]. 北京：化学工业出版社，2008.
[20] 李胜，郑小丽. 现代企业管理 [M]. 北京：经济管理出版社，2002.
[21] 陈丽金. 应用管理学基础 [M]. 北京：北京交通大学出版社，2011.
[22] 陈文汉，肖春蓉. 管理学原理 [M]. 北京：中国电力出版社，2011.
[23] 杨明刚. 现代实用管理学 [M]. 上海：华东大学出版社，2005.
[24] [英] 笛德，等. 创新管理 [M]. 金马工作室，译. 北京：清华大学出版社，2004.
[25] 徐莉，等. 项目管理 [M]. 武汉：武汉大学出版社，2003.
[26] [美] 理查德·吕克. 管理创造力与创新 [M]. 北京：机械工业出版社，2005.
[27] 丁栋虹. 创业管理 [M]. 北京：清华大学出版社，2006.
[28] 王国红. 创业管理 [M]. 大连：大连理工大学出版社，2005.
[29] [美] P·德鲁克，等. 知识管理 [M]. 杨开峰，译. 北京：中国人民大学出版社，1999.
[30] [美] 斯蒂芬·P·罗宾斯. 管理学（第四版）[M]. 北京：中国人民大学出版社，1997.
[31] [美] 哈罗德·孔茨，海因茨·韦里克. 管理学（第九版）[M]. 北京：经济科学出版社，1993.

[32] [美]安妮·玛丽·弗朗西斯科,巴里·艾伦·戈尔德. 国际组织行为学 [M]. 北京:中国人民大学出版社,2003.
[33] [美]斯蒂芬·P·罗宾斯. 组织行为学(第七版) [M]. 北京:中国人民大学出版社,2002.
[34] [美]弗雷德·R·戴维. 战略管理(第八版) [M]. 北京:经济科学出版社,2001.
[35] [美]彼得·圣吉. 第五项修炼——学习型组织的艺术与实务 [M]. 上海:上海三联书店,2000.
[36] [美]D·A·雷恩. 管理思想的演变 [M]. 北京:中国社会科学出版社,1995.
[37] 周祖城. 管理与伦理 [M]. 北京:清华大学出版社,2000.
[38] 李新庚,熊钟琪. 管理学原理 [M]. 长沙:中南大学出版社,2004.
[39] 侯先荣,吴奕湖. 企业管理与实践 [M]. 北京:电子工业出版社,2003.